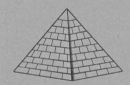

그야말로
모든 역사

빅뱅, 호모 사피엔스, 피라미드, 전쟁…
그리고 일일이 언급하기에 너무 많은 것들

인쇄일 | 2020년 5월 20일
발행일 | 2020년 5월 25일
지은이 | 크리스토퍼 로이드
그린이 | 앤디 포쇼
옮긴이 | 곽영직
펴낸이 | 조승식
펴낸곳 | 도서출판 북스힐
등록 | 1998년 7월 28일 제22-457호
주소 | 서울시 강북구 한천로 153길 17
전화 | 02-994-0071
팩스 | 02-994-0073
홈페이지 | www.bookshill.com
이메일 | bookshill@bookshill.com

ISBN 979-11-5971-267-8
정가 22,000원
* 잘못된 책은 구입하신 서점에서 교환해 드립니다.

그야말로 모든 역사

빅뱅, 호모 사피엔스, 피라미드, 전쟁… 그리고 일일이 언급하기에 너무 많은 것들

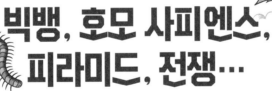

크리스토퍼 로이드 글 | 앤디 포쇼 그림 | 곽영직 옮김

차례

프롤로그

· 6 ·

1. 무에서 유로

138억 년 전 – 4억5000만 년 전
우주, 생명체,
그리고 모든 것의 시작

· 10 ·

2. 야호, 육지다!

4억7000만 년 전 – 2억5200만 년 전
생명체들이 바다에서 육지로
진출해 숲을 만들었다.

· 32 ·

3. 공룡 시대

2억5200만 년 전 – 500만 년 전
거대한 도마뱀과 그 다음에
나타난 것들

· 50 ·

4. 자유로워진 손

500만 년 전 – 6만5000년 전
일부 유인원이
두 발로 걷다.

· 72 ·

5. 나와 너, 그리고 우리

20만 년 전 – 기원전 5000년
어떻게 호모 사피엔스만
지구에 남게 되었을까?

· 88 ·

6. 문명이 시작되다

기원전 5000년 – 기원전 1500년
문자가
새 시대를 열다.

· 104 ·

7. 이즈음 아시아에서는

기원전 3000년 – 기원전 200년
좀 더 강력한 문명이
꽃을 피우다.

· 130 ·

8. 흥망 성쇠

기원전 1400년 – 기원후 476년
고대 제국들이
세워지고 사라지다.

· 152 ·

9. 이즈음 아메리카에서는

기원전 1500년 – 기원후 1530년
더 많은 제국들이
일어나고 무너지다.

· 176 ·

10. 발명과 연결

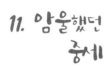

570년-1279년

강력한 아이디어가 이슬람 세계와
동아시아에서 나타나다.

·198·

11. 암울했던 중세

476년-1526년

서로마 제국의 멸망 이후
기독교 유럽이 어려움을 겪다.

·224·

12. 세계화 시대로

476년-1526년 기독교 유럽이 어려움을 겪다.

1415년-1621년

유럽 탐험가들이 '신세계' 정복 경쟁을
벌이다.

·248·

13. 혁명의 시대

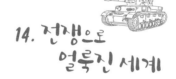

1543년-1905년

과학, 자유,
그리고 로봇

·270·

14. 전쟁으로 얼룩진 세계

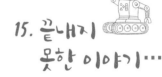

1845년-1945년

모든 사람들이 모든 사람들과
싸우기 시작하다.

·294·

15. 끝내지 못한 이야기…

1945년-현재

우리가 알고 있는 세상 만들기와
앞으로 일어날 일들

·314·

에필로그

·338·

감사의 글

·340·

참고문헌

·342·

용어해설

·346·

찾아보기

·350·

프롤로그

캠핑을 가본 적이 있는가? 캠핑은 가족과 함께한 일 가운데 가장 즐거운 일이었다. 우리는 정말로 즐겁게 지냈다!

캠핑을 다녀온 경험이 있다면 캠핑장에서 꼭 해야 할 일들을 알고 있을 것이다. 몇 가지 허드렛일과 설거지는 항상 내 차지였다. 그리 어려운 일도 아니었다. 사실 나는 언제부터인가 설거지를 즐기기 시작했다. 공용 개수대에서 사람들과 어울려 설거지를 하면서 어디가 좋았는지, 어디를 꼭 가봐야 하는지, 그리고 어디는 가면 안 되는지 물었다. 따라서 설거지를 끝낼 때쯤 내 머리는 여러 가지 유용한 정보들로 가득했다.

어느 날 새로운 캠핑장에 도착한 후 설거지를 하러 가보니 자동차, 텐트, 캠핑카가 여럿 보이는데도 개수대에는 아무도 없었다. 나 혼자였다. 난감했다. 나는 속으로 '아무도 없으면 도대체 누구에게 이 지역에 대해 물어본다지?'하고 생각했다.

그때 뒤에서 새소리가 들렸다. 날씨는 쾌청했고 잘 구비된 모든 캠핑장이 그렇듯이 개수대는 탁 트인 곳에 자리 잡고 있었다. 나는 약 50미터 뒤에 있는 커다란 나무 위에 앉아있는 새 한 마리를 발견했다. 그 새를 본 순간 갑자기 머릿속에 떠올랐던 생각은 절대로 잊을 수 없을 것이다.

'내가 새와 이야기를 할 수 있다면 얼마나 좋을까?' 하늘을 자유롭게 날 수 있는 새는 이 지역의 멋진 풍경

을 다 볼 수 있을 텐데……. 새와 이야기를 할 수 있는 방법이 없어서 내가 궁금해 하는 모든 것을 알 기회를 놓치고 있었다. 같은 공기로 숨 쉬고, 같은 태양 빛을 즐기면서도 서로의 생각을 주고받을 수 없다는 것은 참으로 안타까운 일이었다.

그때 또 다른 의문이 머리를 스쳤다. 나는 '새'와 이야기를 할 수 없을 뿐만 아니라 녹색 잎이 무성한 나뭇가지에 앉아 지저귀고 있는 그 새가 어떤 새인지조차도 모르고 있었다. 작은 갈색 새인 것은 틀림없는데 정작 새의 이름은 알 수 없었다. 나는 나의 무지를 탓할 수밖에 없었다! 이렇게 무식할 수가!

그러나 그것뿐만이 아니었다. 나는 나무를 바라보았다. 나는 그 나무가 어떤 나무인지도 알 수 없었다.

땅을 내려다보았다. 나는 지구가 얼마나 오래되었는지에 대해 아무것도 모르고 있었다. 나는 충격을 받았다. 그리고 얼굴이 빨개졌다!

역사학으로 석사학위를 받았고 신문 기자였던 내가 내 주변에 있는 것들에 대해 알고 있는 것이 거의 없어 보였다! 나는 얼마나 많은 것들을 잊고 살아가고 있는 것일까? 내가 모르고 있는 것들을 어떻게 하면 알 수 있을까?

이제 머리를 굴려 보았다. 내게는 쉽게 이해할 수 있으면서도 과거의 일들을 서로 연결해 줄 책이 필요했다. 내가 알고 있는 것들은 수많은 조각으로 깨진 유리 같다는 생각이 들었다. 나는 많은 것들을 알고 있었지만 한 걸음 물러나 모든 것을 한눈에 볼 수 있는 큰 그림이 없었다.

캠핑에서 돌아온 나는 여러 서점을 돌아다니며 모든 것의 역사를 간단하게 정리해 놓은 책을 찾기 시작했다. 나와 이야기한 서점 주인들은 책에는 모든 정보가 다 들어 있지만 그런 정보들은 여러 책들에 흩어져 있다고 했다.

"저는 이 모든 정보들을 한 권에 정리해 놓은 책이 필요합니다……"

"죄송합니다. 그런 책은 찾기 어려울 겁니다."

내가 이 책을 쓰기로 마음먹은 것은 이 때문이었다.

《그야말로 모든 역사: 빅뱅, 호모 사피엔스, 피라미드, 전쟁… 그리고 일일이 언급하기에 너무 많은 것들》은 독자들에게 약 138억 년 전에 있었던 우주의 시작에서부터 우리가 살아가고 있는 오늘날까지의 이야기를 들려줄 것이다. 나는 이 책이 독자들이 가지고 있는 모든 의문에 답해 줄 수 있기를 바란다. 어떤 것들은 독자들이 이미 알고 있는 것일 수도 있고, 아니면 새로운 것일 수도 있다. 내가 이 책을 쓰기 위해 자료를 수집하면서 공부를 시작할 때도 이미 알고 있는 것과 새롭게 알게 된 것이 뒤섞여 있었다.

우주는 몇 살일까? 공룡에게는 무슨 일이 있었을까? 인류는 언제부터 불을 사용하기 시작했을까? 왜 기후변화가 우리 모두에게 영향을 줄까?

물론 이 책에 모든 사람들이 알고 싶어 하는 것들 모두가 포함되어 있지는 않다. 그것은 가능한 일이 아니다. 그 대신에 이 책은 세상의 모든 지식으로 들어가는 입구 역할을 할 것이다. 하나의 질문의 답을 구하면 또 다른 의문이 생기기 마련이다. 나는 독자들이 의문을 가지고 그것의 답을 구하고, 다시 의문을 가지고 답을 찾아가는 즐거움을 오랫동안 맛볼 수 있기를 바란다.

만약 당신이 질문을 하는 것만큼 답을 찾는 것을 좋아하는 사람이라면 이 이야기는 당신을 위한 것이다. 그리고 나는 이 책을 쓰면서 놀라운 사실을 알게 되었다. 바로 실제 세상은 우리가 생각할 수 있는 어떤 것보다도 놀랍다는 것이다!

크리스토퍼 로이드

2018년 6월의 어느 날

그리고 한 가지 더!

나는 그 캠핑을 다녀온 후에는 집에서도 항상 설거지를 한다. 그릇을 씻는 동안 중요한 일이 일어날 수도 있다는 것을 알게 되었으니까.

Chapter 1

무에서 유로

138억 년 전–4억5000만 년 전

우주, 생명체, 그리고 모든 것의 시작

○ 138억 년 전
빅뱅

○ 136억 년 전
우리 은하의 형성

○ 46억 년 전
태양계의 형성

○ 45억 년 전
지구와 테이아의 충돌로
인한 달의 형성

40억 년 전
초기 미생물이 바다에 출현

32억 년 전
지각판 이동에 의한 대륙의
합체와 분리가 시작됨

25억 년 전
시아노박테리아가 산소를
만들어 지구 대기를 변화시킴

5억4000만 년 전
캄브리아기 생명 대폭발

주위를 자세히 살펴보자. 눈에 보이는 모든 것들을 뛰어난 성능을 가진 상상 속의 거대한 분쇄기에 넣어보자. 식물들, 동물들, 건물들, 우리가 살고 있는 집, 마을, 심지어는 우리나라까지도 통째로 넣고 갈아보자. 이 모든 것들을 잘게 분쇄하여 작은 공으로 뭉쳐보자. 이제 나머지 세상도 모두 분쇄하여 공에 보태보자. 태양계의 다른 행성들, 태양도 분쇄하여 보태보자.

다음에는 1000억 개에서 4000억 개 사이의 별들이 있는 우리 은하도 분쇄하여 보태보고, 마지막으로 우주에 있는 모든 은하들도 분쇄하여 보태보자. 이 모든 것들을 테니스공 정도의 크기로 뭉쳤다고 생각해 보자. 그런 다음에 더 큰 압력을 가해 작은 점 크기로 줄이고, 결국에는 눈에 보이지 않을 정도의 작은 크기로 줄여보자. 모든 별들, 달과 행성들을 아무것도 없는 점까지 뭉쳐보자. 바로 이런 상태에서 우주가 시작되었다.

우주는 눈으로 볼 수 없을 정도로 작은 점에서 시작되었다. 모든 에너지가 그 안에 갇혀 있어 온도와 압력이 아주 높았던 이 점이 갑자기 팽창하기 시작했다. 지금으로부터 약 138억 년 전에 일어난 일이다.

우주의 시작을 설명하는 이론인 빅뱅이라는 말을 들어본 적이 있을 것이다. 잠깐만, 우주의 시

세상의 모든 것이 빅뱅으로
부터 어떻게 시작되었는지를
보여주는 예술가의 그림.
이 일은 수십억 년에 걸쳐
일어났지만 이 그림은 모든
것을 한꺼번에 보여주고 있다.

138억 년 전~4억5000만 년 전

작이라니? 쉽게 이해할 수 없는 이야기이다. 만약 우주에 시작이 있었다면 그 이전에는 어떤 상태였을까? 이런 질문에 쉽게 대답할 수 있는 사람은 아마 없을 것이다. 이렇듯, 현대 과학으로 설명할 수 없는 우주의 신비가 아직 많이 남아 있다.

빅뱅이 일어났을 때 엄청난 양의 에너지가 방출되었다. 다음에는 우주의 기본적인 힘들이 나타났다. 중력은 이런 기본적인 힘들 가운데 하나로, 우주의 모든 물질을 연결해 주는 힘이기 때문에 가장 중요하다. 다음에는 소립자라고 부르는 아주 작은 입자들이 나타났다. 이 입자들은 전체 우주를 만드는 데 사용될 아주 작은 크기의 레고 조각이라고 할 수 있다. 세상의 모든 것들이 빅뱅 시에 만들어진 이 작은 입자들에서 시작되었다는 것은 놀라운 일이다. 여기에는 집 안에 있는 가구들이나 우리 머리카락도 포함된다.

빅뱅이 일어나고 38만 년이 되었을 때 우주는 작은 입자들이 결합하여 우리가 원자라고 부르는 조금 더 큰 (그러나 아직 눈으로 볼 수 없을 정도로 작은) 입자를 만드는 게 가능할 정도로 온도가 낮아졌다. 처음에는 우주가 수소와 헬륨이 모여 만들어진 거대하고 뜨거운 구름으로 이루어져 있었다. 이런 상태로 오랫동안 암흑시대를 거친 후 중력에 의해 수소와 헬륨 기체가 모여 최초의 별이 형성되었다. 별들의 시대가 시작된 것이다.

> **"**
> 암흑시대에 우주는 수소와 헬륨으로 이루어진 기체가 중력에 의해 뭉쳐져서 별들과 은하들이 형성되기를 조용히 기다렸다.**"**
>
> 아론 파슨스,
> 천체물리학자

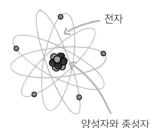

전자

양성자와 중성자

원자는 한가운데에서 원자핵을 구성하고 있는 양성자와 중성자, 그리고 원자핵 주위를 돌고 있는 전자로 이루어져 있다.

별들이 모여 다양한 크기와 모양의 은하들이 만들어졌다. 별들이 태어나고 죽어갔다. 그리고 더 많은 별들이 태어났고, 더 많은 별들이 죽어갔다. 그렇게 우주 나이의 3분의 2가 지난 약 46억 년 전에 별들의 잔해로 이루어진 기체와 먼지구름 속에서 새로운 별이 형성되어 빛나기 시작했다. 우리는 이 별에 특히 관심이 많다. 이 별이 바로 우리와 가장 가까이 있는 태양이다. 그리고 태양이 만들어지던 것과 비슷한 시기에 남은 먼지와 암석 부스러기들에서 우리의 행성인 지구가 다른 행성들과 함께 만들어졌다. 이렇게 태양계가 완성되었다.

태양계는 수많은 별들로 이루어진 우리 은하에 속해 있다. 태양계는 우리 은하를 이루고 있는 나선팔 중 하나에 자리 잡고 은하의 중심을 시속 80만 킬로미터의 속력으로 돌고 있다. 태양계 전체가 같은 속력으로 돌고 있어서 우리는 태양계가 얼마나 빠르게 돌고 있는지를 느낄 수 없다.

초기 태양계는 생명체가 살기에 적당한 장소가 아니었다. 초기 태양계의 환경에서는 생명체가 있었다고 해도 잠시도 살 수 없었을 것이다. 눈에 보이지 않는 치명적인 고에너지 입자들이 태양으로부터 날아와 소나기처럼 쏟아졌다.

지각이 녹아내려 뜨거운 용암이 지구의 표면을 뒤덮고 있었다. 처음에는 단단한 육지도 없었고, 생명체도 없었다. 초기 지구는 아주 빠르게 자전하고 있었기 때문에 하루의 길이는 고작 네 시간 정도밖에 안 됐다.

태양의 플레어가 모든 생명체를 위협하고 있지만, 지구는 대기와 자기장이 생명체를 보호하고 있다.

지구와 테이아의
충돌

다음에 놀라운 일이 일어났다. 과학자들은 두 개의 젊은 행성이 비슷한 궤도에서 다른 속력으로 태양 주위를 돌고 있었다고 믿는다. 하나는 지구였고, 다른 하나는 지구보다 작은 테이아라는 행성이었다. 이들 사이에 어떤 일이 일어났는지는 충분히 상상할 수 있을 것이다. 지금으로부터 약 45억 년 전이자 지구가 형성되고 약 1억 년이 지난 뒤에 이 두 행성이 충돌했다.

두 행성이 충돌했을 때의 엄청난 에너지를 상상해 보자. 테이아의 외곽을 이루고 있던 물질은 순간적으로 수십억 개의 작은 조각들로 부서졌다. 이 조각들은 하늘로 날아 올라가 두꺼운 구름이 되어 지구를 둘러쌌다. 지구에서는 여기저기서 화산이 폭발하여 지구 내부에 갇혀 있던 많은 양의 기체들이 하늘로 내뿜어져 초기 대기를 형성했다.

사실 두 행성의 충돌은 지구 생명체에게는 다행스러운 일이었다. 태양에서 뿜어져 나오는 작고 위험한 입자들을 생각해 보자. 이 입자들의 폭풍은 끝날 줄 몰랐다. 하루에 200억 톤의 입자들이 오늘날까지도 태양으로부터 방출된다. 이것을 태양풍이라고 부른다. 이 입자들은 우주 비행사들이 입고 쓰는 튼튼한 우주복과 헬멧도 통과할 수 있을 정도로 큰 에너지를 가지고 있다.

그러나 태양풍은 지구상에 살고 있는 우리에게는 그다지 해롭지 않다. 테이아와 지구가 서로 충돌했을 때 거대한 충격파가 두 행성의 핵을 하나의 뜨거운 금속 구로 합쳐놓았고, 이 핵이 자기장을 만들어 태양에서 오는 치명적인 태양풍을 지구 표면으로부터 밀어내고 있다. 그리고 지구의 자기장은 귀중한 물이 소실되는 것도 막아주고 있다. 자기장이 없었더라면 물이 모두 우주로 날아가 버렸을 것이다. 액체가 없으면 생명체도 없다. 아주 간단한 사실이다.

오늘날 지구상에서는 충돌의 증거를 찾을 수 없다. 충돌로 인해 지각을 이루고 있던 물질이 모두 증발하여 우주로 날아갔기 때문에 충돌 크레이터가 남아 있지 않다. 지구에서 증발한 먼지들은 커다란 구름이 되어 지구를 둘러싸고 있다가 결국은 중력에 의해 하나로 뭉쳤다.

> 테이아는 지구와 달에 혼합되어 골고루 섞였다.
>
> 에드워드 영,
> 우주 화학자

이 거대한 먼지구름이 무엇으로 변했을지 상상할 수 있는가? 물론! 이 구름은 밤하늘을 아름답게 비춰주는 지구의 동반자 '달'이 되었다. 달은 금속으로 이루어진 핵이 없기 때문에 태양풍으로부터 보호받을 수 없다. 따라서 달에는 액체도 없고, 표면을 보호해 줄 대기도 없다. 달 표면에서는 아무 소리도 들리지 않고, 온통 검게 보이는 하늘에서 별들이 빛나고 있다.

과학자들은 아직도 초기 지구에서 일어났던 일들을 잘 모르고 있다. 시간이 흐르고 지구에 많은 변화가 있어서 지구 초기 흔적들이 거의 남아 있지 않기 때문이다. 그러나 우리는 현재 세상에서 어떤 일들이 일어나고 있는지 살펴볼 수 있고, 이를 바탕으로 예전에 일어났던 일들을 추정할 수 있다.

태양계의 모든 행성들 가운데 물이 많은 행성은 지구뿐이다. 어떻게 지구는 많은 물을 가지게 되었을까? 물은 어디서 왔을까? 물이 없으면 우리가 알고 있는 생명체들은 나타나지 못했을 것이다. 따라서 물의 기원에 대한 질문은 매우 중요하다. 일부 전문가들은 초기 지구의 내부에서 왔다고 생각하고 있다. 다른 전문가들은 지구 밖에 있는 다른 세상에서 물의 기원을 찾고 있다. 그들은 지구에 있는 물의 반 이상이 약 40억 년 전에 있었던 눈으로 이루어진 수많은 혜성들이나 소행성들의 대규모 충돌을 통해 공급되었다고 생각하고 있다. 너비 160킬로미터가 넘는 수천 개의 거대한 천체들이 초기 지구의 표면에 충돌하는 장면을 상상해 보자. 이들이 우주로부터 많은 물을 가져와 지구는 물이 풍부한 행성이 되었다. 이 물은 오늘날까지 남아서 현재 지구 표면을 뒤덮고 있는 넓은 바다가 되었다. 다음번에 목욕을 할 때는 지구 초기에 일어났던 이런 일들을 생각해 보는 것도 좋을 것이다. 욕조 안에 있는 물의 반 이상은 우주에서 온 것이다.

어떻게 그리고 어디에서 생명체가 시작되었을까? 이 문제 역시 과학자들이 의견의 일치를 이루지 못하고 있는 문제이다. 일부 전문가들은 최초의 생명체가 외계로부터 행성이나 소행성에 실려 왔을 것으로 생각하고 있다. 그러나 대부분의 과학자들은 생명체가 깊은 바닷속 어딘가에서 시작되었을 것이라고 믿고 있다. 오늘날

오스트레일리아 샤크만에 있는 이 구조물들이 스트로마톨라이트이다. 이들은 산소를 방출한 초기 생명체인 시아노박테리아로 이루어져 있다.

에도 해저 화산은 아주 작은 생명체들에게 먹이가 되는 화학물질과 에너지를 제공하고 있다. 지구에 나타난 최초의 생명체는 하나의 세포로 이루어져 있었다. 그것은 먹고, 성장하고, 그리고 새로운 개체를 만들어낼 수 있는 능력을 갖춘 작은 물질 덩어리였다. 생명체를 특별한 존재로 만드는 것들 중 하나

는 바로 이 재생산 능력이다.

시간이 지남에 따라 시아노박테리아라고 부르는 일부 단세포 생물이 바다 표면 가까이에서 살아가는 방법을 터득했다. 그들은 얕은 바다에서 한데 뭉쳐 스트로마톨라이트라고 부르는 커다란 구조물을 만들었다. 그들은 광합성작용을 할 수 있었다. 광합성작용은 오늘날의 식물들이 태양 빛의 에너지를 이용해 이산화탄소와 물을 살아가는 데 필요한 영양물질로 바꾸는 화학반응이다. 그리고 다른 모든 생명체들과 마찬가지로 시아노박테리아는 폐기물을 배출했다. 그러나 이 폐기물은 특별했다. 시아노박테리아가 배출한 폐기물인 산소가 바다와 대기를 채워 지구 생명체의 역사를 완전히 바꾸어 놓았다.

생명체가 발전하고, 변화하고, 적응하는 것을 나타내는 전문적인 용어가 진화이다. 그리고 우리는 진화에 대해 많은 것을 알아볼 예정이다.

확대된 시아노박테리아

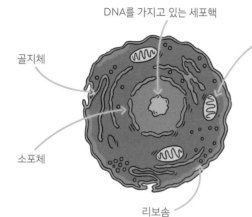

골지체

DNA를 가지고 있는 세포핵

미토콘드리아

소포체

리보솜

진핵생물은 세포핵을 가지고 있는데, 여기에는 DNA라고 부르는 유전정보가 들어 있다. 그리고 에너지의 생산(미토콘드리아), 단백질의 생산(리보솜, 소포체), 단백질의 수송(골지체)과 같은 다른 기능을 하는 소기관들을 가지고 있다.

이러한 변화는 오랜 시간에 걸쳐 일어났다. 지금부터 25억 년 전으로 건너뛰어 보자. 진핵생물이라고 부르는 새로운 형태의 생명체들이 나타났다. 진핵생물은 호흡을 했는데, 여기서 호흡이란 에너지를 생산하는 데 필요한 산소를 흡입하는 것을 말한다. 이것은 지구 생명 역사에 커다란 변화를 가져왔다. 모든 식물과 균류, 그리고 동물들은 진핵생물이다. 우리 인간 역시 말할 것도 없이 진핵생물이다.

지구의 역사를 24시간이라고 가정해 보자. 지구가 형성된 시간을 0시라고 하면 최초 생명체의 흔적이 처음 나타난 시간은 새벽 3시이다. 지금 우리가 이야기 하고 있는 25억 년 전은 오후 1시에 해당된다. 놀랍게도 이때까지도 지구상에는 너무 작아서 눈에 보이지도 않는 바다 생명체들만이 있을 뿐이었다. 우리가 알고 있는 모든 생명체들이 나타나는 데 필요한 시간은 이제 하루의 반도 안 되는 11시간밖에 남지 않았다.

태양계와 함께 지구가 은하의 중심을 경주용 자동차보다도 훨씬 빠른 속력으로 돌고 있다는 것을 기억하고 있을 것이다. 지구는 그것만이 아니라 또 다른 방법으로도 달리고 있다. 지구는 태양 주위를 공전하고 있으며, 자신의 축을 중심으로 도는 자전도 하고 있다. 그리고 지구에는 또 다른 운동이 있다. 우리는 아주 천천히 움직이는 암석으로 이루어진 지각 위에서 살고 있다. 마치 화산이 분출될 때 볼 수 있는 용암처럼 뜨겁게 끓고 있는 지하 마그마 바다 위에 떠다니는 거대한 뗏목을 타고 있는 것과 같다.

북아메리카판

코코스판

태평양판

나스판

공전과 자전, 그리고 지각판들의 움직임으로 인해 가만히 정지해 있는 것은 아무것도 없다!

지각은 움직이는 조각들로 나누어져 있다. 이 조각들은 서로 멀어지거나, 놀이공원에서 천천히 움직이는 범퍼카들처럼 서로 충돌한다. 이러한 지각의 조각들을 지각판이라 하고, 이것의 움직임은 지각판의 이동이라고 한다. 지각판 위에 얹혀 있는 대륙이 충돌할 때는 하늘 높이 솟아오르는 산맥이 형성된다. 대륙이 멀어질 때는 거대한 바다를 만들거나 깊은 골짜기를 만든다. 지

이 책을 읽는 동안 당신이 앉아 있는 지각판은 지하에서 뜨겁게 끓고 있는 마그마 위를 유유히 움직이는 거대한 뗏목처럼 떠다닌다. 이것은 오늘날 지구 지각판들이 어떻게 분포해 있는지를 보여주는 지도이다.

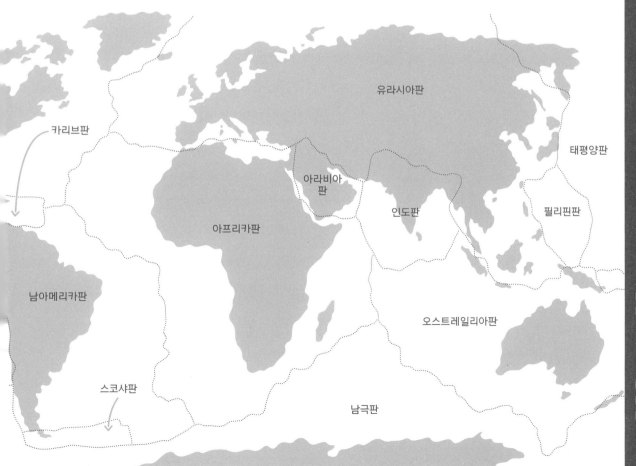

유라시아판

카리브판

태평양판

아라비아
판

인도판

필리핀판

아프리카판

남아메리카판

오스트레일리아판

스코샤판

남극판

각판들의 움직임은 매우 강력해서 지진을 발생시키고, 화산 분출을 야기하며, 간헐천과 쓰나미를 만든다.

이런 격렬한 지각 운동에도 긍정적인 면은 있다. 바다에 녹아 있는 소금의 양은 생명체가 살아가기에 적당한 양이어야 한다. 바다가 너무 많은 소금을 포함하고 있으면 생명체들이 죽는다. 지각판의 계속된 이동이 소금을 산맥 깊숙이 묻어 버렸다. 그리고 이 과정이 바다의 소금을 제거하여 바다가 포함하고 있는 소금의 양이 생명체에게 안전한 정도로 유지될 수 있었다.

지각판의 이동은 기후 역시 변화시켰다. 일부 과학자들은 7억 년 전에 지각판의 이동으로 지구가 대규모 빙하기를 겪었다고 믿고 있다. 이 기간을 눈덩이 지구라고 부른다. 눈덩이 지구 동안에는 지구 전체가 얼음으로 뒤덮였다. 다시 기후가 온난해져 얼음이 극지방으로 후퇴하자 지구 생명의 역사가 새로운 국면을 맞이하게 되었다. 빙하기에도 많은 미생물들이 살아남았고, 빙하기가 끝나자 여러 개의 세포로 이루어진 커다란 생명체가 바다에 나타나기 시작했다.

이것이 우리 이야기에서 가장 놀라운 순간들 가운데 하나로 우리를 이끌어 간다. 지금부터 약 5억4000만 년 전이었다. 우리의 24시간 시계로는 저녁 9시였다. 아직 식물이나 꽃들, 새들과 동물, 그리고 인류는 없었다. 그러나 우리에게 익숙한 세상을 만들어줄 생명체들이 나타나기 시작했다.

눈덩이 지구 시절 지구의 평균 온도는 -27℃였다.

뾰족뾰족한 가시를 가진 위왁시아 *Wiwaxia*는 캐나다 버제스 셰일 지역에서 발견된 수천 종의 동물들 중 하나이다.

화석은 오래전에 살았던 생명체나 생명체가 살았던 흔적이 석화되어 남아 있는 것이다. 생명체가 죽으면 생명체의 몸은 대부분 부패한 후 분해된다. 그러나 때로는 뼈 주위에 있던 광물이 생명체의 세포들을 대신한 후 화석으로 바뀐다. 이런 일은 조개껍질이나 이빨에서도 일어난다. 화석은 지구에 어떤 종류의 생명체들이 살았었는지를 연구하는 과학자들에게 커다란 도움을 주는데, 이렇게 화석을 전문적으로 연구하는 사람을 고생물학자라고 부른다.

찰스 둘리틀 월컷은 고생물학자였다. 1850년에 미국에서 태어난 어린 소년은 학교가 매우 지루했다. 그러나 그가 세상일들에 흥미가 없었던 것은 아니었다. 사실은 그 반대였다. 남달리 호기심이 많았던 그는 밖에 나가 스스로 세상을 탐험하고 싶어 했다. 그는 특히 광물, 암석, 새들의 알, 그리고 화석을 관찰하는 것을 좋아했다.

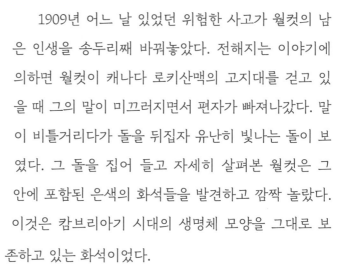

1909년 어느 날 있었던 위험한 사고가 월컷의 남은 인생을 송두리째 바꿔놓았다. 전해지는 이야기에 의하면 월컷이 캐나다 로키산맥의 고지대를 걷고 있을 때 그의 말이 미끄러지면서 편자가 빠져나갔다. 말이 비틀거리다가 돌을 뒤집자 유난히 빛나는 돌이 보였다. 그 돌을 집어 들고 자세히 살펴본 월컷은 그 안에 포함된 은색의 화석들을 발견하고 깜짝 놀랐다. 이것은 캄브리아기 시대의 생명체 모양을 그대로 보존하고 있는 화석이었다.

월컷이 서 있던 곳이 5억500만 년 전에는 바다 밑이었다는 것이 밝혀졌다. 육지는 항상 이동하면서 변하고 있다는 것을 기억할 것이다. 그 당시에 산사태로 추정되는 어떤 사건이 이 생명체들을 죽인 후 타임캡슐처럼 이들을 그대로 보존하고 있었던 것이다. 월컷의 화석은 발견된 화석들 가운데 가장 오래된 화석 중 하나이다. 그가 이 화석들을 발견한 장소는 가까운 곳에 있는 버제스산의 이름을 따라 버제스 셰일이라고 부르게 되었다. 월컷은 이곳을 여러 번 다시 방문하고 이곳에서 그가 발견한 것을 여러 권의 책으로 소개했다.

버제스 셰일에서는 매우 다양한 생명체들이 발견됐다. 이상하게 생긴 아노말로카리스 Anomalocaris도 있었다. 길이가 1미터까지 자랐던 아노말로카리스는 당시 가장 큰 사냥꾼이었을 것이다. 아노말로카리스는 한 쌍의 집게발을 이용하여 먹이를 잡거나 도망가지 못하게 했다.

아노말로카리스

할루키게니아

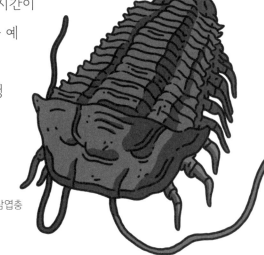

촉수처럼 생긴 발로 걸어 다니던 할루키게니아Hallucigenia도 이곳에서 발견된 생명체이다. 몸집이 작은 할루키게니아는 등에 있는 등뼈를 이용해 천적들로부터 자신을 보호했다.

오파비니아

오파비니아Opabinia는 어느 것과도 비교할 수 없는 독특한 모습을 하고 있었다. 이 바다 괴짜는 다섯 개의 눈을 가지고 있었고, 수영하는 데 사용하는 부채 모양의 꼬리를 가지고 있었으며, 끝에 입이 달린 기다란 코를 가지고 있었다. 오늘날 살아 있는 생명체들 중에는 이와 비슷한 생명체가 없다.

캄브리아기의 가장 일반적인 형태의 동물 중 하나는 삼엽충이라고 부르는 바다 생명체이다. 전 세계에서 발견되고 있는 삼엽충 화석은 손톱 크기에서부터 75센티미터에 이르기까지 다양하다. 삼엽충과 관련해 특기할 만한 것은 이들이 완전하게 발달된 눈을 가진 최초의 생명체였다는 것이다.

일부 전문가들은 고대 바다에서 삼엽충의 눈이 새로운 생존경쟁을 유발했다고 생각하고 있다. 그들은 눈으로 보며 먹잇감을 고를 수 있었다. 물론 좋은 눈을 가지고 있는 생명체가 먹잇감을 얻을 가능성이 컸을 것이다. 위험으로 가득한 새로운 바다 세상에서는 땅속에 숨거나 주변과 같은 색깔을 가지는 것이 생존에 유리했다. 이것은 자연이 일하는 방법을 잘 보여준다. 시간이 흐르고 환경에 더 잘 적응한 새로운 생명체가 예전의 생명체를 대체했다.

버제스 셰일 생명체들은 고생대 초기 생명체들의 모습을 보여주고 있다. 이 시기의 화석이 대량으로 발견되어 고생대 바다에

삼엽충

지구 역사 연대표

	시대	기	세	종	진화 단계	
4600	명왕누대				지구상에 생명체가 없었음; 화산 활동; 비가 표면을 식힘; 바다가 형성됨	00:00
4000	시생누대				메테인을 이용하는 미생물(원핵생물); 시아노박테리아; 스트로마톨라이트; 대기 중에 산소	03:08
2500	원생누대				진핵생물	13:04
850		빙하기			눈덩이 지구	
635		에디아카라기			다세포 생명체	
541	고생대	캄브리아기			조개, 뼈, 그리고 이빨	21:11
485		오르도비스기			척추동물	
444		실루리아기			원시적인 육상 식물; 벌레	
419		데본기			뼈가 있는 물고기; 네발 동물	
359		석탄기			양서류; 파충류; 숲	
299		페름기			포유류 같은 파충류; 판게아	
252	중생대	트라이아스기			최초의 공룡; 작은 포유류; 익티오사우루스	22:41
201		쥐라기			공룡이 육지를 지배함; 하늘에는 익룡	
145		백악기			마지막 공룡; 사회적 곤충; 꽃; 새들	
66	신생대	3기	팔레오세		포유류의 크기가 커짐	23:40
56			에오세		고래가 바다로 돌아감	
34			올리고세		아메리카에서 말이 진화됨	
23			마이오세		원숭이가 이동함	
5.3			플라이오세		2족 보행 동물, 인류의 등장	
2.6	역사시대	4기	플라이스토세		거대동물 멸종	23:59
0.01			홀로세		농경; 최초의 인류 문명	
			인류세		세계화; 대기 중 CO_2 증가	
현재						24:00

수백만 년 전 시대의 시작

24시간

시간이 지남에 따라 많은 생명체들이 나타났고, 사라졌다. 과학자들은 화석이나
화석을 포함하고 있던 암석을 조사하여 그 생명체가 살았던 시기를 알아낸다.
이것은 지구가 형성되었을 때부터 현재까지를 시대별로 구분한 표이다.

서 놀라운 생명 대폭발이 있었다는 것을 알려주고 있다.

캄브리아기, 오르도비스기, 실루리아기, 데본기로 구분되는
고생대 초기에 살았던 생명체들을 만나기 위해 바닷속으로
들어가 보자. 이 시기는 24시간 지구 역사에서 저녁 9시 11분에서 10시 8분
까지에 해당한다.

캄브리아기의 바다에 살았던 동물들 중에서 가장 간단한 형태의 동물은
해면동물이었다. 이들은 오늘날에도 여전히 살아 있고, 현재까지 약 5000종
이 발견되었다. 오랫동안 사람들은 해면동물을 식물이라고 생각했지만, 이들
은 사실 동물이라는 것이 밝혀졌다. 실제로 인간은 수선화보다는 해면동물에
훨씬 더 가깝다.

산호초는 바다 생명체들이 수만 년에 걸쳐 만든 것이다. 죽은 조상의 뼈
대 위에서 성장하는 산호들이 만들어낸 산호초는 다른 생명체들을 위한 보금
자리가 되고 있다. 오늘날 지구에서 가장 큰 산호초인 그레이트배리어리프
(대보초)에는 9000종이 넘는 생명체가 서식하고 있다. 오스트레일리아에 있는
그레이트배리어리프는 3000개에 달하는 산호초로 이루어져
그 길이가 2300킬로미터나 된다. 오늘날에 발견되는

산호초

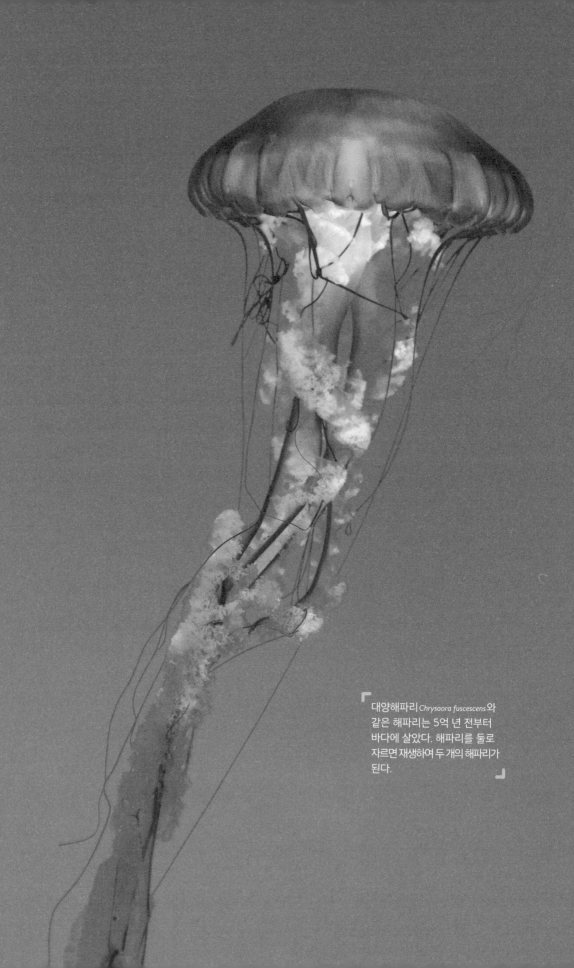

대양해파리 *Chrysaora fuscescens*와
같은 해파리는 5억 년 전부터
바다에 살았다. 해파리를 둘로
자르면 재생하여 두 개의 해파리가
된다.

산호의 조상은 캄브리아기에 처음 지구상에 나타났다.

해파리는 산호와 관련이 있지만 가까운 사이는 아니다. 그들은 종처럼 생긴 머리로 펌프질하여 헤엄친다. 해파리는 아주 간단한 신경계를 가지고 있고, 하나의 출입구만 있어서 먹이 섭취와 노폐물 배설을 한 곳으로 한다. 일부 해파리는 강편치를 날릴 수 있다. 촉수들 사이에 숨겨 두었던 독침을 쏘는 것이다. 캄브리아기 바다에는 해파리가 아주 흔했다.

암모나이트의 조상은 데본기에 나타났다. 암모나이트는 대부분의 공룡이 멸종한 것과 같은 시기인 약 6500만 년 전에 사라졌다. 암모나이트는 거대한 달팽이와 비슷한 모습을 하고 있었지만 현존하는 생명체 중에서 가장 가까운 동물은 문어와 오징어이다. 포식자들의 공격으로부터 암모나이트를 지켜주던 나선형의 단단한 껍질은 매우 아름다웠다. 이빨 자국이나 흉터를 가지고 있는 암모나이트의 화석은 지금도 전 세계 곳곳에서 발견되고 있다.

암모나이트

멍게

첫눈에는 멍게가 해면동물처럼 보인다. 그러나 멍게의 새끼는 올챙이처럼 헤엄을 친다. 이들은 척삭이라고 부르는 초기 형태의 등뼈가 들어 있는 특별한 꼬리로 물을 밀어내면서 앞으로 나갔다. 현재의 바다에서도 발견할 수 있는 이런 생명체들이 처음 지구상에 나타난 것은 캄브리아기였다. 멍게는 등뼈를 가지고 있는 척추동물의 먼 조상으로 보인다. 척추동물에는 어류, 양서류, 파충류, 조류, 포유류가 포함되는데, 인간도 포유류이기 때문에 멍게의 새끼가 매우 중요하다. 일부 전문가들은 이들이 역사시대 이전에 살았던 인류의 아주 먼 조상이라고 생각하고 있다!

실루리아기와 데본기 바다의 생명체들 중에서 가장 두려운 생명체는 플래커덤*Placoderm*이다. 지금은 멸종된 이 생명체는 이빨과 턱을 가진 거대한 물고기였다. 머리와 목 부분이 두꺼운 장갑판으로 둘러싸여 있었으며, 몸은 두꺼운 비늘로 덮여 있었다. 일부 플래커덤은 장갑판으로 둘러싸인 작은 관으로 된 지느러미를 가지고 있었다. 탱크와 비슷한 이것은 자연이 만든 최초의

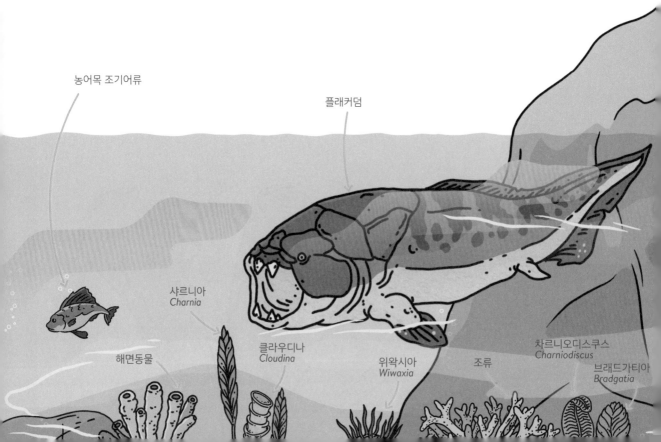

농어목 조기어류

플래커덤

샤르니아
Charnia

차르니오디스쿠스
Charniodiscus

브래드가티아
Bradgatia

해면동물

클라우디나
Cloudina

위왁시아
Wiwaxia

조류

전쟁무기였다. 플래커덤은 길이 10미터에, 무게는 4톤까지 자랄 수 있었다. 이 물고기가 아직도 살아있다면 한 번에 두 마리의 상어를 낚아챌 수 있을 것이다.

바다전갈 역시 마주치고 싶지 않은 동물이다. 길이 2미터 넘게 자랄 수 있었던 이들은 길고 뾰족한 꼬리로 치명적인 독침을 쏠 수 있었다. 오르도비스기에 나타났던 바다전갈은 2억5200만 년 전에 있었던 페름기 대멸종 사건 때 다른 많은 생명체들과 함께 사라졌다.

지구는 46억 년 전에 형성되었고, 지구상에 생명체가 처음 나타난 것은 약 40억 년 전이다. 지금으로부터 4억7000만 년 전의 바다에는 많은 생명체들이 살고 있었다. 이들은 헤엄을 치며 사냥을 하거나, 포식자로부터 도망 다니면서 분주하게 살아가고 있었다. 그러나 육지는 아직 황량했고, 늘 비가 오고 있었다.

바다전갈

오르토케라스
Orthoceras

바욱시아
Vauxia

Chapter 2

야호, 육지다!

4억7000만 년 전-2억5200만 년 전

생명체들이 바다에서 육지로 진출해
숲을 만들었다.

4억2000만 년 전
노래기와 비슷한 동물이
바다에서 나옴

4억7000만 년 전
원시 육지 식물이
물가에 살았음

4억 년 전
식물이 물가에서 멀리
떨어져 사는 것을 버섯이
도와줌

3억7500만 년 전
척추동물이 육상 생활에
적응함

3억6000만 년 전
식물이 씨를 발전시킴

고생대

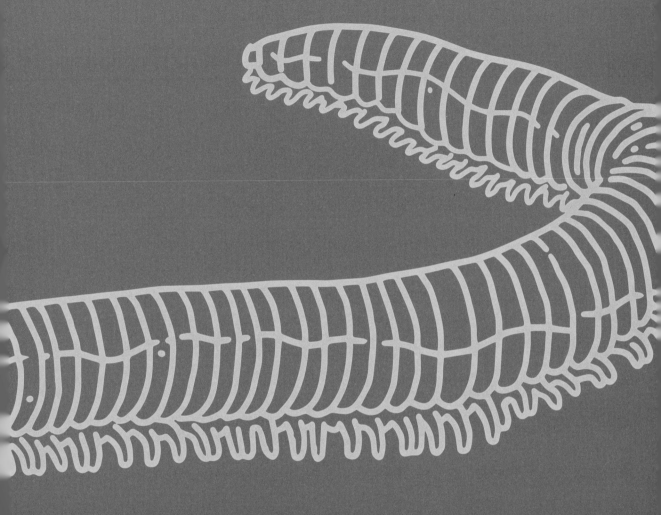

○ **3억6000만 년 전**
육지가 나무로 뒤덮임

○ **3억5000만 년 전**
대기 중 산소 함유량이
늘어나고 일부 곤충이
하늘을 날아다님

○ **3억1200만 년 전**
파충류가 물이 침투하지 못하는
껍질을 가진 알을 발전시킴

○ **2억8000만 년 전**
일부 동물들이 체온을
조절할 수 있게 됨

○ **2억5200만 년 전**
생명체가 최대 생명 멸종
사건을 겪음

비가 내리고 있었다. 전날에도 비가 내렸고, 그 전날에도 역시 비가 내렸다. 수백만 년 동안 생명체들은 바다를 전전하고 있었고, 육지는 비가 내려 축축하게 젖어 있었다. 육지에는 바위와 흙 외에는 아무것도 없었다.

그리고 약 4억7000만 년 전에 초록색이 점차 육지에 나타나기 시작했다. 최초의 육상 식물이 물가에서 자라기 시작한 것이다. 바로 우산이끼류와 이끼류였다. 이들은 오늘날의 바다에서도 발견되는 녹색조류에서 진화한 식물이었다. 다른 모든 식물들과 마찬가지로 이들은 필요한 에너지를 얻기 위해 광합성 작용을 했다.

다음에는 훨씬 더 크게 자랄 수 있는 식물이 나타났다. 이들은 우리가 혈액을 순환시키는 혈관을 가지고 있는 것처럼 토양에서부터 꼭대기까지 영양분과 물이 이동할 수 있는 관다발을 가지고 있었다. 우리는 이런 식물을 관다발 식물이라고 부른다.

최초 관다발 식물의 크기는 겨우 몇 센티미터 정도였고, 줄기는 매우 두꺼웠다. 1912년 스코틀랜드의 의사 윌리엄 매키가 라이니 마을 부근에서 우연히 이들의 화석을 발견했다. 그는 오래된 돌담에서 이상하게 생긴 화석을 발견했다. 그리고 이 발견으로 4억 년 전에는 라이니가 수증기를 내뿜는 뜨거운 지역이었다는 것이 밝혀졌다. 이곳에는 진흙 속에서 뜨거운 물이 솟아오르는 연못이 있었다. 때때로 거대한 간헐천으로부터 뜨거운 물이 뿜어져 나와 주변의 식물들을 적셨고, 식물을 적신 물에 포함되었던 광물이 암석으로 변하는 석화과정이 일어났다. 화석이라는 말은 여기서 유래했다.

예술가들이 그린 4억2000만 년 전에서 3억9500만 년 전에 살았던 초기 관다발 식물 *rhynia*과 거대한 버섯*prototaxites*. 라이니아는 20센티미터까지 자랐고, 프로토택사이트의 줄기는 8미터까지 자랐다.

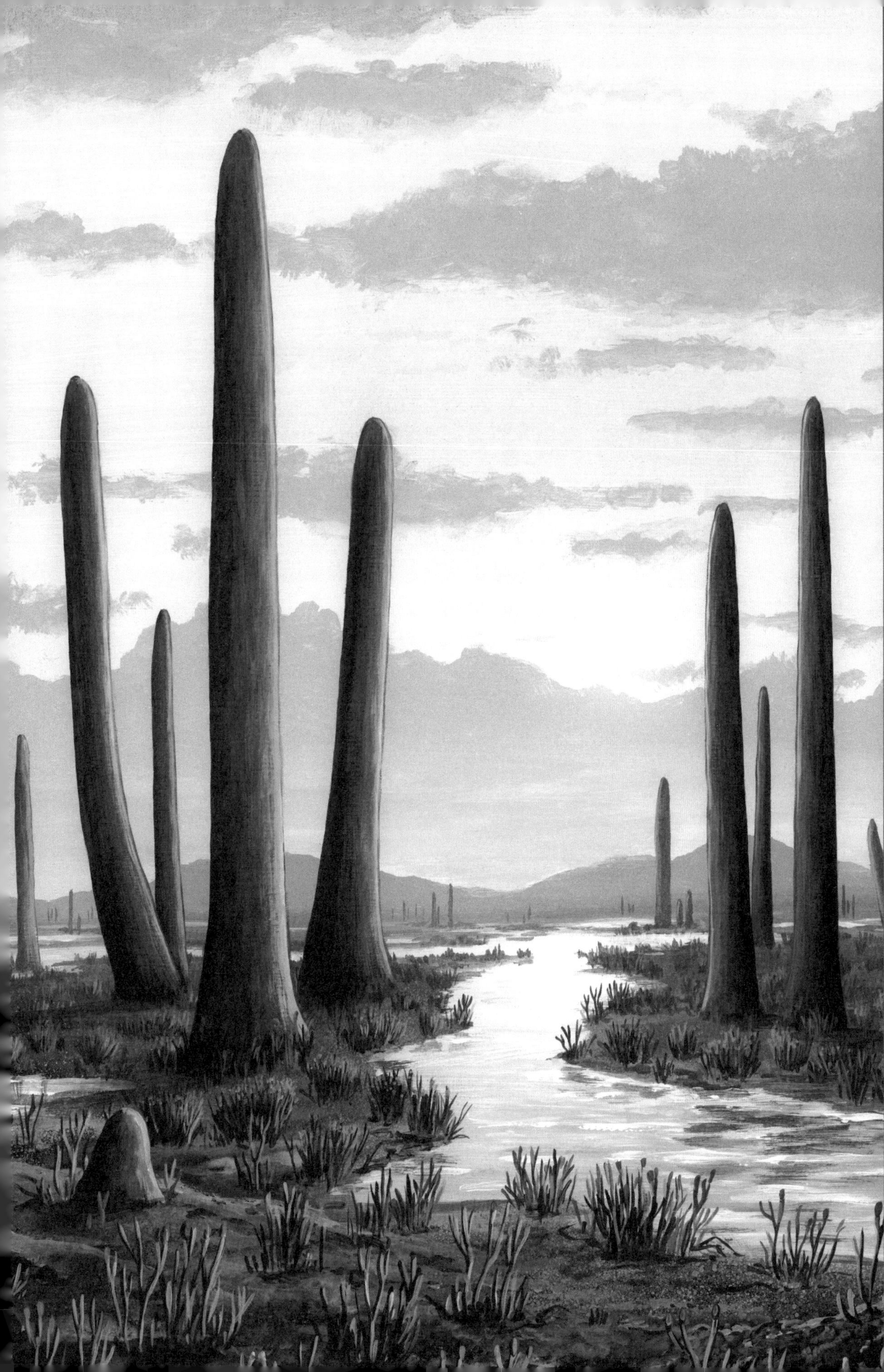

관다발 조직은 식물이 크고 강하게 자라는 것을 돕는다. 현미경으로 찍은 이 사진은 식물 줄기의 내부 모습을 보여주고 있다. 목질부는 물과 영양분을 뿌리로부터 잎으로 보내고, 체관부는 잎에서 광합성 작용으로 만든 당을 식물의 다른 부분으로 운반한다.

체관부

목질부

라이니의 화석은 아주 잘 보존되어 있어서 과학자들은 이를 통해 고대 식물이 무엇으로 이루어져 있고, 어떻게 살았는지를 자세하게 알아낼 수 있다. 이 식물은 리그닌이라는 물질을 가지고 있었던 것이 확실하다. 리그닌은 식물의 세포벽을 단단하게 만들어주는 물질이다. 리그닌은 또한 물이 세포벽을 통과하지 못하게 막기 때문에 관을 통해 물이 나무의 꼭대기까지 높이 올라갈 수 있다. 이것은 섬유로 만든 관 대신 플라스틱으로 만든 관을 가지고 있는 것과 마찬가지였다.

리그닌은 나무를 단단하게 만들어 똑바로 서 있을 수 있도록 했다. 그러나 이 작은 관다발 식물이 커다란 나무로 진화하는 데는 4000만 년이 걸렸다. 이런 것을 가지고 있지 않았던 균류는 이런 크기까지 자랄 수 없었다.

버섯을 좋아하는가? 나는 버섯을 그다지 좋아하지는 않았다. 그러나 이 책을 쓰기 위해 자료를 수집하면서 나는 버섯의 팬이 되었다. 생명체를 동물계, 식물계, 균계로 크게 나눌 때 버섯이 속하는 균계가 없었다면 우리 세상은 매우 불쾌한 냄새로 가득했을 것이다.

우리는 균류의 기원에 대해 많은 것을 알지 못한다. 이들이 바다에서 시작되었는지 아니면 육지에서 시작되었는지도 모른다. 연하고 부드러운 조직 때문에 화석이 많이 남지 않았던 것이다. 그러나 식물이 육지에 상륙하기 이전에 이미 균류가 육지에 살고 있었을 것이라고 확신하고 있다. 그 후 균류는 지구상에 살고 있는 생명체 중에서 가장 작은 것에서부터 가장 큰 것에 이르기까지 다양한 형태의 생명체로 발전했다.

작은 균류는 하나의 세포로 이루어졌다. 빵을 만들 때 사용하는 이스트도 이런 생명체 중 하나이다. 커다란 균류는 지구상에서 가장 큰 생명체 중 하나이다. 미국 오리건주에 있는 한 버섯은 지하로 10제곱킬로미터에 걸쳐 뻗어 있는데, 이것은 축구장 1300개와 맞먹는 넓이이다!

균류도 다른 생명체들과 마찬가지로 영양분을 섭취한다. 대부분의 균들은 실 같은 뿌리가 엉켜서 형성된 균사체로 이루어져 있다. 버섯은 지상으로 튀어나온 균의 일부분으로, 포자를 퍼트리는 역할을 한다. 이 작은 씨앗은 바람에 날아가 똑같은 균류를 만들어낸다.

균류는 어디에서나 발견할 수 있다. 이들은 토양, 음식물, 나무, 식물과 동물, 민물이나 바닷물, 그리고 심지어는 우리 발가락 사이에서도 성장할 수 있다.

균류는 죽은 생명체를 분해하기 때문에 지구 생명체들에게 매우 중요하다. 균류가 없다면 세상은 죽은 식물과 동물의 잔해로 넘쳐날 것이다. 이들은 또한 식물의 성장을 돕는 화학물질을 만든다.

때로 자연은 팀워크를 매우 좋아한다. 지하 균류들의 거대한 네트워크가 물과 양분을 나무뿌리로 전달하면, 나무는 그 대가로 균류에 양분을 제공한다. 고대 균류 덕분에 초기 식물들이 물에서 더 먼 육지로 진출할 수 있었고, 토양을 기름지게 만들 수 있었다.

토양은 모래, 광물질, 그리고 생명체들의 잔해로 이루어져 있다. 식물, 벌레를 포함한 작은 동물, 그리고 균류는 귀중한 생명을 이어갈 수 있도록 서로 돕는다. 균류는 떨어진 나뭇잎이나 죽은 나무를 양분으로 바꾸어 새로운 식물이 자랄 수 있도록 한다. 균류는 4억 년 동안 토양을 파냈고, 이를 통해 토양이 섞이게 하여 새로운 생명을 길러낼 수 있도록 했다. 이것을 토양 순환이라고 부른다.

실제로 생명체가 없으면 토양도 존재할 수 없다. 그렇게 되면 지구는 달이나 화성, 그리고 금성 표면과 마찬가지로 암석과 먼지가 뒤덮을 것이다.

> 세상은 균류에 의존하고 있다. 균류들은 에너지와 물질 순환 과정에서 핵심적인 역할을 하고 있다.

에드워드 O. 윌슨,
생물학자

육지로 올라온 생명체는 균류와 식물뿐만 아니었다. 기어 다니던 작은 생명체들도 4억4000만 년 전에서 4억2000만 년 전 사이에 육지로 올라왔다.

최초로 육지에 상륙한 동물은 아마도 절지동물이었을 것이다. 절지동물에는 노래기, 곤충, 거미, 게, 가재와 같이 마디로 이루어진 다리와 외골격을 가지고 있는 많은 생명체들이 속해 있다.

또 다른 종류의 동물이 육지로 올라오기까지는 다시 5000만 년을 더 기다려야 했다. 그 당시 바다에서 생명을 유지하기란 쉬운 일이 아니었을 것이다. 독을 쏘는 해파리, 맹독을 가진 꼬리를 휘두르는 바다전갈, 거대한 플래커덤의 공격 정도는 물속 생명체들이 처한 위험의 일부에 지나지 않았다. 따라서 물 밖으로 나올 수 있으면 살아남을 가능성이 훨씬 컸다. 물가에는 나무들이 무성했고, 먹잇감이 될 벌레들이 많았기 때문이다.

그러나 물고기는 육지로 올라올 수 없었다. 문제는 공기 중에서 호흡하는 것이었다. 또 다른 문제는 육지에서 이동하는 것이었다. 다리가 아니라 지느러미로 걷는다고 상상해 보자. 그것은 간단하게 공원을 산책하는 것과는 다를 것이다.

틱타알릭*Tiktaalik*은 이런 문제들을 해결하는 방법을 알아냈다. 이들은 지느러미를 이용하여 얕은 늪지를 헤치면서 걷는 방법을 터득했고, 몸을 물 밖

균근 공생이라는 과정을 통해 균류는 식물에 물과 양분을 공급하고, 식물은 균류에 광합성 작용을 통해 만든 당분을 제공한다.

육지로 들어 올릴 수 있었다. 이것은 틱타알릭이 팔 굽혀 펴기를 최초로 시도한 생명체라는 것을 의미한다!

틱타알릭은 몸을 바닥에서 들어 올리는 데 사용하는 손목뼈, 공기 중에서 호흡하는 데 필요한 허파, 그리고 강한 흉곽과 목을 가지고 있었다.

틱타알릭은 원시 식물이 물가에서 자라고 있던 약 3억7500만 년 전에 살았다. 이들의 화석은 물고기의 지느러미가 어떻게 최초의 팔, 어깨, 팔꿈치, 그리고 손목으로 사용되었는지를 보여주고 있다.

우리가 손목과 발목을 가지고 있는 것이 틱타알릭과 같은 오래전에 살았던 동물에게까지 연결되어 있다는 것은 흥미로운 일이다. 그들은 몸을 바닥에서 들어올리기 위해서 관절이 필요했다. 팔 굽혀 펴기를 해보면 관절이 얼마나 중요한 역할을 하는지 알 수 있을 것이다!

틱타알릭은 최초의 양서류 가운데 하나였다. 양서류를 뜻하는 영어 단어인 'amphibian'에서 'amphi'는 '양쪽'을 뜻하는 고대 그리스어에서 유래했고, 'bios'는 '생명'을 뜻하는 단어에서 유래했다. 이들은 물과 육지 모두에서 살았다. 양서류들은 처음으로 육지에서 걸을 수 있었을 뿐만 아니라 물고기가 부레를 이용하는 것과는 달리 원시적인 허파를 이용하여 공기 중에서 숨을 쉴 수 있었다. 길이가 2미터나 되는 에리옵스Eryops처럼 새로운 능력으로 무장한 일부 양서류들은 육지를 지배하는 동물이 되었다. 이들의 후손들은 아직도 지구 곳곳에 살고 있는데, 그중에는 개구리, 영원류, 두꺼비와 같은 것들이 있다.

양서류가 거대한 동물로 발전하고 있는 동안 식물 역시 커다란 식물로 진화했다. 앞에서 살펴본 것과 같이 일부 식물은 목질로 이루어진 줄기를 발달시켜 똑바로 서 있을 수 있게 되었다. 그리고 균류의 도움으로 이들은 물가가 아닌 곳에서도 뿌리를 통해 양분을 흡수할 수 있게 되었다. 그러나 중력에 대항하여 물과 양분을 높은 곳으로 밀어올리기 위해서는 펌핑 시스템이 필요했다.

식물이 높이 자랄 수 있는 것은 잎 표면에 분포하고 있는 수많은 작은 구멍 때문이다. 날씨 조건에 따라 식물은 기공이라고 부르는 이 작은 구멍을 열거나 닫을 수 있다. 더운 날씨에는 잎에 있는 물이 기공을 통해 증발하여 줄기에 있는 수액의 농도를 짙게 만든다. 이렇게 되면 꼭대기에 있는 잎으로 물이 끌려 올라간다. 이것을 증산 작용이라고 부른다.

돋보기를 들어보자. 한 쌍의 작은 입술 모양을 볼 수 있는가? 이 사진은 주사전자 현미경을 이용하여 잎의 표면에 있는 기공을 찍은 것이다.

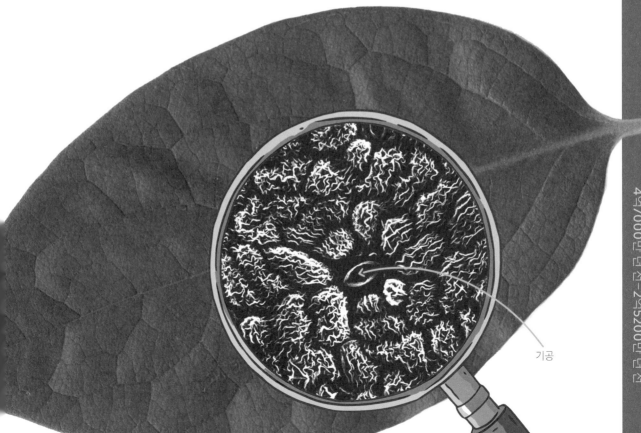

기공

나무를 포함한 초기 육상 식물들은 균류와 마찬가지로 포자로 번식했다. 그들은 포자가 바람에 날려 멀리 퍼지도록 했지만 포자가 자라기 위해서는 따뜻하고 습한 환경이 필요했다. 늪지나 습지에서는 포자로 번식하는 것도 별문제가 없었지만 건조한 지역에서는 그렇지 않았다. 그래서 3억6000만 년 전에 일부 식물이 씨앗을 이용하는 새로운 번식 방법을 발달시켰다.

> 씨앗은 여러 단계의 발전과 관련이 있는 놀라운 혁신이었다.
>
> 콜린 텃지, 생물학자

씨앗은 포자보다 강했다. 씨앗들은 물이 통과할 수 없는 껍질을 가지고 있었다. 단단한 껍질은 공기, 물, 심지어는 동물의 내장 안에서도 씨앗이 손상되는 것을 막아주었다. 껍질 안에는 새로운 식물로 자라날 배아가 들어 있었다. 자체적으로 당, 단백질, 지방 형태의 양분을 가지고 있는 씨앗은 혹독한 환경에서도 싹을 틔울 수 있었다.

초기에 씨앗을 발달시킨 식물 중 하나가 소철이다. 작은 야자나무 같은 모습이었던 소철은 3억2000만 년 전까지 거슬러 올라간다. (서로 관련은 없다.) 약 300종의 소철이 오늘날에도 살고 있다. 삼엽충의 눈과 마찬가지로 씨앗은

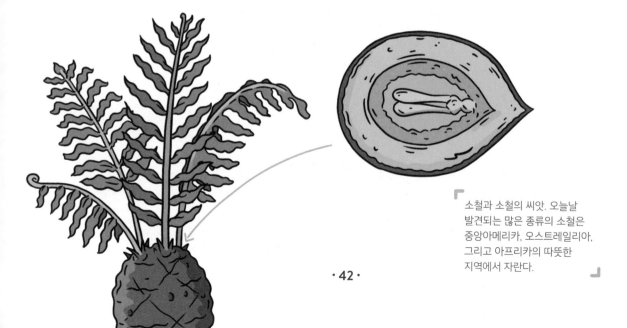

소철과 소철의 씨앗. 오늘날 발견되는 많은 종류의 소철은 중앙아메리카, 오스트레일리아, 그리고 아프리카의 따뜻한 지역에서 자란다.

세상을 크게 바꾸어 놓았다. 수백만 년
동안에 씨앗을 맺는 식물이 육지의
우점종이 되었다.

 사람 크기의 노래기를 상상할 수 있을
까? 두 팔을 뻗은 것보다 더 큰 바다전
갈은 또 어떨까? 당신이 나 같은 사람이라면 틀림없
이 이런 세상이 그다지 마음에 들지 않을 것이다.
그렇다면 3억 년 전에 태어나지 않은 것을 다행으로
생각해야 한다. 자, 이제 석탄기로 들어가 보자.

곤충이 어떻게 하늘을 나는 방법을 습득했는
지는 아직도 미스터리이다. 전문가들은 곤충이 하
늘을 날게 된 것은 거대한 식물과 나무들이 자라
기 시작한 것과 관련이 있을 것으로 생각하고 있

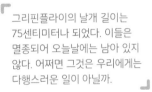

그리핀플라이의 날개 길이는
75센티미터나 되었다. 이들은
멸종되어 오늘날에는 남아 있지
않다. 어쩌면 그것은 우리에게
다행스러운 일이 아닐까.

다. 높은 나무에서 다른 나무로 건너뛰거나 활강하는 데 필요한 작은 날개를
발전시키는 것이 그럴듯해 보이지 않는가? 그렇게 되면 다른 나무로 가기 위
해 땅까지 내려갔다가 다시 올라갈 필요가 없을 것이다. 날개가 점차 커져서
마침내는 곤충들이 날개를 이용하여 하늘을 날아다니게 되었을 것이다.

오늘날 발견되는 잠자리의 조상은 지구상에 살았던 가장 놀라운 곤충이
었다. 갈매기만큼이나 컸던 그리핀플라이는 하늘을 완전히 지배했다. 이들은
작은 생명체들을 잡아먹을 수 있었고, 당시에는 이들과 경쟁할 새들이 아직
없었다. 이들은 오늘날의 친척들과 마찬가지로 모든 방향을 볼 수 있는 눈을
가지고 있었다.

그리핀플라이가 왜 그렇게 크게 자랐는지는 아무도 모른다. 일부 과학자들은 공기 중에 포함된 산소의 양이 증가해 현재의 거의 2배 수준이 된 것이 곤충들의 크기를 키웠다고 생각하고 있다. 다른 과학자들은 너무 많은 산소는 작은 곤충들에 독으로 작용했을 것이라고 주장한다. 그들은 석탄기에는 새끼들이 높은 농도의 산소에 의해 죽기 전에 빠르게 성장해야 했을 것으로 생각하고 있다. 그러나 거대한 곤충의 화석은 산소의 농도가 훨씬 낮았던 시대의 지층에서도 발견되었다. 따라서 일부 과학자들은 이들이 산소의 농도와는 아무런 관련이 없다고 주장하고 있다.

이런 과정을 통해 과학의 발전이 이루어진다. 증거를 설명하는 이론을 과학에서는 가설이라고 부른다. 새로운 증거가 나오면 새로운 가설을 제시해야 하는 때도 있다.

강력하고 거대한 동물이 있는 세상에서는 다른 동물들이 이에 적응하거나 죽어야 한다. 곤충들은 잘 적응했다. 작은 곤충들은 오늘날 파리가 가진

> 잠자리는 특히 아름다운 곤충이고, 매우 강력한 포식자이다. 잠자리는 빠르게 가속할 수 있고, 동전 위에 앉을 수도 있으며, 공중에 떠 있을 수도, 뒤로 날아갈 수도, 순간적으로 방향을 바꿀 수도 있다.

리처드 프레스턴, 과학작가

파리와 마찬가지로 무당벌레도 빠르게 접거나 펼 수 있는 날개 덕분에 걷다가도 빠르게 날아갈 수 있다.

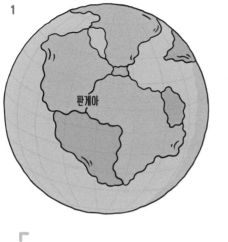

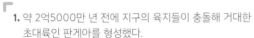

1. 약 2억5000만 년 전에 지구의 육지들이 충돌해 거대한 초대륙인 판게아를 형성했다.
2. 약 1억5200만 년 전에 판게아가 두 개의 거대한 대륙인 남쪽의 곤드와나와 북쪽의 로라시아로 분리되었고, 그 사이에는 바다가 만들어졌다.
3. 약 9500만 년 전에 대륙들이 오늘날의 모습을 갖추기 시작했다.

접을 수 있는 날개를 발전시켰다. 이 새로운 종류의 날개로 인해 작은 곤충들은 좁은 공간으로 기어들어갈 수 있게 되었다. 그리핀플라이처럼 고정된 날개를 가지고 있던 거대한 포식자들은 좁은 공간으로 숨어든 작은 곤충들에게 다가갈 수 없었다. 오늘날 남아 있는 곤충들의 대부분은 접을 수 있는 날개를 가지고 있는데, 이것은 접을 수 있는 날개가 자연의 가장 성공적인 적응 사례라는 것을 나타낸다.

그리핀플라이가 하늘을 지배하던 시기에 지구의 육지들이 서로 충돌하여 하나의 초대륙을 만들기 시작했다. 이 초대륙은 '모든 땅'이라는 뜻으로 판게아라고 부른다. 이런 일이 일어나면서 기후가 건조해지고 기온이 올라갔다. 따라서 양서류가 알을 낳던 연못이나 습지가 말라버리거나

이 개구리의 알과 같은 양서류의
알은 물이 드나들 수 있다. 물속에
알을 낳을 때는 이것이 문제가
되지 않지만 마른 땅에서는
적당하지 않다.

사라지기 시작했고, 더 많은 동물들이 적은 물을 두고 경쟁을 해야 했다. 환경이 변하면 동물도 이에 따라 변하게 마련이다.

양서류의 알은 물이 드나들 수 있는 막으로 둘러싸여 있어 말랑말랑하다. 물속에 알을 낳을 때는 이것이 가장 좋은 방법이지만 육지가 건조해지면서 일부 동물들은 식물의 씨앗과 비슷한 새로운 종류의 알을 낳기 시작했다. 이런 알에는 새끼가 자라는 데 필요한 모든 물과 양분이 단단한 껍질 안에 들어 있거나 가죽 주머니 안에 들어있었다. 물이 통과할 수 없는 이 새로운 알로 무장한 동물들은 물로부터 아주 먼 곳까지 진출할 수 있었다. 이들은 마른 땅 위에 알을 낳았고, 몇 주 후에는 알이 부화되어 새로운 생명체가 탄생했다! 이런 동물들이 파충류이다.

방수가 되는 알이 이동이 가능한 연못이나 습지 역할을 했다. 자연의 마법이 동물들을 물에서 멀리 떨어질 수 있도록 하여 그들의 역사를 바꿔 놓은 것이다. (이 얘기를 들으니 달걀을 곁들인 당신의 평범한 아침 식사도 흥미롭게 보이지 않는가?)

최초의 파충류는 힐로노무스 *Hylonomus*이다. 길이가 20센티미터 정도이고 도마뱀처럼 생긴 이 동물은 3억 1200만 년 전인 석탄기에 살았다. 힐로노무스는 노래기나 작은 곤충들을 먹었고, 거대한 양서류나 그리핀플라이의 먹이가 되었다.

파충류가 처음 지구상에 나타나고 수백만 년 후에는 그들이 육지를 지배했다. 가장 좋은 예가 디메트로돈*Dimetrodon*이다. 길이가 3미터 이상 자랐던 디메트로돈은 네 다리로 걸었으며 긴 꼬리를 가지고 있었다. 디메트로돈은 이 당시의 가장 큰 육식동물이었다. 이들은 등에 돛처럼 생긴 특이한 돌기를 가지고 있었다. 일부 과학자들은 이 돌기가 이른 아침 햇빛에 몸이나 혈액을 데우는 데 사용되었을 것으로 생각하고 있다. 그리고 따뜻한 날에는 열을 방출해 디메트로돈의 체온을 식히는 역할도 했을 것이다. 디메트로돈과 같은 동물들은 약 6000만 년 동안 육지를 지배했다. 그러나 '페름기 대멸종'이라는 최악의 상황으로 이들의 시대는 갑작스럽게 종말을 맞았다.

> 알의 껍데기와 내막을 통해서는 기체가 드나드는 것이 가능했기 때문에 자라고 있는 배아가 산소를 받아들이고 이산화탄소를 내보낼 수 있다.
> 그러나 물은 통과시키지 않는다.
>
> P. 마틴 샌더,
> 고생물학자

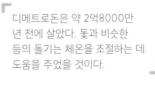

디메트로돈은 약 2억 8000만 년 전에 살았다. 돛과 비슷한 등의 돌기는 체온을 조절하는 데 도움을 주었을 것이다.

하나의 초대륙인 판게아가 모두 완성되었다. 대륙이 충돌할 때 일어날 수 있는 일들 중 한 가지 확실한 것은 더 많은 화산이 분출된다는 것이다. 상상할 수 있는 가장 큰 화산은 어떤 것일까? 서부 유럽을 뒤덮을 수 있을 정도의 용암을 100만 년 동안 방출하는 화산은 어떨까? 전문가들은 바로 이런 일이 2억5200만 년 전에 일어났다고 생각하고 있다. 이때의 화산 활동으로 러시아 북부에 있는 거대한 용암 지대인 시베리아 트랩이 만들어졌다.

그러나 그것이 전부가 아니었다. 화산은 많은 양의 이산화탄소를 공기 중으로 방출했다. 이산화탄소는 지구 대기의 온도를 상승시키는 기체이다. 전문가들은 페름기 말에 지구 대기의 온도가 너무 올라가 대부분의 동물이 멸종되었다고 생각하고 있다. 90%의 동식물이 이 시기에 멸종했다. 이것은 마치 지구의 생명체가 심한 열병을 앓는 것과 같았다. 그러나 보통의 질병과는 달리 이 열병은 8만 년 동안이나 계속되었다!

화산 활동이 페름기 대멸종의 유일한 원인이 아닐지도 모른다. 남극대륙에 충돌한 운석이 멸종을 부추겼을 가능성도 있다.

시베리아 트랩을 만든 화산 활동은 아이슬란드의 바우르다르붕카 화산이 분화하는 모습과 비슷했을 것이다.

Chapter 3

공룡 시대

2억5200만 년 전-500만 년 전

거대한 도마뱀과 그 다음에 나타난 것들

○ **2억4500만 년 전**
공룡 시대의 시작

○ **2억2000만 년 전**
거대한 집을 만든
최초의 곤충인
흰개미의 출현

○ **1억5000만 년 전**
익룡의 출현

○ **1억4000만 년 전**
식물이 꽃과 열매로
번식하기 시작

6500만 년 전
거대한 운석이 새를
제외한 공룡을 멸종시킴

5600만 년 전
포유류와 새들이
육지와 하늘을 지배

3000만 년 전
원숭이의 출현

1400만 년 전
유인원의 출현

페름기 대멸종 사건을 이기고 살아남은 파충류는 그리 많지 않았다. 이런 생존자들 중에 우리에게 특별한 의미가 있는 파충류가 하나 있다. 리스트로사우루스 *Lystrosaurus*는 파충류에서 포유류로 넘어오는 길목에 있는 동물이다. 일부 학자들은 리스트로사우루스가 없었다면 포유류가 아예 지구상에 나타나지 않았을 수도 있다고 주장하고 있다. 인류는 포유류이다. 따라서 우리는 포유류가 존재할 수 있도록 한 이 먼 조상에게 감사해야 할 것이다. 리스트로사우루스가 도마뱀과 돼지를 섞어 놓은 모습이었다 해도 말이다. 그리고 페름기 말의 대재앙 가운데서 전혀 다른 파충류가 나타났다. 이들은 지구상에 나타났던 모든 동물들 중에서 가장 두려운 동물

피사노사우루스
Pisanosaurus
2억2700만 년 전-2억2100만 년 전
남아메리카

리스트로사우루스
Lystrosaurus
2억5000만 년 전
아시아, 아프리카, 남극

니아사사우루스
Nyasasaurus
2억4500만 년 전-2억4000만 년 전
아프리카

에오랍토르
Eoraptor
2억2800만 년 전
남아메리카

들이었다. 공룡 시대가 시작된 것이다!

현재까지 약 800종의 공룡 화석이 발견되었다. 그러나 지구상에 존재했던 공룡은 2000종이 넘을 것으로 추정된다. 두 발로 걷는 이족보행 공룡이 있는가 하면 네 발로 걷는 사족보행 공룡도 있었다. 풀만 먹는 초식공룡이 있었고, 고기만 먹는 육식공룡도 있었으며, 둘 다 먹는 잡식공룡도 있었다.

가장 먼저 나타난 공룡은 원시 용각류였다. 이 초식공룡들은 10미터까지 자랐으며 작은 머리와 긴 목을 가지고 있었다. 이들은 대개 네 발로 걸었지만 높은 나무에 있는 잎을 먹을 때는 두 발로 서기도 했다.

트라이아스기 초기에는 리스트로사우루스가 육지에서 가장 흔한 동물이었다. 그러나 트라이아스기 중반에는 많은 종류의 공룡들이 나타났다. 이 그림에는 리스트로사우루스를 비롯해 트라이아스기에 번성했던 일부 공룡들을 보여주고 있다. 공룡의 이름 아래에는 그 공룡이 살았던 시기와 화석이 발견된 장소가 나타나 있다. 이들은 다른 시기에 다른 지역에서 살았기 때문에 이 그림처럼 한곳에서 볼 수는 없었을 것이다.

플라테오사우루스
Plateosaurus
2억1000만 년 전
유럽

코엘로피시스
Coelophysis
2억2500만 년 전-2억2000만 년 전
북아메리카

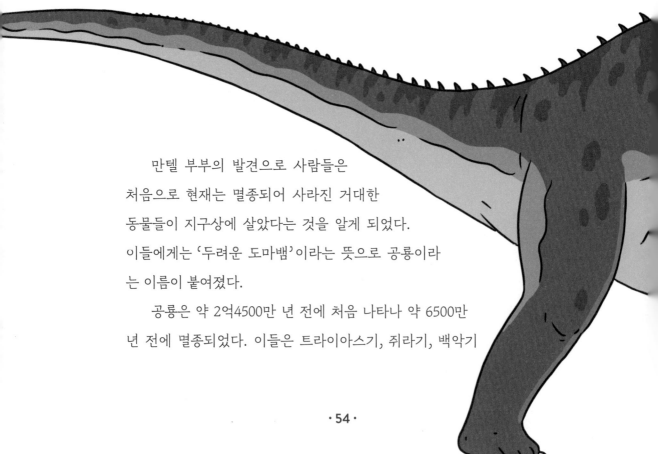

기디언 만텔과 메리 앤 만텔 부부는 영국 루이스에 살았던 아마추어 화석 수집가였다. 1822년에 만텔 부부는 집 가까이 있는 숲에서 거대한 이빨 화석을 여러 개 발견했다. 그들은 이 이빨들이 길이가 18미터 정도 되는 동물의 것이라고 추정했다. 그것은 이층 버스 두 대를 연결한 만큼 거대할 것이라는 소리다!

여러 해 동안의 논란을 거친 후 과학자들은 만텔 부부가 발견한 이빨에 대해 일치된 의견을 내놓았다. 그리고 이 이빨이 이전에는 전혀 알려지지 않았던 새로운 종류의 동물 이빨이라고 결론지었다. 그들은 이 동물이 현대의 이구아나를 확대해 놓은 모습일 것으로 생각하고 이구아노돈Iguanodon이라는 이름을 붙였다. 후에 많은 화석에 대한 조사를 통해 이들이 이구아나와 다른 모습을 하고 있었으며, 크기도 처음에 추정했던 것의 반밖에 안 된다는 것을 알아냈다.

만텔 부부의 발견으로 사람들은 처음으로 현재는 멸종되어 사라진 거대한 동물들이 지구상에 살았다는 것을 알게 되었다. 이들에게는 '두려운 도마뱀'이라는 뜻으로 공룡이라는 이름이 붙여졌다.

공룡은 약 2억4500만 년 전에 처음 나타나 약 6500만 년 전에 멸종되었다. 이들은 트라이아스기, 쥐라기, 백악기의 지구를 지배했다. 우리의 24시간 지구 역사로 본다면 공룡은 저녁 10시 43분에서 11시 39분까지 살았다.

거대한 공룡들의 대부분은 용각류에 속하는 공룡들이었다. 이들 중에서도 가장 큰 공룡은 아르젠티노사우루스Argentinosaurus였다. 네 발로 걸었던 이 거대하고 무거운 공룡은 30미터까지 자랐고, 다 자랐을 때의 몸무게는 70톤이나 되었다. 아마 지구상에 살았던 모든 동물들 중에서 가장 무거운 동물이었을 것이다. 이들의 생존전략은 매우 단순했다. 다른 동물들보다 큰 몸집으로 포식자들의 공격을 막아내는 것이었다.

아르젠티노사우루스는 몸무게가 70톤까지 늘었다. 이것은 아프리카 코끼리 10마리와 같은 무게이다!

빠른 속도를 생존전략으로 선택한 공룡들도 있었다. 오르니토미무스Ornithomimus는 가장 빠른 공룡이었다. 진흙에 남겨져 있는 발자국을 조사해 본 과학자들은 이들이 올림픽 단거리 챔피언인 우사인 볼트만큼 빨리 달릴 수 있었을 것으로 추정했다. 이 공룡 이름은 '새와 같은'이라는 뜻을 가지고 있다. 고생물학자 오스니얼 찰스

마시가 1890년에 오르니토미무스의 발톱이 새의 발톱과 매우 유사하다는 것을 알아냈기 때문에 이런 이름을 지어준 것이다. 그때는 100여 년 후에 다른 고생물학자가 오르니토미무스가 깃털을 가지고 있었다는 것을 나타내는 화석을 발견할 것이라고는 생각하지 못했다.

또 다른 공룡들은 특이한 장비를 타고났고, 이구아노돈도 그런 공룡들 가운데 하나였다. 이들의 엄지손가락은 잘 드는 단도처럼 날카로웠다. 이들은 뒷다리를 이용해 똑바로 선 다음 엄지손가락으로 공격해오는 적을 물리쳐서 자신을 방어했을 것이다. 그러나 일부 과학자들은 이구아노돈이 포식자들로부터 달아나기만 했고, 날카로운 엄지손가락은 먹이를 자르는 용도로만 사용했을 것이라고 주장하고 있다.

가장 강한 턱을 가지고 있는 것으로 널리 알려진 공룡은 T. 렉스라고도 부르는 티라노사우루스 렉스*Tyrannosaurus rex*이다. 티라노사우루스 렉스는 북아메리카 서부에 살았다. 이들은 두 발로 걸었고, 커다란 두개골과 무겁고 긴 꼬리를 가지고 있었다. 손에는 두 개의 손가락만 있었는데, 크고 무거운 뒷다리나 꼬리에 비해 팔뚝은 매우 짧았다. 육식공룡이었던 티라노사우루스 렉스는 길이가 12미터나 되었고, 몸무게는 현대의 코끼리와 비슷했다. 이들은 죽은 동물의 사체를 먹기도 하고, 살아 있는 동물을 사냥하기도 했다.

> 공룡들은 평생 이빨을 새로운 것으로 갈았다. 티라노사우루스 렉스는 1년에 한 번씩 모든 이빨을 갈았다.
>
> 잭 호너,
> 고생물학자

가장 완전한 형태의 티라노사우루스 렉스 화석은 1990년에 화석 수집가 수 헨드릭슨이 발견했다. 발견자의 이름을 따서 '수'라는 애칭을 갖게 된 이 유명한 화석의 길이는 코부터 꼬리까지 12.3미터이다.

모든 공룡이 크고, 빠르고, 강했던 것은 아니다. 가장 작은 공룡들 가운데

눈구멍

목뼈 10개

등뼈 13개

엉덩이

콧구멍

두 개의 손가락을
가지고 있는 손

갈비뼈

꼬리뼈 40개

다리

발톱

며느리발톱

고생물학자들은 티라노사우루스 렉스의 배설물 화석을 발견했다. 그 안에는 으깨진 뼈가 있었는데, 뼈의 내부에는 영양분이 많은 골수가 들어 있었다. 따라서 우리는 이 거대한 포식자가 강력한 턱과 이빨을 이용하여 스스로 사냥한 먹이나 다른 포식자가 남긴 먹이를 뼈까지 남기지 않고 씹어 먹었다는 것을 알 수 있다.

하나였던 미크로랍토르Microraptor는 까마귀 크기의 공룡이었다. 네 개의 날개를 가지고 있었지만 날지는 못했고, 먹이를 찾기 위해 나무에서 나무로 활강하였을 것으로 보인다. 1861년에 독일 화석 수집가 크리스찬 에리히 헤르만 폰 마이어가 최초의 새 화석을 발견했다고 발표했다. 그는 이것을 아르카이오프테릭스Archaeopteryx라고 불렀다. 시조새라고도 불리는 이 공룡은 현대의 까치와 비슷한 크기로, 확실히 새처럼 생겼다. 이들의 깃털은 오늘날 새들의 깃털과 비슷하게 가지런했고, 새와 같은 발톱도 가지고 있었으며, 새의 목과 가슴 사이에 있는 V자 형태의 가슴뼈도 가지고 있었다. 폰 마이어가 발견한 화석은 목이 긴 원시 용각류 공룡들이 나무 꼭대기에 있는 잎을 따먹던 1억 5000만 년 전의 것으로 밝혀졌다.

케찰코아틀루스

오랫동안 전문가들은 새가 어떤 동물로부터 진화했는지를 알아내기 위해 고심했다. 새들은 어떻게 하늘을 나는 방법을 배웠을까? 새들의 깃털은 어디에서 유래했을까? 중생대에 살았던 새 한 마리로는 이들에게 무슨 일이 있었는지를 알아낼 수 없었다.

그런데 1996년 중국의 과학자들이 일부 공룡들이 깃털을 가지고 있었다는 것을 보여주는 화석이 화석 수집가 리위민에 의해 발견되었다고 발표했다. 중국에서 발견된 시노사우롭테릭스*Sinosauropteryx*는 많은 사람들의 관심을 끌었다. 길이가 1.5미터인 이 공룡은 육식공룡들이 가지고 있는 턱과 평평한 이빨을 가지고 있었다. 그리고 이 공룡의 손에는 발톱이 있었고, 두 다리는 매우 빨리 달릴 수 있었다는 것을 나타냈다.

새들이 어디에서 유래했느냐 하는 문제가 마침내 풀린 것이다. 깃털은 처음에 일부 공룡들에게 나타났다. 최초의 깃털은 체온을 유지하는 데 사용되다가 일부 깃털이 하늘을 나는 데 사용할 수 있도록 진화했을 것이다. 많은 과학자들은 벨로키랍토르*Velociraptor*나 티라노사우루스 렉스와 같이 영리하고 빠른

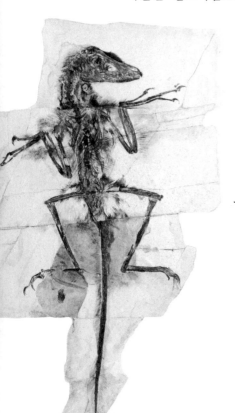

모든 수각아목에 속하는 공룡들이 깃털을 가지고 있었을 것으로 생각하고 있다. 특히 어렸을 때는 틀림없이 깃털이 있었을 것이다. 그렇다면 공룡과 새의 다른 점이 무엇일까? 거의 없다. 실제로 우리가 살고 있는 오늘날에도 공룡은 살고 있다. 그러나 놀랄 필요는 없다. 하늘을 날 수 있는 공룡만 살아남았기 때문이다. 우리는 이들을 '새'라고 부른다!

공룡들이 육지를 지배하고 있는 동안 바다와 하늘은

머리, 몸, 팔 뒤에 깃털을 가지고 있는 새와 같은 모습의 이 공룡은 시노르니토사우루스 밀레니*Sinornithosaurus millenii*이다. 중국에서 발견된 이 화석은 1억2500만 년 전의 것이다.

수각아목 공룡과 새의 비교

시대	이름		특징
2억 2800만 년 전	에오랍토르 *Eoraptor*		에오랍토르는 각각 다섯 개의 손가락과 발가락을 가지고 있었다. 오늘날의 새들은 날개에 세 개의 손가락을 가지고 있다.
2억 2000만 년 전	코엘로피시스 *Coelophysis*		코엘로피시스는 가슴뼈를 가지고 있다. 오늘날의 새들도 두 개의 쇄골이 갈퀴 모양으로 겹쳐 있는 가슴뼈를 가지고 있다.
1억 2000만 년 전	오비랍토르 *Oviraptor*		오비랍토르는 화석화된 알과 함께 발견되었고, 깃털을 가지고 있었다. 전문가들은 이 공룡이 마치 닭처럼 알을 부화시키고 있었을 것으로 생각하고 있다.
오늘날	닭		닭들도 날 수 있다! 닭은 깃털, 발톱, 부리, 그리고 가슴뼈를 가지고 있다. 오늘날에는 고기와 달걀을 얻기 위해 전 세계에서 닭을 사육하고 있다.

새가 어떻게 공룡으로부터 진화했는지를 정확하게 아는 사람은 아무도 없다. 그러나 일부 종들이 가지고 있는 특징들은 오늘날의 새들이 나타나는 과정에 대한 힌트를 제공한다.

두 종류의 동물들이 지배하고 있었다. 악어와 목이 긴 해양 파충류의 조상인 거대 상어가 오징어와 물고기를 먹어치우며 바다를 배회하고 있었다. 하늘에는 프테로사우루스라고 부르는 날아다니는 파충류가 휩쓸고 다녔다. 이들 중에는 날개의 길이가 12미터나 되는 케찰코아틀루스*Quetzalcoatlus*도 있었다. 케찰코아틀루스는 소형 비행기와 폭이 비슷했다.

공룡 시대는 알면 알수록 매우 흥미진진하다. 그러나 오랫동안 우리는 이 시대에 있었던 매우 중요한 변화를 너무 당연한 것으로 여기고 있었다. 꽃을 피운 식물은 오늘날 살아 있는 식물 중에서 다른 어떤 식물과도 비교할 수 없을 정도로 가장 성공적으로 진화했다. 육지에 식물이 등장한 이후 3억3000만 년 동안 세상에는 꽃을 피우는 식물이 없었다. 가장 오래된 화석은 1억4000만 년 전의 것이다. 이 때는 공룡들이 전성기를 구가하고 있던 백악기에 해당한다. 그 후 꽃을 피우는 식물은 지구 생명체들에게 커다란 영향을 미쳤다. 실제로 우리가 먹고 있는 음식물의 75%는 꽃을 피우는 식물이나 이런 식물들을 먹고 사는 동물들로부터 얻어지는 것들이다.

꽃은 식물이 좀 더 쉽게 자손을 재생산하도록 돕는다. 꽃의 역할을 이해하기 위해서는 10억 년에서 20억 년 전으로 거슬러 올라가야 한다. 이즈음에 새로운 형태의 자손을 만들어내는 획기적인 방법이 바다에서 시작되었다. 새로운 자손 재생산 방법은 유성 생식이라고 불렀다. 유성 생식은 부모 양쪽의 세포로부터 물려받은 유전 정보 'DNA'를 결합하여 자손을 생산하는 방법이었다. 이 방법을 이용하면 부모와 다른 유전자를 가진 자손이 만들어졌다. 이

꿀벌은 비행 한 번에 벌집으로부터 6킬로미터까지 이동할 수 있다. 벌집으로 돌아온 꿀벌은 동료들에게 어디에 좋은 꽃이 있는지를 알려주기 위해 춤을 춘다.

것은 모든 개체들이 서로 다른 유전자를 가지게 하는 놀라운 방법이었다. 실제로 유성 생식은 아주 잘 작동해 우리 주변에서 발견할 수 있는 거의 모든 생명체들이 이 방법을 이용해 자손을 만들어내고 있다. 그러나 식물의 경우에는 DNA를 섞는 것이 쉬운 일이 아니다. 움직일 수 없는 두 식물이 어떻게 세포를 교환했을까?

꽃은 이 문제를 해결하는 놀라운 방법이었다. 꽃을 피우는 식물들은 여러 가지 다른 방법으로 꽃가루라고 불리는 생식 세포를 한 식물에서 다른 식물로 전달했다. 바람을 이용하기도 했고, 딱정벌레나 꿀벌, 나방과 같이 쉽게 이동할 수 있는 다른 곤충을 이용하기도 했다. 일부 식물들은 특정한 곤충과 긴밀한 유대관계를 맺었다.

이것은 쌍방향 거래였다. 일부 딱정벌레나 꿀벌, 나방은 꽃이 그들을 필요로 하는 만큼 꽃들을 필요로 했다. 곤충들은 꽃가루를 먹으면서 꽃이 만든 꿀도 먹었다. 이런 것들을 먹는 동안 곤충들은 몸에 꽃가루를 묻힌 다음 이를 다른 꽃으로 옮겨주었다. 이를 통해 곤충과 꽃 모두가 승자가 되었다! 그리고 많은 꽃들이 곤충을 유인하기 위해 밝은 색깔을 가지게 되었다. 이것은 마치

"여보세요. 여기요, 여기! 여기 있는 나를 보세요. 여기에는 맛있는 꿀이 있어요. 이 꿀은 모두 공짜예요."라고 말하고 있는 텔레비전 광고와 같았다.

그러나 식물들이 DNA를 성공적으로 교환한 후에도 아직 해결해야 할 문제가 남아 있었다. 이제는 다음 세대 식물이 부모 세대와 성장에 필요한 물과 양분을 놓고 경쟁하지 않도록 멀리 떼어 놓을 수 있어야 했다. 헬리콥터 날개를 닮은 플라타너스 씨앗은 바람을 이용했고, 코코넛 씨앗은 물을 이용했으며, 동물에 달라붙어 이동하는 씨앗들도 있었다.

그러나 이 모든 방법들 중에서 가장 흥미로운 방법은 맛있는 과육으로 씨앗을 둘러싸 동물을 유혹하는 방법이었다. 씨앗을 널리 퍼트리는 것이야말로 딸기와 사과에서 배나 감자에 이르기까지 모든 열매의 최종 목표이다! 열매는 꽃을 피운 식물이 동물을 유혹해 먹도록 하여 씨앗을 퍼트리기 위해 만든 자연식품이다. 동물이 열매를 소화하면 그 씨앗이 배설물 안에 섞여서 여기저기에 흩어진다. 그뿐만 아니라 동물의 배설물은 씨앗이 자라는 것을 돕는 가장 좋은 거름이었다. 이것은 자연의 놀라운 팀워크를 보여주는 또 하나의 예이다.

단풍나무, 노르웨이 단풍나무, 플라타너스, 물푸레나무와 같은 나무들이 만든 헬리콥터 모양의 씨앗들은 공기 중에서 나선운동을 하면서 부모 세대의 그늘에서 벗어날 수 있다.

지금으로부터 약 1억 년 전으로 돌아가 보자. 24시간 지구 역사로 보면 저녁 11시 29분이다. 이제 시간은 31분밖에 남지 않았다. 인류가 나타날 징조는 아직 없는가?

우리 조상들이 아프리카의 초원을 달리는 모습을 보려면 아직도 수백만 년을 더 기다려야 했지만, 사실 인류가 나타날 준비는 계속되고 있었다.

오늘날 인류는 대부분 인구가 수천만 명이 넘는 대도시를 이루며 살아가고 있다. 그러나 같은 종 수백만 마리가 가까이 모여 사는 군체가 나타난 것은 인류가 나타나기 오래전부터였다. 최초의 곤충 '도시'들을 살펴보자. 이들은 벌, 개미, 또는 흰개미가 만든 거대 도시였다.

현재 지구상에는 약 2만 종의 벌이 살고 있다. 벌들은 (꿀벌은 특히나 더) 굉장히 사회적이다. 벌집과 인류가 만든 도시는 놀라울 정도로 비슷한 면을 많이 가지고 있다. 꿀벌은 지식을 다음 세대로 전달한다. 그들은 다음 세대를 돌보고, 전체를 위해 자신을 희생하기도 한다. 그리고 이 작은 곤충들은 그들이 해야 할 일들을 분담해 서로 다른 일을 한다.

사람들은 트럭 운전사, 컴퓨터 프로그래머, 고생물학자와 같은 여러 가지 직업을 가지고 있다. 오랫동안 생물학자들은 이런 방식으로 분업을 하는 동물은 인간뿐이라고 생각했다. 그러나 꿀벌을 키워봤다면 누구나 그것이 사실이 아님을 알 것이다. 꿀벌 역시 분업을 한다. 이것은 인간만이 한다고 생각하던 일을 다른 동물들의 세계에서도 발견한 좋은 예이다.

꿀벌은 서로 얘기도 나눈다. 그들은 춤으로 의사소통을 한다. 꿀을 모아 벌집으로 돌아온 꿀벌은 특정한 형태의 춤을 추어 다른 벌들에게 꽃들이 모여 있어 쉽게 꿀을 모을 수 있는 곳을 알려준다. '원형춤'은

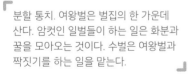

분할 통치. 여왕벌은 벌집의 한 가운데 산다. 암컷인 일벌들이 하는 일은 화분과 꿀을 모아오는 것이다. 수벌은 여왕벌과 짝짓기를 하는 일을 맡는다.

꽃이 벌집으로부터 50미터 안쪽에 있다는 것을 나타낸다. '꼬리춤'은 꽃까지의 거리와 방향을 알려준다. 그리고 불규칙적인 춤도 추는데, 이 춤은 전체적인 수요를 파악하여 수집하는 먹이의 양을 증가시킬 것인가 감소시킬 것인가를 결정하는 데 사용된다.

개미들도 앞서 얘기한 꿀벌처럼 사회적이다. 가장 오래된 개미집 화석은 약 1억 년 전의 것이다. 개미집과 벌집 사이에는 많은 유사점들이 있지만 개미들은 춤을 추지 않는다. 대신 개미들은 소리와 접촉, 그리고 냄새로 의사소통을 한다. 개미가 먹이를 발견하면 먹이가 있는 곳에서부터 집까지 냄새 흔적을 남겨 놓아 다른 개미들이 먹이를 찾아갈 수 있도록 한다. 이들은 특정한 지형지물을 기억하여 돌아가는 길을 찾기도 하며, 때로는 태양의 위치를 이용해 길을 찾기도 한다.

그러나 최초로 거대한 집단을 이루어

가위개미들은 정원사들이다. 이들은 식물의 잎을 잘라 집에 있는 '정원'에서 자라고 있는 특수한 균들을 먹이기 위해 가져간다. 이렇게 자란 균들은 개미들의 먹이가 된다.

사는 방법을 개척했다는 영광은 흰개미에게 돌아가야 한다. 화석화된 흰개미 집의 연대는 2억2000만 년 전까지 거슬러 올라간다. 이 작은 곤충은 가장 큰 곤충 도시를 건설한다. 이들은 보통 수백만 마리가 함께 모여 산다. 여왕개미는 하루에 수천 개의 알을 낳을 수 있다. 여왕개미는 때로 10센티미터가 될 정도로 커져서 움직이지 못할 수도 있다. 여왕개미에게 더 넓은 공간이 필요하면 일개미들이 여왕개미를 들어 올려 새로 만든 방으로 밀어 넣는다.

공룡이 당시 가장 성공적인 육상 동물이었고 곤충은 가장 사회적인 동물이었지만, 잘 나가던 동물들은 이외에도 많았다. 공룡이 지구를 지배하고 있던 것과 비슷한 시기에 또 다른 동물들이 숨어 살고 있었다. 포유류는 (등에 돌기를 가지고 있던) 디메트로돈이나 (혹독했던 페름기 대멸종 사건에서 살아남은) 리스트로사우루스와 관련된 동물의 후손이다.

포유류는 디메트로돈보다 체온을 잘 조절할 수 있었다. 추울 때 체온을 유지할 수 있는 능력을 갖추고 있는 동물을 온혈 동물이라고 하는데, 포유류는 온혈 동물이었기 때문에 포식자들을 피해 밤에 사냥을 하고 낮에 잘 수 있

었다. 그리고 대부분의 포유류는 크기가 작아서 낮에 바위 밑이나 나무 안에 숨기가 쉬웠다. 체온을 유지하기 위해 포유류들은 털을 기르기도 했다. 실제로 우리가 머리카락을 가지고 있는 이유는 쥐처럼 생겼던 포유류의 조상에게까지 거슬러 올라간다. 그들은 공룡들의 공격을 피해 밤에 사냥할 때 체온을 유지하기 위해 몸 전체에 털을 길렀다. 그렇다면 어떻게 캄캄한 밤에 사냥을 할 수 있었을까?

대부분의 야행성 포유류의 눈에는 빛에 민감한 막대세포들이 많이 들어 있다. 이런 눈은 고양이와 같은 동물이 아주 약한 빛도 볼 수 있도록 한다. 일부 동물들은 움직임을 잘 감지할 수 있는 눈을 가지고 있다. 이들은 어두운 곳에서도 먹잇감의 움직임을 잘 포착한다.

포유류는 청각도 발전시켰다. 뛰어난 청각은 나뭇잎이나 풀 속에서 먹잇감이 움직이는 소리를 잘 들을 수 있게 했다. 훨씬 후에 박쥐와 같은 일부 포유류는 청각을 더욱 발전시켰다. 이들은 소리를 이용하여 주변 세상에 대한 영상을 만들어내는 반향 위치 결정이라는 체계를 사용한다.

포유류를 야간 사냥꾼으로 만든 또 다른 방법은 뇌에서 냄새를 담당하는 부분을 발전시킨 것이었다. 이들은 맛있는 먹잇감을 찾아내는 데 코를 기가 막히게 이용한다. 고양이나 개를 키워본 사람들은 이 이야기가 무엇을 뜻하는지 잘 알고 있을 것이다.

검치 다람쥐는 송곳니를 가지고 있는 설치류이다.

그리고 다시 한 번 재앙이 닥쳤다. 공룡들은 약 1억8000만 년 동안 육지를 지배했다. 그러나 대부분의 공룡들은 멸종되었고 새들만이 살아남았다. 하늘을 날아다니던 파충류인 프테로사우루스도 사라졌다. 해양 파충류들도 마찬가지였다. (그들 중 오직 거북이들만이 예외였다. 어찌된 일인지 거북이들은 살아남았다.) 오늘날의 오징어나 문어의 친척인 나선형 모양의 암모나이트도 같은 운명을 맞이했다.

어떻게 이런 일이 일어났을까?

약 6500만 년 전에 거대한 소행성이 지구를 향해 돌진했다. 암석과 얼음으로 이루어진 이 소행성이 지구로 접근하고 있을 때 검은 공간에 떠 있던 지구는 푸른색과 녹색이 감도는 반짝이는 보석처럼 보였을 것이다. 그리고 소행성이 추락했다. 아마도 이 소행성은 지구와 충돌하기 전에 여러 개의 조각으로 부서졌을 것이다.

소행성들과 운석들은 오늘날에도 끊임없이 하늘로부터 비처럼 쏟아지고 있다. 그러나 보통의 경우에는 지구의 두꺼운 대기층을 통과하면서 부서지고

12미터 길이의 포식자 틸로사우루스*Tylosaurus*는 날카로운 이빨을 가지고 있던 해양 파충류였다.

타서 없어진다. 때로는 맑은 날 밤에 운석을 직접 볼 수도 있다. 이들을 보통 별똥별, 또는 유성이라고 부른다. 그러나 6500만 년 전에 지구로 돌진한 것은 보통의 별똥별과는 달랐다. 이 별똥별은 지름이 10킬로미터나 되어 대도시의 크기와 맞먹을 정도였다!

이 별똥별은 원자 폭탄 수천 개의 위력을 가지고 지구와 충돌하여 지름이 160킬로미터나 되는 크레이터를 만들었다. 이 충돌로 인해 1000킬로미터 반경 안에 있던 모든 것들이 순식간에 사라졌고, 뜨겁고 유독한 기체로 이루어진 엄청난 크기의 구름이 만들어졌다.

충돌이 만들어낸 소리와 빛으로 인해 수많은 동물들이 청각과 시각을 상

과학자들은 멕시코만에 있는 칙술루브
크레이터가 6500만 년에 있었던 소행성의
충돌로 만들어졌다고 생각하고 있다.

실했다. 충돌의 충격을 견뎌낸 동물들 중 다수는 충격이 만들어낸 거대한 해일로 인해 목숨을 잃었다. 지구는 암석과 먼지로 이루어진 짙은 구름으로 덮여 세상이 1년 동안이나 어둠에 갇혔다. 전 세계의 식물들은 부족한 햇빛과 낮은 온도로 인해 죽었다. 충돌이 있었던 지점의 지구 반대편에서도 동물들이 굶어 죽었다.

공룡 시대는 이렇게 막을 내렸다.

어둠 속에서 살아갈 수 있도록 적응한 포유류는 공룡이 사라지자 빠르게 어둠 속에서 나왔다. 지질 시대의 시간에서 보면 이것은 빠른 진전이었다. 소행성 충돌 후 300만 년 동안에 쥐 크기였던 포유류가 개 크기 정도로 진화했다. 500만 년 후에는 다양한 크기와 모양의 포유류들이 육지를 휩쓸게 되었다. 5600만 년 전부터 3400만 년 전까지의 시기를 에오세라고 부른다. 에오세는 그리스어에서 '새로운 아침'이라는 뜻으로, 24시간 지구 역사 시계에서는 저녁 11시 42분에서 11시 49분 사이에 해당한다.

이제 현대 포유류의 조상들이 무대에 나타나기 시작했다. 늑대처럼 생겼지만 늑대보다는 22배나 컸던 앤드류사르쿠스*Andrewsarchus*와 같은 육식 포식자들이 나타난 것도 이 시기였다. 더 놀라운 것은 '천둥 야수' 메가케롭스*Megacerops*였다. 이들은 코뿔소를 닮은 초식동물로, 크기는 현재의 코끼리만 했다. 그러나 에오세의 동물들이 모두 거대했던 것은 아니다. 오늘날 말의 조상들도 나타났는데, 이들 중에는 중형견과 비슷한 크기였던 히라코테리움 *Hyracotherium*도 포함되어 있었다.

에오세 포유류 중 한 그룹이 특히 흥미를 끈다. 영장류라고 부르는 이 동물들은 우리의 다음 이야기에서 가장 중요한 부분을 차지할 것이다. 현대 영장류에는 원숭이, 유인원, 여우원숭이, 다람쥐원숭이가 포함되는데, 최초의 영장류는 다람쥐를 더 닮았다. 초기 영장류 화석은 전 세계에서 발견되었다.

> **지구의 온도가 내려가고 육지가 넓어졌을 때 가장 큰 포유류가 진화했다.**
>
> 펠리사 A. 스미스, 생물학자

원숭이는 3000만 년 전에 아시아 혹은 아프리카에서 처음 나타났다. 그리고 오래지 않아 이 원숭이들 중 일부가 대서양을 건넜다. 이들이 어떻게 대서양을 건넜는지는 알 수 없다. 일부 전문가들은 뗏목에 의지해 바다를 건너 현재의 브라질 해변으로 밀려왔을 것으로 생각하고 있다. 우리는 이 여행을 성공시킨 원숭이의 자손들을 신세계원숭이라고 부른다. 그리고 아시아와 아프리카에 남은 원숭이들을 구세계원숭이라고 부른다. 이 두 원숭이 무리는 아직도 존재하고 있다.

메가케롭스

히라코테리움

남아메리카에 살고 있는 신세계원숭이는 납작한 코를 가지고 있고, 나무에 매달리거나 균형을 잡기 위해 꼬리를 사용했다. 일부 종들은 꼬리만으로도 나뭇가지에 편안하게 매달려 있을 수 있었다. 마치 손을 하나 더 가지고 있는 것처럼 말이다.

유인원은 원숭이에서 진화했다. 고생물학자들은 유럽, 아시아 그리고 아프리카에서 1400만 년 전에 살았던 초기 유인원의 화석을 발견했다. 따라서 이들이 어디에서 처음 나타났는지 알아내는 것은 어렵다. 시간이 지남에 따라 이 초기 유인원들은 오늘날의 오랑우탄, 고릴라, 침팬지, 보노보 그리고 인류와 같은 유인원들로 진화했다.

그렇다, 인류도 유인원이다. 생물학자들은 인간이 가지고 있는 DNA의 98%가 다른 유인원들이 가지고 있는 DNA와 같다는 것을 알아냈다. 그리고 그들은 인류와 침팬지가 400만 년 전에서 700만 년 전 사이에 살았던 공통 조상으로부터 갈라져 나왔다고 생각하고 있다. 지질학의 역사에서 보면 이것은 오래전의 일이 아니다. 그러니까 24시간 지구 역사로 보면 자정 2분 전의 일이었다.

거미원숭이

마카크원숭이

위쪽의 거미원숭이를 포함하여 신세계원숭이는 납작한 코를 가지고 있고, 꼬리를 이용하여 나무에 매달릴 수 있다. 아래쪽 마카크원숭이 같은 구세계원숭이는 뾰족한 코를 가지고 있고, 엉덩이로 앉을 수 있다.

Chapter 4

자유로워진 손

500만 년 전-6만5000년 전

일부 유인원이 두 발로 걷다.

○ **400만 년 전**
인류의 최초 조상이 아프리카에서
두 발로 걸음

○ **240만 년 전**
호모 하빌리스가 아프리카에
나타나 석기를 사용함

○ **500만 년 전**
남아메리카와 북아메리카가
연결되고 세계 기후가 변함

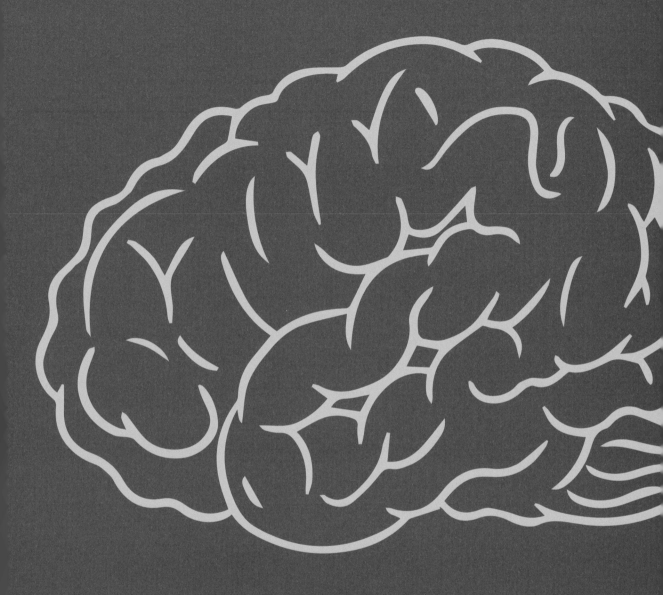

190만 년 전
최초 직립 보행 유인원보다
적어도 두 배의 뇌를 가진 호모
에렉투스가 나타남

150만 년 전
초기 인류가 불을 만들고 조절하는
방법을 배움

40만 년 전
현생 인류의 뇌와 비슷한
크기의 뇌를 가지고 있던
네안데르탈인을 비롯한
고생인류가 살았음

많은 사람들이 최근의 기후 변화에 대해 이야기한다. 전체 지구의 온도가 올라가고 극지방의 얼음이 녹는 것은 심각한 문제이다. 북극곰이나 산호들에게는 이것이 훨씬 심각한 소식이다.

이것은 인류에게도 상당히 나쁜 소식이다. 극지방의 얼음이 줄어들면 바다의 물이 많아진다. 그렇게 되면 해수면이 상승하여 육지의 많은 부분이 바다에 잠기게 된다. 극지방의 모든 얼음이 녹아버린다면 해수면은 현재보다 66미터 더 높아질 것이다. 그것은 42명의 축구 선수들이 해변에서 차례로 서로의 어깨에 차곡차곡 올라섰을 때 맨 위에 있는 선수라고 해도 스쿠버 장비를 착용해야 숨을 쉴 수 있다는 것을 의미한다. 그렇게 되면 전 세계 해변에 있는 도시들이 물에 잠기게 될 것이고, 수백만의 사람들이 집을 떠나야 할 것이다. 사람들이 염려하는 것은 이 때문이다.

그러나 지구의 입장에서 보면 얼음이 없는 상태는 지극히 정상적이다. 지구 역사의 대부분은 얼음이 없었고, 따라서 해수면은 현재보다 66미터 더 높았다. 지구의 기후는 자주 바뀌어 지구의 온도가 내려가고, 그에 따라 해수면도 낮아졌다가 다시 온도가 올라가기도 했다. (눈덩이 지구를 생각해 보자.)

500만 년 전에 지구에 커다란 변화가 시작되었다. 당시 지구는 남극에만 얼음이 있었는데, 그때 꽤 중요한 일이 일어났다. 남아메리카를 이동시키던 지각판이 북아메리카를 이동시키던 지각판과 만난 것이다. 두 대륙은 결국 오늘날 파나마의 일부가 된 좁은 육지로 연결되었다.

두 대륙이 연결되자 대서양의 해류가 북쪽으로 흐르게 되었다. 그 결과 새로운 기후 체계가 생태계에 영향을 주었다. 해류가 따뜻한 공기를 북쪽으

> 온도가 높아지면 봄에 일찍 얼음이 녹고 가을에 일찍 다시 언다. 그렇게 되면 북극곰이 쉬거나 새끼를 양육하고, 사냥하는 발판으로 사용할 단단한 얼음을 찾기가 더욱 어려워질 것이다.

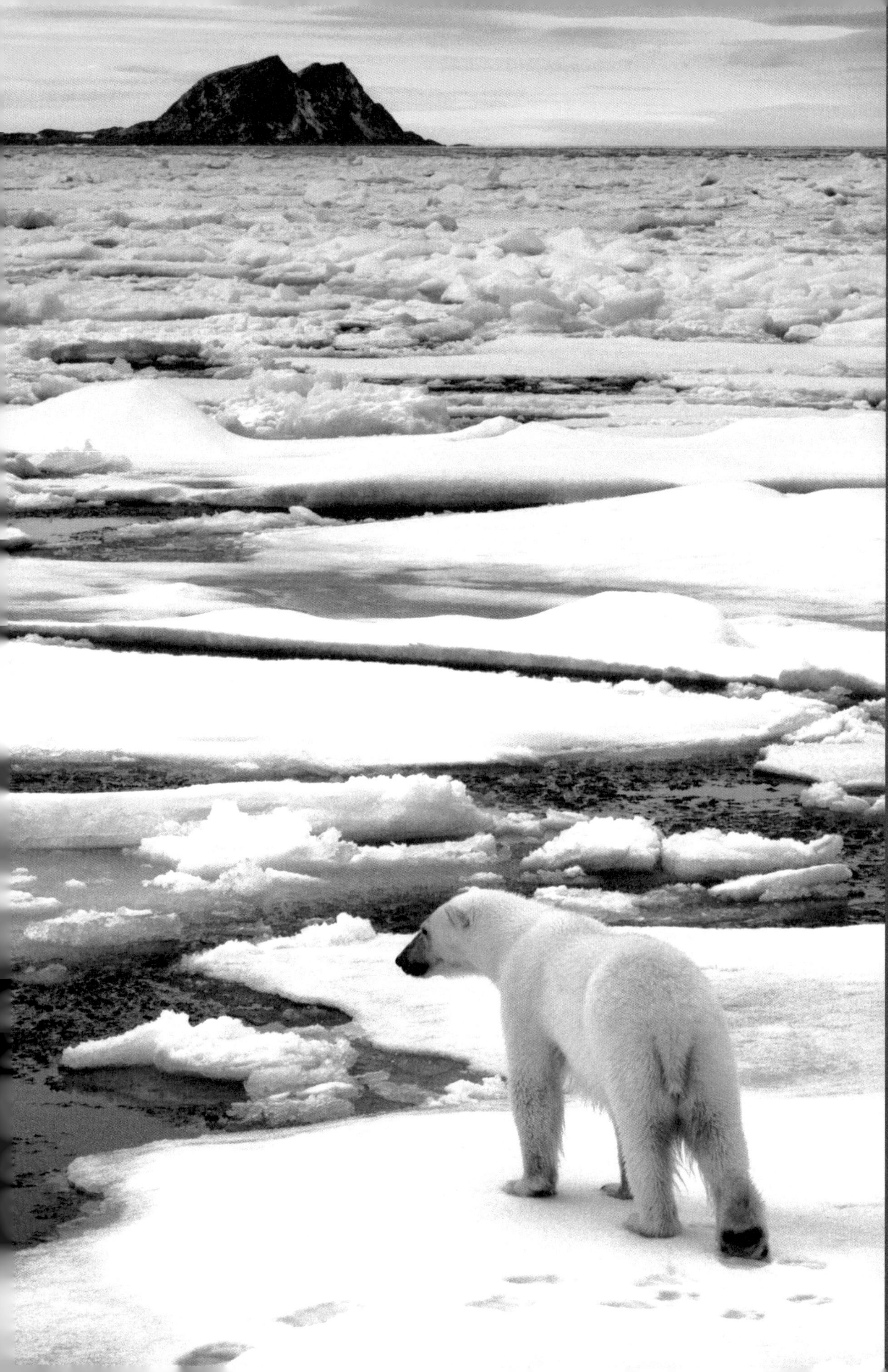

로 보내 북서 유럽의 겨울 온도를 적어도 10℃ 이상 높여 놓았다. 북대서양의 따뜻한 물은 더 빠르게 증발하기 시작했다. 북쪽으로 이동하던 수증기가 이미 어느 정도의 얼음을 가지고 있던 극지방의 차가운 공기와 만났다. 수증기는 눈이 되어 얼음과 차가운 물 위에 떨어졌다. 시간이 지나 층을 이루게 된 눈이 두꺼운 얼음층으로 바뀌었다. 따라서 250만 년 전쯤에 지구는 또 하나의 거대한 얼음 모자를 쓰게 되었다. 새로운 얼음 모자는 북극을 덮었다.

북극과 남극에 각각 거대한 얼음덩어리를 가지게 된 지구는 냉각 상태로 접어들었다. 빙하라고 부르는 거대한 얼음판이 북극으로부터 남쪽으로 진출했고, 많은 양의 물이 얼음에 갇혀버렸기 때문에 해수면이 낮아졌다. 이제 지구는 본격적인 빙하시대에 접어들게 되었다. 그러나 여기에도 놀라운 일이 있었다. 그리고 그것은 아직도 계속되고 있다. 약 300만 년 전에 빙하가 만들

아르헨티나의 페리토 모레노 빙하는 신비스럽다. 전문가들은 따뜻한 기후로 인해 전 세계 대부분의 빙하가 후퇴하고 있는 동안에도 이 빙하만이 전진하는 이유를 알아내지 못했다.

어지기 시작한 이후 현재까지 지구는 냉각기에 있다는 것이다. 그렇다고 온
도가 항상 같은 것은 아니었다. 추워졌다 따뜻해지고, 다시 추워지기를 반복
했다. 빙하가 대륙으로 진출했다가 후퇴하고, 다시 진출했다. 그러나 이 모든
시간 동안 지구는 두 개의 얼음 모자를 유지하고 있었다. 현재 우리는 빙기
와 빙기 사이의 따뜻한 시기를 살고 있다. 우리는 이런 시기를 간빙기라고
부른다. 지구는 현재 빠르게 따뜻해지고 있다.

    그리고 이 시기에 어떤 일이 있었는지 우리 모두 잘 알고 있다. 인류가
등장한 것이다. 인류의 조상은 빙하기가 시작되기 100만 년 전부터 지구상에
살고 있었다. 그러나 현생 인류는 빙하기 동안에 진화했다. 그리고 그것이 우
리 이야기를 완전히 바꿔 놓았다.

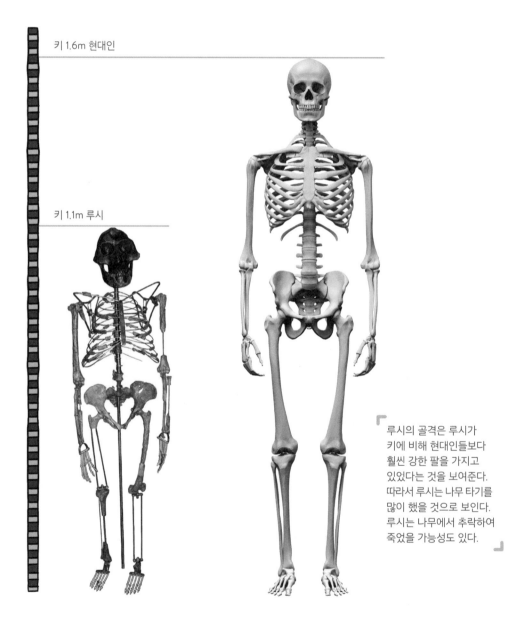

루시는 약 320만 년 전에 현재 아프리카의 에티오피아 지역에서 살았다. 루시는 1974년에 미국의 도널드 조핸슨이 이끌던 과학자들에 의해 발견되었다. 그들은 루시의 골격이 작은 것을 보고 여성이었을 것으로 추정하여 루시라는 이름을 붙여주었다. 그 이름은 이 골격의 발견을 축하

키 1.6m 현대인

키 1.1m 루시

루시의 골격은 루시가
키에 비해 현대인들보다
훨씬 강한 팔을 가지고
있있다는 것을 보여준다.
따라서 루시는 나무 타기를
많이 했을 것으로 보인다.
루시는 나무에서 추락하여
죽었을 가능성도 있다.

하고 있을 때 들었던 비틀스의 노래 '다이아몬드를 든 채 하늘에 떠 있는 루시'에서 따온 것이다. 루시는 오스트랄로피테쿠스 아파렌시스*Australopithecus afarensis*에 속한다.

루시의 키는 1.1미터 정도였고, 몸무게는 29킬로그램 정도 되었다. 루시의 발견 소식이 전해지자 많은 사람들이 루시에 큰 관심을 가졌다. 그 이유는 무엇이었을까? 전문가들은 루시의 골격으로부터 루시가 두 발로 걸었다는 것이 확실하다는 결론을 내렸는데, 현대 유인원들 중에 일관되게 두 발로 걷는 유인원은 사람뿐이기 때문이었다.

무엇이 루시와 같은 유인원이 직립 보행을 하게 만들었는지는 아무도 모른다. 그러나 직립 보행은 커다란 이점인 것으로 밝혀졌다. 그들이 직립 보행으로 손을 자유롭게 사용할 수 있게 되자 먹잇감을 훨씬 더 쉽게 운반할 수 있어서 어려운 환경에서 살아남는 데 도움이 되었다. 그리고 손으로 도구를 사용할 수 있게 되었다. 창으로 사냥을 하거나 동물 가죽으로 열매를 싸서 운반하는 것이 얼마나 편리한 일인지를 생각해 보자.

루시의 발견 이후 비슷한 골격과 이빨들이 많이 발견되었다. 루시는 인간이었을까? 인간의 의미가 두 발로 걷는 유인원을 뜻하는 것이라면 루시는 인간이었다. 그러나 큰 뇌를 가지고 있어야 인간이라고 할 수 있다면 호모 종이 나타날 때까지 다시 100만 년을 더 기다려야 한다.

최초로 확실하게 인간이라고 말할 수 있는 종은 호모 하빌리스*Homo habilis*였다. 호모 하빌리스의 뇌는 루시의 뇌보다 두 배나 큰 500-800세제곱센티미터나 되었다. 그러나 아직 현대인의 뇌

> 66
> **우리는 동아프리카에서 돌로 만든 무기를 들고 사냥감을 찾아다니는 루시의 모습을 상상할 수 있다.**
> 99
>
> 샤논 멕페론,
> 고고학자

와 비교하면 반밖에 안 됐다. 그리고 호모 하빌리스는 도구를 잘 사용했다. 따라서 호모 하빌리스를 구석기 시대를 시작한 사람들이라고 보고 있다. 이 것은 대략 240만 년 전이고, 24시간 지구 역사로 보면 자정이 되기 45초 전이 었다. 드디어 인류의 시대가 시작된 것이다.

 이제 빠르게 60만 년 전으로 가보자. 이 때는 호모 에렉투스*Homo erectus*가 활동했던 시대였다. 호모 에렉투스의 두개골은 뇌가

위에 있는 석기는 250만 년 전에
호모 하빌리스가 만든 것이다.
오른쪽에 있는 것은 170만 년 전에
호모 에렉투스가 만든 석기이다.

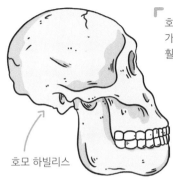

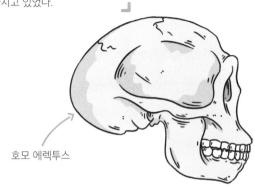

호모 하빌리스는 커다란 광대뼈와 작은 머리를 가지고 있었고, 호모 에렉투스는 평평한 얼굴과 훨씬 큰 머리를 가지고 있었다.

호모 하빌리스

호모 에렉투스

750-1300세제곱센티미터로 늘어났다. 이것은 현대인들의 뇌와 비슷한 크기이다. 도대체 무슨 일이 일어났던 것일까?

고대 그리스 신화 중에는 프로메테우스가 식물 줄기를 이용하여 신들의 불을 훔쳐 지구로 가져왔다는 이야기가 있다. 프로메테우스는 이로 인해 심한 형벌을 받았다. 신들의 왕인 제우스는 프로메테우스를 바위에 묶어 놓고, 매일 독수리를 보내 간을 쪼아 먹도록 했다. 매일 밤 간이 다시 자라면 다음 날 다시 독수리가 와서 간을 쪼아 먹었다.

프로메테우스의 이야기는 신화이다. 그러나 인간을 제외한 다른 어떤 동물도 불을 정교하게 다루지 못했다는 것은 사실이다. 언제 누가 처음 불을 사용하기 시작했는지를 정확하게 알 수는 없다. 100만 년 전에 불을 사용했다는 증거가 발견되었지만 과학자들은 인류가 이보다 훨씬 이른 시기인 150만 년 전, 또는 그보다도 이른 시기부터 불을 사용하기 시작했을 것으로 보고 있다.

불은 위험한 야생동물을 쫓아내는 데 사용할 수 있었고, 추운 날씨에 몸을 따뜻하게 할 수 있었다. 인류는 처음에 이런 용도로 불을 사용했을 것이다. 그러나 모든 증거들은 고대 인류들이 곧 불을 더 중요한 일에 사용하기

2012년에 연구자들은 남아프리카에 있는 원더워크 동굴에서 불을 사용한 가장 이른 시기의 증거를 찾아냈다. 그들은 100만 년 된 탄화된 동물의 뼈와 타고 남은 식물을 발견했다.

시작했다는 것을 알려주고 있다. 그리고 그것이 지구의 역사를 크게 바꾸어 놓았다.

수잔 헤르쿨라노-하우첼은 인간의 뇌를 연구하고 있었다. 이 신경과학자는 우리 머리 안에 있는 뇌세포의 수를 측정하는 방법을 알아냈다. 이를 통해 현대 성인들은 뇌를 이루고 있는 신경세포인 뉴런을 평균 860억 개 정도 가지고 있다는 것을 알아냈다. (참고로 침팬지는 280억 개의 뉴런을 가지고 있다.)

그렇다면 인간은 어떻게 이렇게 많은 뇌세포를 가지게 되었을까? 헤르쿨라노-하우첼 박사는 요리에 그 답이 들어 있다고 믿고 있다. 현대인들이 섭취하는 모든 에너지의 20%는 뇌가 사용할 정도로 뇌는 많은 에너지를 필요로 한다. 조리된 음식물은 날 것보다 훨씬 많은 에너지를 방출한다. 그리고 씹거나 소화하는 데 훨씬 짧은 시간이 필요하다. 요리된 채소나 고기로부터는 더 많은 에너지를 얻을 수 있기 때문에 많이 먹을 필요가 없고, 식량을 구하는 데 많은 시간을

> **우리가 아직도 다른 영장류처럼 먹고 있다면** (인류의 조상들은 그렇게 먹었다) **우리는 하루에 9.5시간 동안 계속 먹어야 할 것이다.**
>
> 수잔 헤르쿨라노-하우첼, 신경과학자

허비할 필요가 없다. 따라서 불로 요리한 음식을 먹게 되면서 인간이 큰 뇌를 가지는 것이 가능하게 되었다는 것이다.

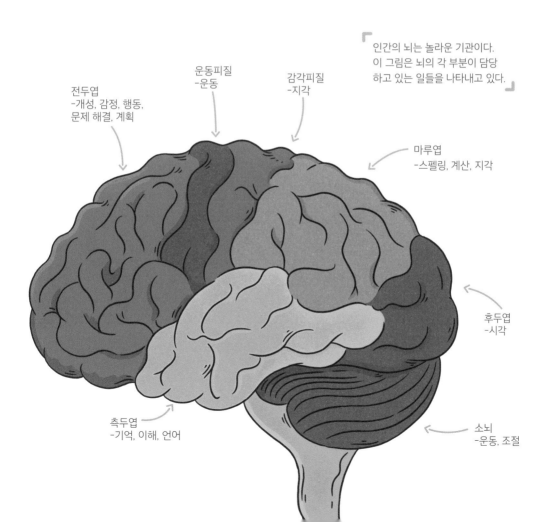

요리법이 발명되던 시기에 고대인들은 뛰어난 여행자가 되었다. 가장 이른 시기의 호모 에렉투스 화석은 현재 인도네시아에 속해 있는 자바에서 발견되었다. 이들은 190만 년 전에 살았던 고대인들이었다. 자바까지 진출한 유인원이 아시아에서 호모 에렉투스로 진화했거나, 아프리카에서 호모 에렉투스로 진화한 후 아시아로 건너갔을 것이다. 자동차, 배, 비행기는 물론이고 길도 없던 때에 초기 인류 또는 유인원이 어떻게 그 거리를 이동할 수 있었을까? 우리들로서는 그렇게 먼 거리를 걷는다는 것은

인간의 뇌는 놀라운 기관이다. 이 그림은 뇌의 각 부분이 담당하고 있는 일들을 나타내고 있다.

전두엽
-개성, 감정, 행동, 문제 해결, 계획

운동피질
-운동

감각피질
-지각

마루엽
-스펠링, 계산, 지각

후두엽
-시각

측두엽
-기억, 이해, 언어

소뇌
-운동, 조절

상상하기도 어렵다. 그러나 그들은 우리보다 커다란 이점을 가지고 있었다. 그들은 서두를 필요가 없었다.

시간이 지나면서 초기 인류는 아프리카, 아시아, 그리고 유럽의 가장 먼 곳까지 도달했다. 영국 노포크 해안에서 발견된 화석화된 발자국은 80만 년 전의 것으로 밝혀졌다. 영국은 아프리카로부터 1만5000킬로미터나 떨어져 있다. 1856년에는 채석장 노동자들이 독일 네안데르 골짜기에서 인간의 뼈처럼 보이는 것을 발견했다. 그러나 이 뼈들은 현대인들의 뼈와는 달랐다. 이 뼈들은 또 다른 인류인 호모 네안데르탈렌시스 *Homo neanderthalensis*, 다시 말해 네안데르탈인의 뼈였다. 화석 증거에 의하면 이들은 40만 년 전에 처음 등장한 고인류였다. 그 후 많은 네안데르탈인들의 화석이 발견되었다.

전문가들은 40만 년 전부터 7만 년 전 사이에 적어도 5종의 인류가 지구상에 살고 있었다고 생각하고 있다. 호모 에렉투스, 호모 네안데르탈렌시스, 호모 하이델베르겐시스 *Homo heidelbergensis*, 호모 플로레시엔시스 *Homo floresiensis*라고 불리는 호빗과 같은 작은 종, 그리고 호모 사피엔스 *Homo sapiens*(이것이 우리다!)가 그들이다. 이들은 서로 싸웠을까? 이들은 함께 살았을까? 아니면 각자 무리 지어 살았을까? 이들은 모두 말을 할 수 있었을까? 아직 해결하지 못한 많은 의문이 남아 있다.

호모 에렉투스
Homo erectus
190만 년 전–14만 년 전
아프리카, 아시아

네안데르탈인들에 대해서는 잘못 알려진 것들이 많다. 오랫동안 이들은 구식이고 야만적인 인간으로 묘사돼 왔다. 최근까지 네안데르탈인들의 그림은 인간보다는 다른 유인원 모양을 하고 있었다.

이들은 휘어진 무릎으로 구부정하게 걷는 모습으로 그려졌다. 이 모든 것들은 사실과 달랐다! 네안데르탈인들의 뇌는 현대인들의 뇌와 같은 크기였다. 일부는 현대인들보다도 더 큰 뇌를 가지고 있었다. 그리고 그들은 우리보다 키가 작기는 했지만 우리처럼 똑바로 서서 걸었다. 네안데르탈인들은 우리보다 강했고, 커다란 코와 돌출된 눈썹에서부터 뒤로 경사진 이마를 가지고 있었다.

네안데르탈인들은 도구를 다루는 기술을 가지고 있었다. 최근에 발견된 증거들은 그들의 손이 적어도 우리만큼 날렵했다는 것을 보여준다. 2013년에는 프랑스 남서부에서 그들이 만든 골각기가 발견되었다. 네안데르탈인들은 동물 뼈로 집을 지었고, 시체를 매장하기도 했다. 그들은 종종 귀중한 물건들

호모 네안데르탈렌시스
Homo neanderthalensis
40만 년 전-4만 년 전
유럽, 아시아

호모 하이델베르겐시스
Homo heidelbergensis
70만 년 전-20만 년 전
유럽, 아시아, 아프리카

호모 플로레시엔시스
Homo floresiensis
10만 년 전-5만 년 전
아시아

호모 사피엔스
Homo sapiens
20만 년 전-오늘날

2018년에 스페인에서 발견된 이
동굴 벽화는 네안데르탈인들이
그렸을 가능성이 크다. 동굴 벽화를
확대하면 동물과 사다리 모양의 기호가
보인다. 동물들은 매우 희미해졌지만
예술가들이 우리가 잘 볼 수 있도록
그것들을 그려 놓았다.

을 사랑하는 사람들의 무덤에 넣었다. 다음 생에서의 생활에 도움을 주기 위해서였을 것이다. 그리고 2018년에 고고학자들이 호모 사피엔스들이 이곳에 도착하기 전인 6만5000년 전의 것으로 보이는 예술 작품을 스페인의 동굴 벽에서 발견했다. 네안데르탈인들은 예술가들이었다.

그것이 전부가 아니었다. 1989년에는 이스라엘의 동굴에서 현대인들의 뼈와 거의 같은 네안데르탈인의 뼈가 발견되었다. 설골이라고 부르는 이 뼈는 혀와 목구멍을 연결해 말하고 노래하는 것을 가능하게 하는데, 이것은 네안데르탈인들이 말이나 노래도 할 수 있었다는 것을 의미한다.

무기와 도구를 만들고, 말하고, 장례식을 하고, 예술 작품을 만드는 것은 모두 지능과 창의력 그리고 손재주가 있어야 하는 것들이다. 우리가 발견한 이 증거들은 고대인들이 아주 중요하고 인간적인 질문을 했었다는 것을 나타내고 있다. 죽음 후의 세상도 있을까? 살아있는 동안의 한 행동이 다음 생에 영향을 줄까? 나에게 행운을 가져다주는 것은 무엇일까? 이런 질문들은 우리가 현재 가지고 있는 의문들과 매우 비슷하다.

Chapter 5

나와 너, 그리고 우리

20만 년 전-기원전 5000년

어떻게 호모 사피엔스만
지구에 남게 되었을까?

20만 년 전
아프리카에 호모 사피엔스라는
새로운 종이 나타남

12만 년 전
빙하가 물러감에 따라
현대인들이 아프리카에서
나오기 시작함

6만 5000년 전
현대인들이 얕은 바다를 건너
오스트레일리아에 도착함

4만 년 전
네안데르탈인들이 사라짐

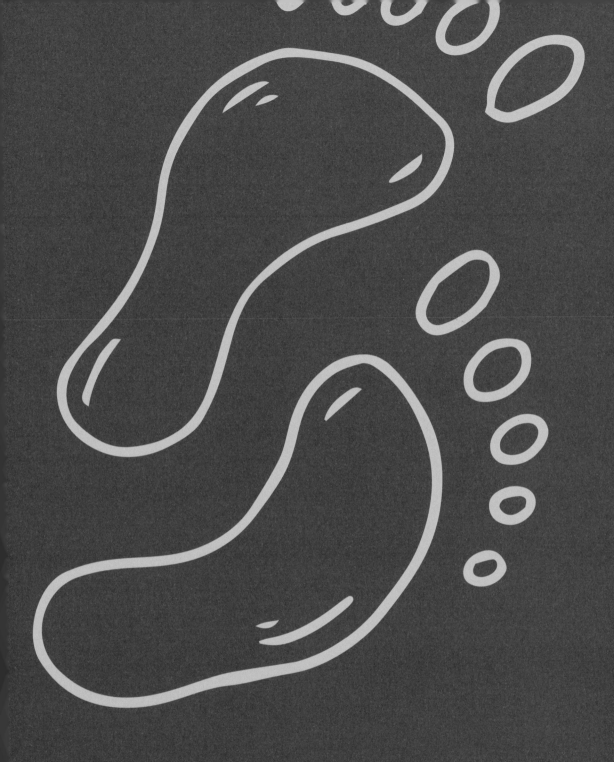

○ **2만1000년 전**
마지막 빙하기가
절정에 달함

○ **1만1000년 전**
비옥한 초승달에서
농경이 시작됨

○ **1만1000년 전**
세계 최초의 집단
거주지인 예리코가
나타남

○ **1만 년 전**
플라이스토세 멸종으로
대부분의 대형 동물이
멸종됨

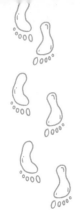

자, 4초 동안 아무것도 하지 말고 가만히 앉아 있어 보자. 직접 해 보기 바란다. 바로 지금부터!

이번에는 24시간 동안 아무것도 하지 말고 조용히 앉아 있어 보자. 물론 실제로 그렇게 하리라고는 생각하지 않는다. 그러나 상상해 볼 수는 있을 것이다.

4초는 24시간 지구 역사에서 호모 사피엔스가 나타난 때부터 자정까지 남은 시간보다 약간 더 길다. 24시간은 최초의 호모 사피엔스가 무더운 먼지 투성이의 아프리카 초원에 나타나기 전까지 얼마나 오랜 시간이 흘렀는지를 나타낸다. 지구의 역사에 비하면 우리 인류의 역사는 아주 짧다. 사피엔스라는 우리의 이름은 라틴어에서 '지혜' 또는 '모든 지식'이라는 뜻의 단어이다. 이 책을 다 읽고 나면 이 이름이 좋은 이름이었다는 것을 알게 될 것이다.

현대인들과 네안데르탈인들은 수천 년 동안 함께 살았다. 그들은 서로 잘 섞였기 때문에 현대인들이 가지고 있는 DNA의 1-4%는 네안데르탈인들의 DNA이다. 이 DNA는 우리 몸에서 여러 가지 역할을 한다. 우리들의 모습, 잠을 자는 방법, 그리고 우리가 걸리는 질병에도 네안데르탈인으로부터 물려받은 DNA가 관여하고 있다.

나머지 96%에서 99% 유전자의 근원을 찾기 위해서 우리는 다른 곳을 찾아보아야 한다. 그러나 어디를 찾아보아야 할지에 대해서는 아직도 의견의 일치를 이루지 못하고 있다. 일부 과학자들은 우리가 호모 에렉투스의 후손일 가능성이 크다고 보고 있다. 다른 과학자들은 호모 하이델베르겐시스와 관계가 있다고 주장하고 있다. 어찌 되었든 현생인류는 약 20만 년 전에 모습을 드러냈다.

인류는 한곳에 머물러 있는 것을 좋아하지 않는다. 대부분의 사람들이 집에 살고 있는 요즘에도 사람들은 집안에 오랫동안 머무르지 않는다는 것을 눈치챘는가? 나는 인파로 넘쳐나는 도로에서나 공항에서 인간의 이런 특성

잘 가공된 이 독수리 발톱은 13만 년 전에
네안데르탈인이 만든 목걸이일 가능성이 크다.
이것은 현재의 크로아티아에서 발견되었다.
호모 사피엔스도 비슷한 시기에 장신구를 가공했다.

을 자주 떠올린다. 왜 사람들은 한 장소에 머무르지 않고 이동해 다니는 데 그렇게 많은 시간을 소비하는 것일까? 이제 나는 그 이유를 알게 되었다. 계속 이동하는 것이 현대인들이 가지고 있는 가장 중요한 특성이기 때문이다.

우리는 인류의 조상들이 약 200만 년 전에 수천 킬로미터를 여행한 것을 알고 있다. 약 12만 년 전에 호모 사피엔스도 같은 일을 했다. 여러 그룹으로 나눠진 그들은 서로 다른 시기에 아프리카를 떠났다.

DNA 연구자들은 아프리카를 떠나기 전에 호모 사피엔스가 이미 매우 다양한 그룹을 형성하고 있었다는 것을 알아냈다. 그들은 약간 다른 얼굴 모양과 머리카락, 그리고 피부색을 가지고 있었다. 그리고 그들은 겉으로 봐서는 알 수 없는 특징도 가지고 있었는데, 예를 들어 어떤 질병에 취약한지와 같은 차이점이 있었다. 이런 차이점들로 인해 시간이 지남에 따라 오늘날 우리가 보고 있는 다양한 인류로 진화했다.

호모 사피엔스는 전 세계를 여행했다. 그들은 중동 지방으로 진출했고, 그곳에서 네안데르탈인들과 섞이기 시작했다. 그들은 아시아를 휩쓸고 지나가기도 했다.

약 6만5000년 전에 인류는 처음으로 오스트레일리아로 건너갔다. 그 당시에는 많은 물이 극지방의 얼음에 갇혀 있었기 때문에 해수면의 높이가 지금보다 훨씬 낮았다. 따라서 뗏목을 타고 건너야 하는 거리가 오늘날보다 훨씬 짧았다. 유럽을 향해 서쪽으로 진출한 인류는 5만 년 전에 유럽에 도달했다.

호모 사피엔스가 지구 전체에 정착하면서 다른 인류들은 사라졌다. 마지막 네안데르탈인이 4만 년 전에서 2만8000년 전 사이에 죽었다. 아무도 호모 사피엔스와 함께 살았던 다른 인류가 사라진 확실한 이유를 모르고 있다. 현생 인류가 그들을 죽였을까? 우리가 모든 식량을 먹어버렸기 때문이었을까? 우리가 가지고 있던 질병이 그들을 죽게 만든 것일까? 아니면 그저 우리와 그들이 하나로 섞였을 뿐일까? 우리는 알 수 없다. 우리가 알고 있는 것은 네안데르탈인이 사라진 후 하나의 인류인 우리만 남게 되었다는 사실이다.

1만2000년 전까지는 인류가 항상 이동해 다녔다. 그들은 동물을 사냥했고, 야생 과일과 열매를 모았다. 이렇게 평생 여행하면서 사는 사람들을 유목민이라고 부른다. 그리고 그들의 생활 방식을 유목 생활이라고 한다.

유목 생활을 하는 사람들은 많은 것을 소유하지 않는다. 많은 것을 가지고 있으면 장소를 이동할 때 옮겨야 할 것들이 많아진다. 따라서 덜 소유하면 생활이 더 편리해진다. 공유는 그들에게 생활의 지혜였다.

멀리 여행할 때 가져가야 할 가장 중요한 것은 물이다. 어디에서 샘을 만날 수 있을지 알 수 없지만 시간이 지나면 틀림없이 목이 마르게 될 것이기 때문이다. 이 문제를 해결하기 위해 사람들은 호박의 한 종류인 박을 말렸다. 박이 말라 껍질이 단단해진 후 안에 있는 씨앗과 속을 긁어내면 훌륭한 물통이 되었다. 원시 유목민들은 이것을 아주 많이 사용했다.

유목민들은 사냥에 사용하는 창과 활, 그리고 화살도 가지고 다녔다. 그들은 또한 동물의 가죽을 벗기는 데 사용하거나 불을 붙이는 데 사용하기 위해 부싯돌도 가지고 다녔다.

석기 시대의 사람들은 비손 안티쿠스 *Bison antiquus* 와 마주쳤다. 이 동물은 플라이스토세 멸종을 견뎌낸 몇 안 되는 북아메리카 대형 포유류 중 하나이다. 전문가들은 이 동물이 오늘날 미국 들소의 조상이라고 믿고 있다.

가장 잘 보존된 유목민의 시체는 아이스맨 외치이다. 1991년 여름에 이탈리아의 알프스에서 휴일을 즐기던 두 명의 독일인들이 우연히 외치를 발견했다. 얼음 안에서 죽은 사람의 사체를 발견하고 그들은 깜짝 놀랐다. 그러나 이것은 그냥 오래된 시체가 아니라 5000년보다 더 오래전부터 빙하 가장자리의 땅에 언 채로 보존되어 있었다는 것이 밝혀졌다.

5000년 전은 1만2000년 전에 비하면 훨씬 최근이라고 할 수 있다. 그러나 외치는 원시 유목민들의 생활에 대한 많은 정보를 제공해 주었다.

외치의 몸은 죽은 후 이내 얼었기 때문에 미라로 보존되었다. 그가 왜 산을 걷고 있었는지 그리고 어디로 가고 있었는지 알 수는 없지만 그의 옆에는 원시 시대의 배낭이 놓여 있었다. 여기에는 여행에 필요한 모든 것들이 들어 있었다. 구리로 만든 도끼, 사냥을 위한 화살, 그리고 칼 가는 도구가 있었다. 그는 불을 피우기 위해 자작나무통에 숯도 가지고 다녔다. 외치는 틀림없이 전문적인 등산가였을 것이다.

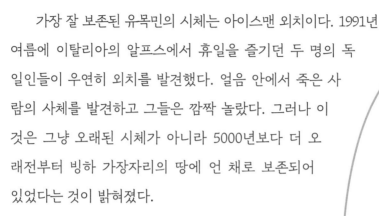

활과 화살, 석기, 구리 도끼

옷은 양가죽으로 만들었고, 혁대를 매고 있었다.

배낭

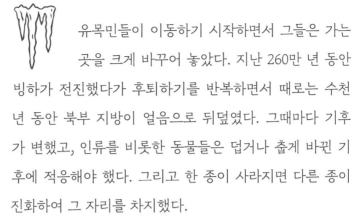
칼

유목민들이 이동하기 시작하면서 그들은 가는 곳을 크게 바꾸어 놓았다. 지난 260만 년 동안 빙하가 전진했다가 후퇴하기를 반복하면서 때로는 수천 년 동안 북부 지방이 얼음으로 뒤덮였다. 그때마다 기후가 변했고, 인류를 비롯한 동물들은 덥거나 춥게 바뀐 기후에 적응해야 했다. 그리고 한 종이 사라지면 다른 종이 진화하여 그 자리를 차지했다.

마지막 최대 빙하기라고 부르는 시기를 끝내고 지구가 더워지기 시작했을 때도 이와 비슷한 일들이 일어났어야 했다. 그러나 이번에는 달랐다. 지구가 더워지기 시작했을 때는 전 세계에 수십 종의 거대 동물들이 별문제 없이 살고 있었다. 그들 중 일부는 수천만 년 동안 지구상에 살던 것들이었다. 그러나 약 1만 3000년 전에서 8000년 전 사이에 이들 대부분이 멸종되었다. 이런 일들이 일어난 시대의 이름을 따라 이것을 플라이스토세 멸종이라고 부른다.

북아메리카와 남아메리카에서 말, 빅 캣, 코끼리, 매머드와 마스토돈, 낙타, 그레이트베어, 자이언트 비버, 돼지와 비슷한 포유류인 페커리, 자이언트 나무늘보, 픽업트럭 크기의 아르마딜로인 글립토돈glyptodont과 같은 동물들이 알 수 없는 이유로 멸종되었다. 전체적으로 거대 동물의 약 4분의 3이 사라졌다. 플라이스토세 멸종이 끝난 다음에 아메리카에는 칠면조보다 큰 동물이

사슴 가죽과 곰 가죽으로 만든 신발

따뜻한 옷을 입고 있던 이 아이스맨은 여러 개의 문신을 하고 있었다. 부러진 뼈나 상처 위에 한 것으로 보아 이 문신들은 상처를 치료하기 위한 의식 중 하나였을 것으로 보인다.

얼마 남지 않았다. 심지어는 멸종을 견뎌낸 비버나 곰이라고 해도 덩치가 컸던 예전 비버나 곰의 왜소한 사촌들이었다.

비슷한 일이 오스트레일리아에서도 일어났다. 오스트레일리아에서는 멸종이 더 일찍 시작되었다. 플라이스토세 멸종 기간 동안 사라진 동물들 중에는 자이언트 캥거루, 코뿔소 크기의 웜뱃을 비롯한 유대류들, 유대목에 속하는 사자가 포함되어 있었다. 큰 뿔을 가진 거북이와 거대한 악어를 포함한 거대한 파충류들 역시 사라졌다.

지구의 다른 지역에서도 거대 동물들이 멸종됐다. 아프리카의 남반부에서는 다른 지역보다 멸종된 동물의 수가 적었다. 그러나 그곳에서도 여섯 종의 거대 동물 중 한 종이 멸종되었다. 전문가들은 이 시기에 있었던 전 지구적인 멸종사건이 다른 시기에 있었던 멸종사건과 다르다는 것을 알고 놀라게 되었다. 새로운 거대 동물이 나타나 사라진 거대 동물의 자리를 채우지 않았다.

이 때 지구에서는 무슨 일이 일어났던 것일까? 일부 전문가들은 전 세계적인 환경을 바꾼 지구 온난화를 지적한다. 지구 온난화는 춥지 않은 지역의 환경도 변화시켰고, 그 결과 거대 동물들이 서식지를 잃게 되었다. 그러나 기후 변화만으로는 일부 동물의 멸종 시기를 설명할 수 없었다.

많은 곳에서 거대 동물의 멸종이 그 지역에 인류가 도착한 것과 같은 시기에 일어났다. 인류가 멸종의 원인은 아닐까? 인류가 모든 거대 동물을 사냥하여 멸종에 이르게 한 것은 아닐까? 아니면 불을 사용하게 된 인류가 많은 동물 서식지를 불태워 동물들이 살아남을 수 없게 된 것은 아닐까?

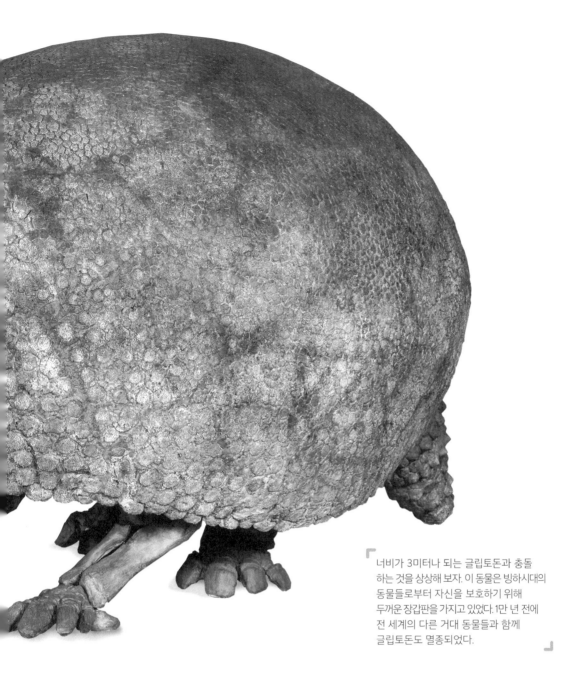

너비가 3미터나 되는 글립토돈과 충돌
하는 것을 상상해 보자. 이 동물은 빙하시대의
동물들로부터 자신을 보호하기 위해
두꺼운 장갑판을 가지고 있었다. 1만 년 전에
전 세계의 다른 거대 동물들과 함께
글립토돈도 멸종되었다.

이 가설은 코끼리, 코뿔소, 그리고 빅 캣이 다른 지역에서는 멸종하는 동
안 아프리카에서는 살아남은 것을 설명할 수 있다. 아프리카 동물들과 인류
는 수백만 년 동안 함께 진화했다. 그들은 둘 다 살아남을 수 있는 균형 상태
를 찾아냈기 때문이었을 것이다.

가설을 만드는 것의 장점은 다른 증거를 이용하여 가설을 시험해 볼 수

있다는 것과 가설을 증명하거나 반증하는 질문을 할 수 있다는 것이다. 예를 들면 이렇다. 만일 인류가 멸종의 원인이라면 왜 아프리카에서도 동물들이 멸종했을까? 과학에서 늘 있는 일이지만 우리는 모든 답을 가지고 있지 않다. 우리는 계속 가설을 만들고 질문을 만들어내고 있을 뿐이다. 거대 동물의 멸종에는 하나 이상의 원인이 있을 수 있다. 아마도 인류와 기후 변화가 모두 플라이스토세 멸종에 영향을 주었을 것이다.

24시간 지구 역사에서 마지막 1초가 남았을 때 인류가 한 일은 지구 환경에 큰 충격을 주는 일이었다. 그러나 이것이 마지막은 아니었다.

**플라이스토세 멸종으로 사라진
거대 동물의 비율**

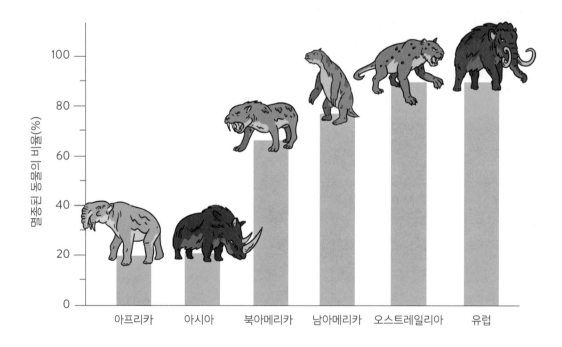

2.3m

1.65m

2018년에 고생물학자들이 메가테리움*Megatherium*
의 발자국 오른쪽에 있는 1만1000년 된 인간의
발자국 화석을 발견했다고 발표했다. 겹쳐진
발자국은 사람이 이 코끼리 크기의 나무늘보를
추적하고 있었다는 것을 나타내고 있다.

음식을 파는 상점이 없는 세상에서 살아가는 것을 상상해 보자. 이
런 세상에는 농장도 없고, 우유도 없으며, 빵도 없다. 따라서 케이크
도 없고, 콜리플라워도 없다. 따라서 야생 과일과 열매를 먹고 살아야 한다.
포식자가 죽인 동물의 잔해도 먹어야 한다. 성공적인 사냥 후에는 불에 고기
를 구워 먹을 수 있다. 이것이 인류가 지구에 나타난 후 대부분의 기간 동안
살았던 방법이다.

약 1만1000년 전에 비옥한 초승달이라고 불리던 중동 지역의 사람들이
최초로 새로운 생활 방식을 시도했다. 이곳은 식물을 재배하기에 적당한 비
가 내리는 비옥한 지역이었다. 참나무와 피스타치오 숲이 무성했다. 나투프
인이라고 불리는 사람들이 현재의 시리아, 레바논, 이스라엘에 해당하는 해안
가에 자리 잡았다. 그들은 바다에서 물고기를 잡았다. 그리고 야생 채소가 자

라고 있던 부근의 산으로도 올라갔다.

그곳에는 먹을 것들이 많아 사람들은 유목의 필요를 느끼지 못했다. 그들은 둥근 흙집들로 이루어진 작은 마을에 살면서 가까이 있는 땅에서 식량을 구했다. 어떤 계절에는 가젤과 같은 야생 동물을 사냥하기도 했다.

나투프인들은 개를 좋아했다. 퍼그에서 푸들에 이르기까지 오늘날의 모든 애완견들은 회색늑대의 후손이라고 할 수 있다. 늑대 중 일부가 4만 년 전에 개로 진화하기 시작했다. 후에 인류가 썰매를 끌거나 양 떼를 몰고, 공격을 방어할 용도로 개를 사육하기 시작했다. 그리고 사람들은 개를 친구로 기르기도 했다. 우리는 나투프인들의 개들이 어떤 일을 했는지 모른다. 어쩌면 아무 일도 하지 않았을 수도 있다. 우리가 알고 있는 것은 사람과 개를 나란히 묻은 무덤이 있다는 것이다. 개를 무척이나 좋아하는 나는 이런 사실을 알고는 오래전에 살았던 이 사람들이 매우 친근하게 느껴졌다.

 나투프인의 후손들이 인류 최초의 농부가 되었다. 그러나 그들이 재배하던 씨앗들은 오늘날 농부들이 재배하는 씨앗들과 전혀 달랐다.

야생에서 밀과 같은 풀들의 씨앗은 가능하면 가벼워야 했고, 줄기에 느슨하게 붙어 있어야 했다. 그래야 바람에 날려 멀리 갈 수 있었다. 그러나 쉽게 땅에 떨어지는 작은 씨앗은 농부들에게는 최악이었다. 농부들은 줄기에 단단히 붙어 있는 커다란 씨앗을 원했다. 밀 알갱이가 바람에 날려 간다면 이것을 식량으로 사용하거나 다음 해 재배할 씨앗으로 사용할 수 없을 것이다.

그렇다면 초기의 농부들은 어떻게 더 커다란 씨앗을 얻을 수 있었을까?

카스피해

지중해

메소포타미아

•예리코

페르시아만

나일

초승달 지대
인류 최초의 도시

초승달 지대

유럽

아시아

아프리카

이 지도는 비옥한 초승달이라고 알려진 중동 지방을
보여주고 있다. 아래 그림은 야생 밀을 수확하고
있는 나투프인의 모습을 그린 것이다.

그 방법은 아주 간단했다. 수천 년 동안 농부들은 줄기에 단단히 붙어 있는
가장 큰 씨앗을 보관했다가 다음 해에 그것으로 농사를 지었다. 이런 조심스
러운 선택이 시간이 지남에 따라 밀을 바꿔 놓았다. 이런 과정을 인위선택,
또는 육종이라고 부른다. 오늘날 시장에서 사는 대부분의 식량은 원래의 형
태와는 크게 달라진 것들이다. 이들은 작물화 되었다고 말한다. 인간이 야생
상태로부터 바꿔 놓았다는 뜻이다. 대부분의 경우 우리가 먹고 있는 식량은
더 보기 좋고, 더 맛있고, 재배나 저장이 더 용이하도록 바꾼 것들이다. 농부
의 생활은 유목민들의 생활과는 크게 달랐다. 농부들은 집 근처에 머물러 작
물을 재배해야 하고, 수확해야 했으며, 가축을 돌보아야 했다. 그
들은 식량이 비에 젖거나 썩지 않도록 보관할 건물을 지어야
했고, 추운 겨울과 야생 동물로부터 가축을 보호하기 위해
외양간도 필요했다.

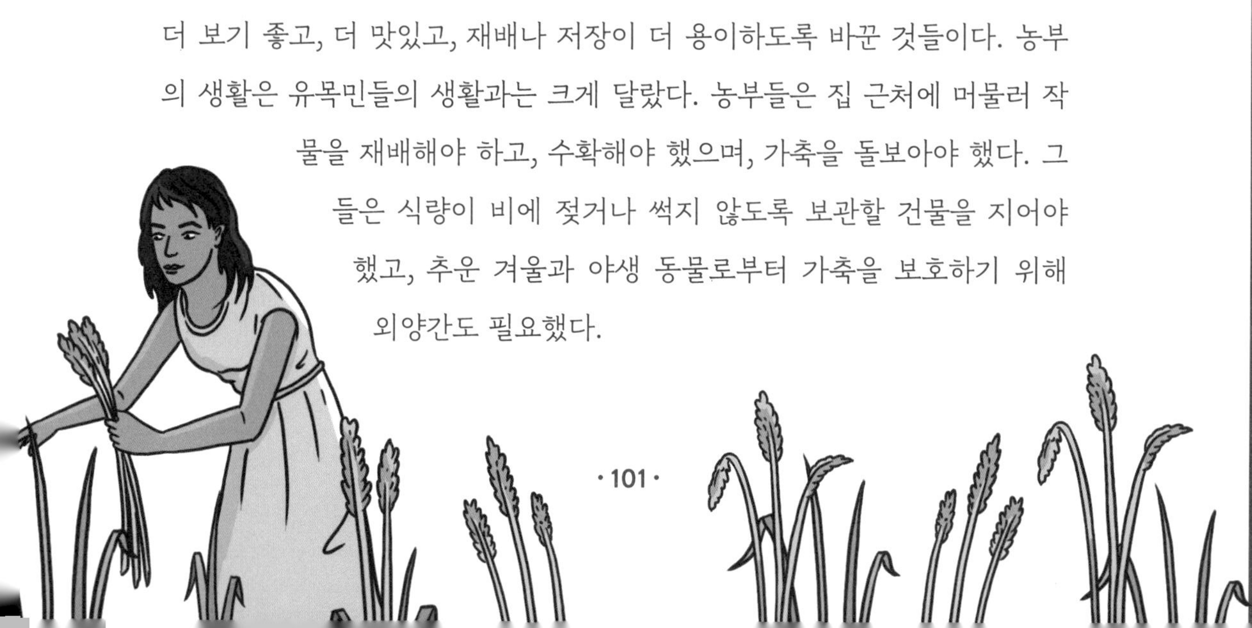

1만500년 전에는 농사를 짓는 것이 오늘날보다 훨씬 어려웠다. 쟁기도 없었고, 트랙터나 콤바인 수확기도 없었다. 작물을 심고, 김을 매고, 파고, 수확하고, 무거운 돌로 만든 맷돌을 돌려서 씨앗을 갈아 가루를 만드는 일을 모두 손으로 해야 했다. 초기 농부의 골격은 이들의 어려웠던 삶을 잘 이야기해 주고 있다. 그들의 발가락은 종종 뒤틀려 있었고, 등에는 줄을 맨 자국이 남아 있으며, 무릎은 굽어 있었다.

예리코(여리고)는 세계에서 가장 오래된 도시이다. 나투프인들이 건설한 도시에는 약 1만1000년 동안 사람이 살았다. 9000년 전에 만든 둥근 집들에는 하나 이상의 방이 있었고, 요리와 세탁을 위한 열린 공간이 있었다. 이 초기의 건물들은 단단한 기초 위에 지어졌고, 바닥에는 돌을 깔았으며, 흙으로 벽돌을 만들어 쌓아 올렸다. 각각의 집들에는 곡식이나 다른 식량을 저장하는 특별한 장소가 마련되어 있었다. 이 사람들에게는 옮겨 다니면서 살던 일이 오래전의 일이 되었다.

농부들이 더 나은 작물을 재배하게 되면서 가족들이 먹고사는 데 필요한 것보다 더 많은 양의 식량을 수확할 수 있게 되었다. 그들은 남은 식량을 다른 사람들이 만든 유용하거나 아름다운 물건들과 교환했다. 사람들 일부는 이제 농사를 짓지 않아도 되었다. 그런 사람들은 식량과 맞바꿀 수 있는 물건들을 만들었다. 어떤 사람들은 토기, 냄비, 장신구 또는 옷 등을 만들었다. 다른 사람들은 바퀴, 마차, 그리고 무기와 같은 것을 만드는 기술을 발전시켰다. 그들은 땅에서 캐낸 금속인 구리, 청동, 주석, 철로 물건을 만드는 방법을 연구했다.

흑요석은 화산에서 흘러나온 용암이 빠르게 식을 때 만들어지는 자연 유리이다. 이 유리질 화산암은 동물의 가죽을 잘라 옷을 만드는 데 유용하게 사용되었기 때문에 귀중하게 여겨졌다. 흑요석은 터키 중부에 있는 바위산에서 자연적으로 얻어진다. 그러나 전문가들은 이곳으로부터 수백 킬로미터 떨어져 있는 예리코에서 조심스럽게 다듬어진 수백 개의 흑요석을 찾아냈다. 이것이 어떻게 그곳까지 갈 수 있었을까? 만약 우리가 그 당시에 살고 있었으면 어떻게 했을까? 아마도 귀중한 씨앗의 일부를 멀리 떨어져 있는 곳에서 나는 자연 유리와 교환하고 싶어 하지 않았을까?

상인들은 물건을 사고파는 사람들이고, 그들의 행위를 거래라고 한다. 상인들이 먼 거리에 걸쳐 거래를 시작하자 그들은 물건을 옮기는 데 사용할 마차와 배가 필요하게 되었다. 그리고 거래할 물건도 필요했다. 결국 거래가 우리에게 익숙한 형태로 발전했다. 화폐를 사용하게 된 것이다.

서로 다른 일을 하는 많은 사람들이 모여 살면서 다른 사람들과 물건을 교환하게 되었을 때 우리는 그것을 문명이라고 부른다. 따라서 이제 우리는 최초의 왕들과 여왕들을 만날 차례가 되었다.

5000년 전에 만들어진 것으로 보이는 이 날카로운 도구는 흑요석이라고 부르는 자연 유리로 만든 것이다.

Chapter 6

문명이 시작되다

기원전 5000년-기원전 1500년

문자가 새 시대를 열다.

○ **기원전 5000년**
누비아에 나프타 플라야
원형 석조 구조물이
만들어짐

○ **기원전 5000년**
유럽 전역에 거대한 사원과
원형 석조 구조물과 같은
커다란 건축물이 세워지기
시작함

○ **기원전 3500년**
수메르 문명이 최초로
문자와 바퀴를 사용하기
시작함

○ **기원전 3300년**
인더스 계곡에 살던 사람들이
무역을 위한 건물들을 지었고,
후에 도시로 발전함

○ **기원전 2550년**
이집트의 기자에 쿠푸 왕의
피라미드가 세워짐

○ **기원전 3000년**
노르테 치코인들이
최초의 피라미드를
만듦

○ **기원전 1700년**
크레타섬에서 미노아
문명이 절정을 이룸

○ **기원전 30년**
로마군대가 클레오파트라의
군대를 이겨 이집트에서 파라오의
시대가 끝남

S I L O P
= PTOLMIIS
M T

이집트의 왕 프톨레마이오스 5세의
이름이 로제타석에 새겨져 있다.
이것은 상형문자로 기록된 그의 이름이다.

어떤 사람이 사람의 마음을 읽을 수 있는 놀라운 기술을 발명했다고 주장한다고 가정해 보자. 그는 이 기술을 이용해 한 사람의 마음을 다른 사람에게 전달할 수도 있다고 주장한다. 그리고 이 장치는 수천 킬로미터 떨어져서도 작동한다고 한다. 심지어는 오래전에 죽은 사람들의 마음도 읽어낼 수 있다고 주장하기도 한다. 이 사람의 주장을 믿는 사람이 있을까?

놀랍게도 이런 일을 할 수 있는 기술이 실제로 존재했다. 그리고 믿거나 말거나 이 기술은 5000년 전보다도 이른 시기에 발명되었다. 이것은 다음과 같이 작동했다. 뇌에서 생각을 끄집어내 기호로 바꾼 다음 그것을 물체에 기록해 놓는다. 그런 후에 그 물체를 기호의 의미를 알고 있는 다른 사람에게 준다. 그들이 그 기호를 읽으면 이제 상대방의 생각이 그들의 뇌로 전달되는 것이다! 사람의 마음을 읽는 이 기술을 우리는 문자라고 부른다.

만약 전깃줄이 여기저기 꽂혀 있는 놀라운 고대 헬멧을 기대했다면 실망스러울 것이다. 그것에 대해서는 미안하게 생각한다. 그러나 오늘날 우리가 일상적인 것으로 당연하게 받아들이는 많은 것들이 과거에는 놀라운 성취였다. 문자가 바로 그런 것이었다. 지구상의 다른 어떤 동물들도 문자를 가지고 있지 않다. 문자를 사용하는 것은 인류뿐이다.

역사시대는 문자와 함께 시작되었다. 역사는 사람들이 기록해 놓은 것을 통해 과거에 대해 배우는 것이다. 기록을 시작하기 이전의 모든 것은 역사시대 이전의 것들이다.

1799년 이집트에서 발견된 로제타석은 같은 내용을 이집트 상형 문자, 고대 그리스어를 포함한 세 가지 문자로 기록해 놓았다. 역사학자들은 이것을 이용하여 상형문자를 해독할 수 있었다.

누가 문자를 처음 발명했는지는 알 수 없다. 어느 한 사람이 발명했을 가능성은 없다. 우리는 기원전 약 3400년경부터 기호를 사용한 기록을 볼 수 있을 뿐이다. 이것은 24시간 지구의 역사로 보면 자정 0.1초 전의 일이다.

연대를 이야기할 때 자주 사용하는 기원전이라는 말은 공통 시대 이전이라는 뜻이다. 공통 시대는 1년부터 시작된다. 그 이전의 모든 것들은 기원전이고, 그 후는 기원후이다. 예를 들면 나의 아버지는 기원후 1936년에 태어났다. 뒤에서 만나게 될 클레오파트라 파라오는 기원전 30년에 죽었다. 기원후의 연대에는 기원후라는 말을 생략하고 2020년과 같이 숫자로만 나타내는 것이 일반적이다.

문자를 처음 사용한 사람들은 중동의 상인들이었다. 그들은 그들이 사고파는 것을 나타내기 위해 점토판에 간단한 그림을 그렸다. 각각의 그림 옆에는 이 물건들이 얼마나 많은 이들의 손을 거쳤는지를 나타내는 기호를 그려

수메르 문자

수메르 문자는 오랜 시간을 두고 진화해 왔다. 처음에는 위에서 아래로 기록했지만 후에 왼쪽에서 오른쪽으로 읽도록 기록했다.

아시리아 상인이 새겨 넣은 이 점토판에는 설형문자가 기록되어 있다. 여기에는 두 사람이 그에게 3킬로그램의 은을 빚졌다는 것과 어떻게 갚을 것인지에 대한 내용이 기록되어 있다.

넣었다. 그들은 이 점토판들을 난로에 구워 기호를 영구히 보존했다. 이것은 바뀌지 않는 기록이 되었다. 이것은 상인들이 사고판 내용을 잊지 않고 상업을 계속할 수 있게 되었다는 것을 뜻했다.

시간이 지남에 따라 쐐기 모양의 기호가 그림을 대신하게 되었다. 이런 형태의 문자를 설형문자라고 한다. 쐐기 모양의 문자라는 뜻을 가진 설형문자는 세계에 존재했던 가장 오래된 세 가지 문자인 수메르, 아시리아, 그리고 바빌로니아 문자의 기초가 되었다.

 수메르는 현재의 이라크 중심부에 해당하는 메소포타미아 남부에 형성되었던 고대 문명이다. 전문가들은 최초로 문자를 사용한 것이 수메르 문명이었다고 믿고 있다.

수메르 문명은 유프라테스강과 티그리스강을 따라 발전했다. 이 강들의 풍부한 수량을 이용하여 사람들은 그들의 경작지에 물을 공급할 수 있었다. 이것은 작물들이 자라는 데 매우 적합한 조건이었다. 강은 두 개의 고속도로 역할도 했다. 사람들은 나무로 만든 배를 이용하여 한 도시에서 다른 도시로 사람과 물자를 수송할 수 있었다. 우리는 이 고대 문명에 대해 많은 것을 알고 있다. 그것은 특별한 한 발견 덕분이었다.

1840년대 영국에서 변호사로 일하던 오스틴 레이어드는 변호사 일이 별로 재미가 없었다. 따라서 그는 탐험을 하기로 마음먹고, 인도 남쪽에서 조금 떨어져 있는 섬이자 현재는 스리랑카라고 부르는 실론으로 가기로 했다. 그는 실론으로 가는 길에 중동 지방에 들렸다. 중동 지방에서 고고학에 흥미를 느끼게 된 그는 고대 문명을 연구하면서 중동 지방에 머물렀다. 그는 중요한 발굴 작업에 여러 번 참여했고 책을 쓰기도 했다. 그리고 런던을 떠나고 약 10년쯤 되었을 때 그는 모술에서 티그리스강 건너에 있는 흙더미를 조사하기로 했다.

> **시야가 닿는 모든 방면에 보이는 풀 덮인 언덕들이 고대 주거지라는 것을 알 수 있었다.**
>
> 오스틴 헨리 레이어드,
> 고고학자

이곳은 기원전 612년에 파괴된 고대 아시리아의 수도 니네베였다는 것이 밝혀졌다. 레이어드와 그의 발굴팀은 거대한 궁전을 발굴했다. 그들이 발굴한 더 중요한 곳은 거대한 왕립 도서관이었다. 우리는 이것을 만든 당시 왕의 이름을 따서 아슈르바니팔 도서관이라고 부르고 있다. 여기에는 설형문자가 새겨져 있는 3만 개의 점토판이 보관되어 있었다. 이 점토판들은 고대 메소포타미아인들의 생활에 대한 우리의 이해를 완전히 바꿔놓았다. 고대 도서관에서 발견된 가장 유명한 점토판 기록은 초기 수메르의 왕이었던 길가메시의 모험 이야기였다. 길가메시는 유프라테스강 연안에 자리 잡은 최초의 수메르 도시 중 하나인 우루크를 다스리던 실존 인물이었다. 우루크는 그 당시 세계에서 가장 큰 도시로 8만 명이나 되는 사람들이 살고 있었다.

이 석상은 길가메시가 사자를 길들이는 것을 보여주고 있다. 이것은 통치자의 힘과 능력을 나타내고 있다.

《길가메시 서사시》는 기원전 2000년경에 처음으로 기록된 판타지 서사시였다. 이 작품은 3분의 2는 신이고, 3분의 1은 인간이었던 길가메시에 대한 이야기였다. 길가메시는 영원히 사는 방법을 찾기 위해 여행을 떠난다. 이것은 우리가 알고 있는 최초의 소설이다.

우리가 이 창의적인 사람들에게 빚진 것은 문학 작품만이 아니었다. 그들은 산술을 좋아했다. 수메르인들의 산술은 60진법에 기초를 두고 있었다. 60은 여러 가지 숫자(2, 3, 4, 5, 6, 10, 12, 15, 20, 30)로 나누어지기 때문에 쓰임새가 많았다. 1분이 60초이고, 1시간은 60분이며, 원이 360도라고 정해진 것은 수메르인들 덕분이다.

오스틴 레이어드는 그의 놀라운 발견 이후 니네베의 그림을 그렸다. 1853년에 건축가 제임스 페르구손은 그의 그림을 바탕으로 하여 니네베 도시의 모습을 상상한 이 그림을 그렸다.

화살과 창의 저장

화살과 바퀴는 수메르인들이 달리는 마차 위에서 적을 공격할 수 있도록 했다.

이것만으로도 만족할 수 없는 사람들을 위해 이 창의적인 사람들은 인류 역사상 가장 혁명적인 발명 가운데 하나인 바퀴를 발명했다. 우리가 알고 있는 최초의 바퀴는 진흙 토기를 만드는 데 사용하던 돌림판이었다. 이 바퀴는 문자의 발명과 비슷한 시기인 기원전 3500년경에 발명되었고, 약 300년 후에 메소포타미아인들이 바퀴가 달린 마차를 사용했다. 도대체 누가 토기를 만드는 데 사용하던 바퀴를 최초로 토기를 나르는 마차에 사용한 것일까? 우리는 알 수 없다.

> 그들은 돌림판, 수레바퀴, 쟁기, 돛단배, 아치형 구조, 둥근 천장, 반구형 지붕, 구리와 청동의 주조, 리베팅, 용접과 납땜, 조각과 같은 유용한 도구와 기술을 개발했다.

사무엘 노아 크레이머, 아시리아학 연구자

모든 인류 문명과 마찬가지로 수메르 문명도 영원히 지속되지 못했다. 기원전 2200년경에 200년이 넘게 계속된 최악의 가뭄으로 이 지역이 황폐화되었다. 강어귀의 땅도 바닷물에 의해 지나치게 많은 염분이 스며들어 농사를 지을 수 없었다. 살아남기 위해 수메르 도시들은 서로 싸웠고, 멀리 있던 다른 도시들과도 싸웠다. 마침내 기원전 1787년에 바빌론이 수메르를 정복하고 바빌로니아 제국의 일부로 편입했다.

당신이 강력한 고대 왕국의 왕이고 지니가 마술램프에서 튀어나왔다고 가정해 보자. "당신이 원하는 모든 것을 다 들어드리겠습니다."라고 지니가 말한다면 당신은 무슨 소원을 말할까? 세상의 모든 돈을 달라고 할까? 모든 사람들을 지배하고 싶은가? 그것도 아니면 영원히 살 수 있도록 하는 전능한 능력을 주는 마술 반지를 가지고 싶은가?

역사는 부와 권력을 원했던 사람들의 이야기로 가득하다. 그러나 이 모든 것을 가지고 있었다고 믿어지는 최초의 왕은 고대 이집트에서 나타났다.

고대 이집트

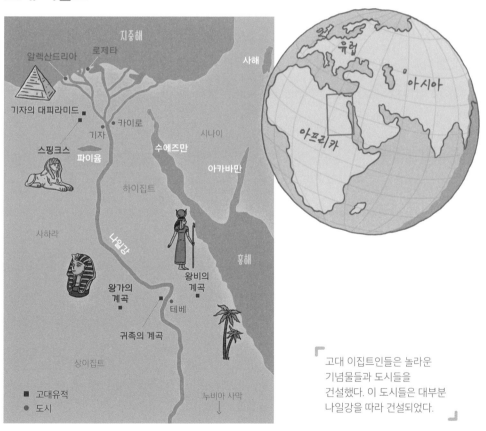

고대 이집트인들은 놀라운 기념물들과 도시들을 건설했다. 이 도시들은 대부분 나일강을 따라 건설되었다.

이 강력한 왕을 파라오라고 부른다. 기원전 3000년경부터 기원전 30년까지 약 3000년 동안 150명이 넘는 파라오들이 이집트를 다스렸다!

　이집트 사람들은 파라오를 살아있는 신이라고 믿었고, 그들이 죽으면 하늘에 있는 다른 신들에게로 간다고 생각했다. 이 신성한 지배자들은 절대 권력을 휘두를 수 있었다. 그들은 자신들을 위한 놀랍도록 화려한 궁전, 사원, 그리고 무덤을 건설했다.

　고대의 7대 불가사의에 대해 들어 본 적이 있는가? 이들 가운데 오늘날까지 남아 있는 것은 단 하나뿐이다. 그것은 기자에 있는 피라미드로, 기원전 2566년에 죽은 쿠푸 파라오의 무덤이다.

　이 거대한 피라미드의 높이는 50층 건물의 높이와 맞먹는 높이인 147미터나 된다. 이 피라미드를 건설하는 데는 하나의 무게가 미니밴의 무게와 비슷한 200만 개 이상의 암석이 사용되었다. 전문가들은 아직도 어떻게 고대인들이 이렇게 무거운 암석들을 자르고, 운반하고, 쌓아올렸는지 궁금해 하고 있다. 그들은 바퀴를 사용하지도 않았다. 그리고 이 모든 일들이 신이며 인간이었던 파라오 한 사람의 무덤을 만들기 위한 것이었다.

　파라오는 신이라고 믿어졌지만 그들의 권력은 거대한 강에 기반을 두고 있었다. 나일강은 세계에서 가장 긴 강들 중 하나이다. 이 강은 중앙아프리카에서 시작하여 북쪽으로 흘러 이집트를 통과한다. 나일강은 매년 홍수가 날 때마다 이집트에 많은 토양을 쌓아 놓는다. 진흙처럼 보이는 이 토양은 작물 재배에 필요한 양분을 많이 포함하고 있어 거의 무한정으로 식량을 생산할 수 있게 만들었다. 충분한 식량은 이집트를 부자로 만들었고, 파라오의 권력을 강화시켰다.

또 다른 자연적 특징 역시 파라오가 강력한 권력을 가지는 것을 도왔다. 나일강 강변의 좁고 비옥한 땅은 사막으로 둘러싸여 있었는데, 오늘날 우리는 이 메마른 땅을 사하라 사막이라고 부른다. 이 거대한 사막은 침입자들로부터 이집트를 보호해 주었다. 파라오들은 나라를 지키기 위해 든든한 성벽이나 성을 지을 필요가 없었다. 침입자들은 세 가지 길 중 하나로만 이집트에 접근할 수 있었다. 그들은 수백 킬로미터의 사막을 건너거나, 바다를 건너 지중해로 흘러 들어가는 나일강의 습지를 통해서 오거나, 또는 오늘날의 에티오피아나 수단으로부터 나일강을 따라 내려오는 길을 통해 이집트로 들어와야 했다. 앞의 두 가지 접근로는 자연에 의해 잘 방어되고 있었지만 세 번째 접근로는 그렇지 못했다. 강 상류에는 정기적으로 이집트와 무역을 하던 누비아인들이 살고 있었다. 이들은 때로는 친구였지만 때로는 적이 되었다. 이집트는 중앙아프리카의 적도 지역에 살고 있던 사람들로부터 금, 상아, 구리, 향신료,

길이 70미터가 넘는 대스핑크스는 사람의 머리와 사자의 몸을 가지고 있다. 뒤에 있는 카프레 피라미드가 보이는가? 이것은 기자에 있는 고대 이집트의 피라미드 중 두 번째로 큰 피라미드로, 이웃에 있는 피라미드의 주인인 쿠푸 파라오의 아들 카프레 파라오의 피라미드이다.

동물들을 수입했고, 이 모든 물품들은 누비아 무역상들을 통해 거래되었다. 누비아인들은 용감한 전사들이었고, 활을 잘 쏘는 것으로 유명했다.

누비아인들은 오래전에 문명을 건설했던 사람들이다. 기원전 5000년보다 이른 시기에 이들의 조상들은 별과 행성들의 운동을 측정하기 위해 고리 모양의 석조 건축물을 만들었다. 이 천문관측소는 영국의 유명한 원형 석조 건축물인 스톤헨지보다 2000년이나 앞서 만들어졌다. 때때로 이집트인들이 누비아의 일부를 정복했지만 평소에는 두 나라의 왕족들이 서로 결혼했다. 그리고 한 때 쿠쉬라고 불리던 누비아인들이 이집트를 정복해 누비아의 왕이 200년 동안 이집트의 파라오가 되기도 했다.

이집트와 남부에 있던 이웃 나라들 관계는 또 다른 자연 현상으로 인해 비교적 수월하기도 했고 때로는 위험하기도 했다. 이집트에는 바람이 나일강

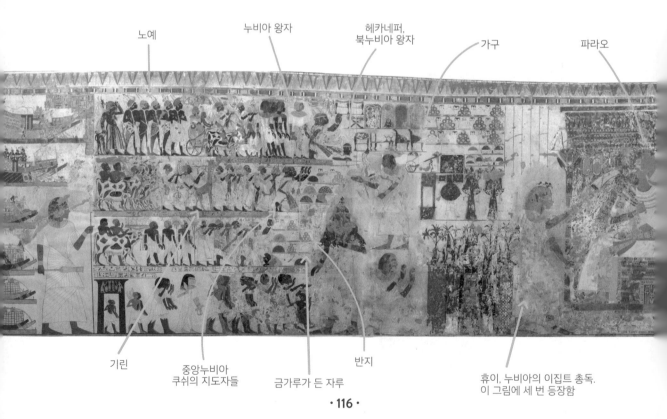

노예 　누비아 왕자　 헤카네퍼,　 가구　 파라오
북누비아 왕자

기린　 중앙누비아　 금가루가 든 자루　 반지　 휘이, 누비아의 이집트 총독.
쿠쉬의 지도자들　 이 그림에 세 번 등장함

이 흐르는 방향과 반대로, 보통 북쪽에서 남쪽으로 분다. 따라서 강을 따라 내려 올 때는 나무배를 강의 흐름에 맡기면 되었고, 돌아갈 때는 돛을 올려 바람이 밀어주기만 기다리면 되었다. 이보다 더 편리한 교통수단이 있을까?

당신은 죽음 이후의 세상을 믿는가? 당신의 친구나 가족들은 어떤가? 그들에게 물어보면 그들 중 일부는 믿는다고 대답하고, 일부는 믿지 않는다고 대답할 것이다. 내세를 믿는 사람들이 생각하는 내세의 형태는 아주 다양하다. 일부는 천국과 지옥을 믿는다. 다른 일부는 죽은 후에 다시 환생한다고 믿는데, 환생은 우리의 영혼이 다른 사람이나 다른 동물이 되어 다시 지구로 돌아오는 것을 말한다. 고대 이집트에서는 모든 사람들이 죽은 후의 세상을 믿었다. 그리고 그들은 내세로 갈 때 필요한 물건들을 가지고 가야 한다고 생각했다.

피라미드는 파라오가 얼마나 막대한 부와 강력한 권력을 가졌는지를 보여주고 있다. 피라미드는 파라오가 다음 생에 사용할 모든 물건들을 보관할 수 있는 안전한 장소였다. 그리고 그런 물건들 사이에는 그들의 시체도 포함되어 있었다.

컬러 사진이 발명되기 전인 1920년대 중반에 박물관 예술가 찰스 윌킨슨이 투탕카멘(기원전 1336-1327년) 파라오 시대의 누비아의 이집트 총독이었던 휴이의 무덤 벽화를 복사했다. 그 후 이 벽화의 많은 부분이 손상되었으므로 그가 이 벽화를 복사한 것은 우리로서는 참으로 다행한 일이다. 이 벽화는 누비아의 지도자들이 금, 귀한 동물, 노예와 같은 선물을 투탕카멘 왕에게 가져가는 것을 보여준다. 이 벽화에 나타난 사람들의 다양한 피부색을 통해 알 수 있는 것처럼 누비아는 다양한 민족으로 이루어져 있었다.

아무리 화려한 무덤이라고 해도 시신이 부패한다면 소용이 없을 것이다. 따라서 이집트인들은 시신을 미라로 만들어 보존하는 방법을 발명했다. 미라를 만드는 일은 70일이나 걸리는 매우 복잡한 과정이었다.

미라를 만든 것은 파라오만이 아니었다. 능력이 있는 고대 이집트 사람들이라면 누구나 죽은 후에 미라를 만들었다. 일부 사람들은 심지어는 애완동물도 미라로 만들었다.

미라를 만들던 전문적인 방부처리사는 특별한 사제들이었다. 첫 번째로 그들은 위, 장, 허파, 간을 제거하여 건조시킨 후 카노푸스 단지라고 부르는 용기에 담아 보관했다. 방부처리사들은 보통 뇌도 제거했다. 미라 만드는 과정을 본 적이 있는 고대 그리스 작가 헤로도토스는 두개골에서 뇌를 제거하는 것을 기록해 놓았다. 방부처리사가 콧속에서 두개골 안으로 구멍을 낸 후 고리를 이용하여 뇌를 끄집어냈다. 여러 세기 동안 사람들은 이것이 미라를

깃털　　　　　　　　　　　　　　아누비스

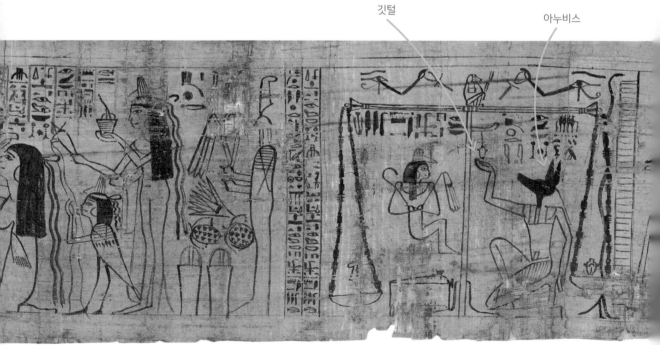

만드는 일반적인 방법이라고 생각했다. 그러나 헤로도토스는 그가 본 것을 제대로 이해하지 못했던 것 같다.

미국의 연구자들 밥 브리어와 론 웨이드가 1994년에 실험을 통해 뇌는 너무 부드러워 고리를 이용해서는 끄집어 낼 수 없다는 것을 보여주었다. 따라서 실제로는 다음과 같은 일이 있었을 것이다. 방부처리사가 코 뒤쪽에 있는 구멍을 통해 막대기를 두개골 안으로 넣은 다음 잘 휘저었을 것이다. 방부처리사들이 세게 휘저으면 요구르트처럼 부드러운 뇌가 액체로 변해 콧구멍을 통해 흘러나왔을 것이다.

방부처리사들이 몸 안에 남겨 놓는 유일한 장기는 심장이었다. 고대 이집트인들은 생각하고 감정을 느끼는 영혼이 심장에 있다고 믿었다. 그들은 다음 생애에 신들이 심장의 무게를 달아 그가 지구에서 잘 살았는지 여부를 판단한다고 믿었다.

자칼의 머리를 한 죽음의 신 아누비스가 영혼이 내세로 갈 수 있는지를 판단하기 위해 죽은 사람의 심장을 깃털과 비교하고 있다.

일단 장기들을 제거하고 난 다음에 방부처리사들은 시체를 건조시키기 위해 나트론이라고 부르는 특별한 소금을 쳤고, 건조가 끝나면 시체를 천과 톱밥으로 채운 다음 가짜 눈을 붙이고 기다란 천으로 감쌌다. 완성된 미라는 사르코파구스라고 부르는 관에 안치한 후 무덤에 넣었다. 파라오의 경우에는 피라미드가 무덤이었다.

시체 주변에는 죽은 파라오가 다음 생애에서 필요로 할지 모르는 모든 물건들을 함께 묻었다. 고고학자들은 무덤 안에서 음식, 음료수, 왕관, 탁자, 무기, 옷, 책, 그림, 심지어는 장난감과 같은 것들을 발견했다. 중요한 사람들의 무덤에는 노예들을 넣기도 했다. 다행히도 이들은 실제 사람이 아니라 우샤브티라고 부르던 나무나 돌로 만든 인형들이었다. 우샤브티의 임무는 주인의 죽은 영혼이 도움을 요청할 때면 언제든지 달려가는 것이었다.

학자들이 이런 것들을 자세하게 알 수 있는 것은 고대 이집트인들이 기록을 남겼기 때문이다. 그들은 상형문자를 이용하여 기록했다. 그들이 수메르인들로부터 기록하는 방법을 배웠을 가능성이 있지만 확실하지는 않

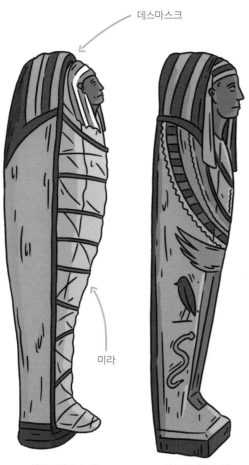

데스마스크

미라

사르코파구스 안   사르코파구스 밖

암석이나 금속으로 만든 사르코파구스는 도굴범들이나 동물로부터 보호하기 위해 미라를 넣어두는 통이었다.

다. 어떤 경우든 그들은 그들의 장례 의식을 《사자의 서》에 기록해 놓았다. 이 책들에는 두루마리에 그리거나 기록해 무덤에 넣었던 마술 주문도 포함되어 있다. 주문은 죽은 사람의 영혼이 지하 세계의 위험을 잘 통과해 내세로 들어가 영원한 기쁨을 누릴 수 있도록 돕기 위한 것이었다.

이로써 문자가 수천 년 전에 죽은 사람들의 마음을 들여다볼 수 있게 만든다는 것을 이해할 수 있을 것이다.

기원전 2040년경에 이집트는 수도를 테베라고 부르는 남쪽 도시로 옮겼다. 여기에서도 매장은 계속되었다. 그러나 여기에는 한 가지 커다란 차이점이 있었다. 파라오들이 더는 눈에 보이는 거대한 피라미드를 건설하지 않았다. 대신에 그들은 지하에 있는 암석을 파서 무덤을 만들었고, 그 위에 신전을 지어 무덤을 가렸다. 수백 개의 지하 무덤들이 테베 부근에 있는 왕가의 계곡, 왕비의 계곡, 귀족의 계곡에서 발견되었다. 놀랍게도 일부는 거의 완전한 형태로 남아 있었다.

영화나 책에서 고대 무덤에 묻혀 있던 보물을 발견하는 이야기를 본 적이 있을 것이다. 이런 이야기들의 대부분은 픽션이다. 그러나 다음 이야기는 실제로 있었던 이야기이다.

하워드 카터는 15년 동안 왕가의 계곡에서 유물 발굴 작업을 하고 있던 영국 고고학자였다. 1922년 11월 4일 그의 발굴팀 중의 한 사람이 그들이 찾고 있던 무덤으로 내려가는 계단을 발견했다. 다음 3주 동안 발굴팀은 무덤으로 향하는 길을 덮고 있던 모래와 암석을 조심스럽게 제거했다. 그들이 안으로 들어가자 카터의 예상이 옳았다는 것을 곧 알 수 있었다. 그들은 소년 왕 투탕카멘의 무덤 방 앞에 서 있었다. 투탕카멘은 9살에 왕이 되었다가

19살에 죽은 왕이었다.

엄청난 양의 보물들이 무덤 방 안에 포장되어 있었다. 그 가운데 가장 유명한 것은 금으로 만든 소년 왕의 가면이었다. 이것은 암석으로 만든 사르코파구스 안에 세 겹의 금관 아래 있는 투탕카멘의 얼굴 위에 놓여 있었다.

그러나 고대 이집트를 둘러싸고 있던 자연적인 방어물도 그들을 보호하기에는 충분하지 않았다. 마지막 파라오였던 클레오파트라 7세 필로파토르는 클레오파트라라는 이름으로 더 잘 알려져 있다. 그녀는 동생이었던 프톨레마이오스와 공동 파라오였지만 대부분 혼자서 이집트를 통치했다.

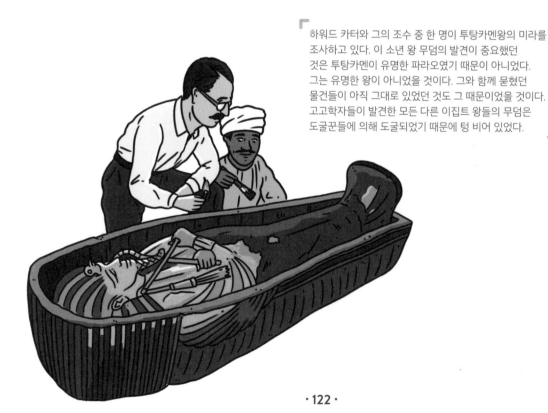

하워드 카터와 그의 조수 중 한 명이 투탕카멘왕의 미라를 조사하고 있다. 이 소년 왕 무덤의 발견이 중요했던 것은 투탕카멘이 유명한 파라오였기 때문이 아니었다. 그는 유명한 왕이 아니었을 것이다. 그와 함께 묻혔던 물건들이 아직 그대로 있었던 것도 그 때문이었을 것이다. 고고학자들이 발견한 모든 다른 이집트 왕들의 무덤은 도굴꾼들에 의해 도굴되었기 때문에 텅 비어 있었다.

그녀의 군대가 로마군에 의해 패하자 그녀는 항복하는 대신 자살을 선택했다. 전해지는 이야기에 의하면 그녀는 스스로 독사에 물려 죽었다. 그러나 실제로는 다른 방법으로 자살했을 것으로 보인다. 어떤 사람들은 그녀가 살해당했다고 믿고 있다. 확실한 것은 알 수 없다. 클레오파트라가 죽은 후 독립국 이집트는 더 이상 없었다.

클레오파트라는 뛰어난 정치가였다. 그러나 그녀가 어떻게 생겼었는지는 아무도 알 수 없다. 2000년 전에 만들어진 동전에 새겨져 있는 이 초상화를 포함해 그녀가 살아 있던 시기에 만들어진 초상화들이 서로 크게 다르기 때문이다.

절대 권력을 가진 파라오가 이집트를 다스리고 있던 것과 비슷한 시기에 전혀 다른 형태의 문명이 오늘날의 파키스탄, 인도, 아프가니스탄을 포함하는 지역에서 번영을 누리고 있었다.

여기에서도 큰 강을 따라 문명이 형성되었다. 이 문명을 우리는 인더스 문명이라고 부른다. 그러나 이 문명은 이집트나 수메르보다 두 배나 넓은 지역에 형성되었다. 절정기에는 그 지역의 넓이가 현대 서유럽 전체의 넓이와 비슷했다.

고고학자들은 인더스 계곡에서 약 1000개의 도시와 주거지들을 발견했다. 이들은 기원전 3300년에서 기원전 1900년 전 사이에 건설된 것들이었다. 이것은 수메르 문명 시대와 비슷한 시기이다.

두 개의 대도시 중 하나는 모헨조-다로였다. 이 도시는 현대 도시들처럼 규격화된 벽돌을 이용하여 건설되었다. 각각의 도로에는 상수도와 하수도가 설치되어 있었다. 5000명이나 수용할 수 있는 회의 장소를 포함한 거대한 공공건물들도 발굴되었다.

이들은 목화로 천을 만들었고, 아름다운 토기를 만들었으며, 구리와 청동을 장신구나 동상으로 가공했다. 많은 장난감과 놀이기구들이 발견되었지만 무기는 거의 발견되지 않은 것으로 볼 때 그들은 매우 평화롭게 살았던 것 같다.

이집트나 수메르에서와는 달리 이곳에서는 왕의 무덤이 발견되지 않았다. 거대한 피라미드도 발견되지 않았고, 부유한 왕이 있으면 항상 있게 마련인 커다란 궁전도 발견되지 않았다. 그리고 절대 권력을 가진 한 사람의 왕이나 여왕이 있었다는 어떤 증거도 발견하지 못했다.

그러나 확실하지는 않지만 이들도 문자를 사용했다. 인더스 문명은 수메르에서 문자가 발명된 후 얼마 되지 않아 문자를 사용하기 시작했다. 아무도 아직까지 그들의 문자를 해독하지 못하고 있다. 이 때문에 그들이 남긴 유물을 통해서만 그들의 문명을 알 수 있을 뿐이다. 그들의 이야기는 아직도 해독되기를 기다리고 있다.

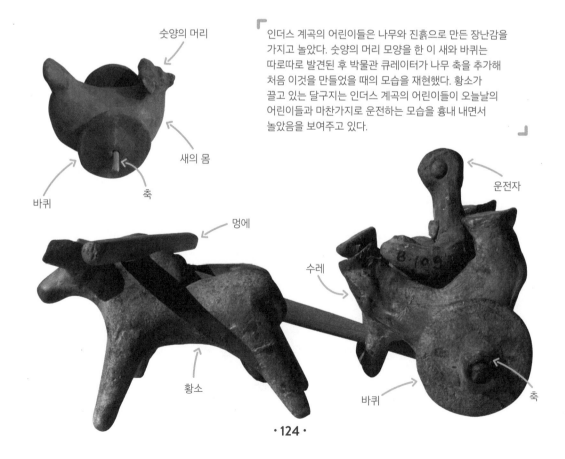

숫양의 머리

새의 몸

축

바퀴

인더스 계곡의 어린이들은 나무와 진흙으로 만든 장난감을 가지고 놀았다. 숫양의 머리 모양을 한 이 새와 바퀴는 따로따로 발견된 후 박물관 큐레이터가 나무 축을 추가해 처음 이것을 만들었을 때의 모습을 재현했다. 황소가 끌고 있는 달구지는 인더스 계곡의 어린이들이 오늘날의 어린이들과 마찬가지로 운전하는 모습을 흉내 내면서 놀았음을 보여주고 있다.

운전자

멍에

수레

황소

바퀴

축

이집트인들이 피라미드를 건설하고, 수메르인들은 바퀴를 발명하고, 인더스 계곡 사람들은 그들의 효율적인 도시를 건설하는 동안 또 다른 문명도 비슷한 일을 하고 있었다. 현재의 페루에 해당하는 지역에 형성된 노르테 치코 문명이 강을 따라 수십 개의 도시를 건설했다. 그들은 경작지에 물을 대기 위해 관개 수로도 만들었다. 인더스 계곡 사람들과 마찬가지로 노르테 치코인들도 평화로운 사람들이었다. 여기에서도 무기나 방어시설, 또는 전쟁의 흔적을 발견할 수 없었다.

그리고 이집트인들과 마찬가지로 이들도 미라와 피라미드를 만들었다. 그들이 만든 미라는 사제가 방부 처리한 것이 아니라 자연적으로 건조한 것이었다. 그들은 이집트인들이 피라미드를 만들기 전인 기원전 3000년경에 첫 번째 피라미드를 만들었다. 그리고 가장 큰 피라미드 중 하나의 내부에서 우리가 네 개의 브로치의 여인이라고 부르는 지도자의 미라가 발견되었다.

그러나 이들은 중요한 차이점을 가지고 있었다. 노르테 치코 사람들은 다른 세 지역 문명에서와는 다른 방법으로 농사를 지었다. 그들은 스쿼시, 콩, 아보카도, 고구마와 같은 채소를 재배했다. 그들의 주요 작물은 목화였는데, 내륙에서 재배된 목화를 해안 지방에 사는 사람들이 잡은 물고기나 해산물과 교환했다. 어부들은 목화를 이용하여 그물을 만들었다.

목화는 매우 중요했다. 일부 전문가들은 이들이 후세의 페루 문명이 그랬고 현재의 페루 사람들이 그러는 것처럼 아름다운 천을 만들었을 것으로 생각하고 있다. 그들은 아름답게 장식한 플루트로 음악을 연주했으며 넓은 광장에 함께 모였다. 그들은 장신구를 만들어 치장했고, 박 위에 신들의 모습을 그려 넣었다. 그러나 그들은 건물을 칠하거나 커다란 조각상을 만들지는 않았다. 그리고 그들은 토기를 사용하지 않았다. 그것은 그들이 고기를 물에다 삶기보다는 불에 구워 먹었다는 것을 의미한다.

우리가 알고 있는 한 노르테 치코인들은 문자를 사용하지 않았다. 그들은 상업에 사용하는 숫자를 기록하기 위해 키푸라고 부르는 끈을 이용했다. 일부 고고학자들은 키푸가 언어를 기록하는 데도 사용되었을 것으로 생각하고 있다. 그것이 사실이라면 키푸는 우리가 아직 해독하지 못한 또 하나의 언어가 되는 셈이다.

 기원전 5000년에서 기원전 1500년 사이에 놀라운 유물을 남긴 사람들은 이러한 주요 문명들만이 아니었다. 전 세계 곳곳의 문명들이 공동체를 형성했고, 이웃과 거래했으며, 예술 작품을 만들었다. 유럽인들은 무덤 부근에 거대한 구조물을 만든 것으로 유명하다. 이런 구조물들은 그 지역에서 발견되는 커다란 암석을 이용하여 만들었다. 이들의 문명을 거석문화라고 부르는 것은 이 때문이다.

영국의 스톤헨지는 왕의 연회 장소였을까, 죽은 사람들을 숭배하는 장소였을까, 그것도 아니면 일식을 예측하기 위한 시설이었을까? 확실한 것은 아무도 모른다.

많은 구조물들은 기원전 3000년경에 만들어진 영국의 스톤헨지처럼 원형으로 배열되었다. 다른 곳에서는 중앙이나 끝에 제단이 있는 사원 형태로 만들어졌다. 아

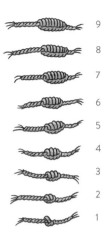

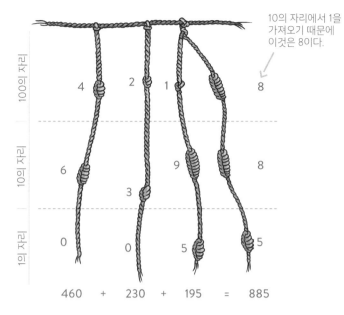

10의 자리에서 1을 가져오기 때문에 이것은 8이다.

100의 자리

10의 자리

1의 자리

4	2	1	8
6		9	8
	3		
0	0	5	5

460 + 230 + 195 = 885

키푸는 양털이나 목화로 만든 1500개까지의 실을 아래로 매달아 만들었다. 각 매듭의 묶은 수와 위치, 그리고 실의 매듭의 수를 합해 전체 값을 구할 수 있었다.

직 남아 있는 대표적인 유적에는 지중해에 있는 몰타섬의 하자르 임이 있다. 때로는 구조물들이 해가 뜨고 지는 방향으로 줄지어 배치되거나 사람들이 계절을 파악하는 데 도움을 주도록 배열되어 있었다.

대부분의 고대 통치자들은 남자들이었다. 그리고 대부분의 사회에서 남자가 여자들보다 더 많은 권한을 가지고 있었다. 따라서 모든 곳에서 항상 그랬을 것으로 생각하기 쉽다.

그러나 그것은 사실이 아니다. 이집트에는 여성 파라오가 있었다. 많은 초기 문명은 강력한 여신을 가지고 있었다. 그리고 고대 이집트와 수메르에서는 여성과 남성이 법 앞에서 평등했고, 여성이 사업을 하거나 자신의 재산을 소유했다. 우리는 노르테 치코에서 여성들을 매장한 방법에서 그들이 사회에서 중요한 역할을 했다는 것을 알 수 있다. 그러나 다른 어떤 문명에서보다도 지중해 섬들에 기원전 2000년에서 기원전 1600년 사이에 형성되었던 미노아 문명에서는 여성과 남성이 동등한 대우를 받았다.

고대 그리스 역사가들의 기록과 화병이나 벽화에 나타난 그림들을 보면 여성과 남성이 모든 일상 활동에 동참했다는 것을 알 수 있다. 여성과 남성들 사이에는 특별한 역할이 따로 없었다. 그리고 여사제는 사회에서 가장 중요한 사람들이었다.

양성평등의 가장 놀라운 예시 가운데 하나는 여성과 남성이 함께 참가한 스포츠 경기였다. 인기 있는 스포츠는 황소 타기였다. 여성이나 남성 체조 선수가 황소의 등에 올라타 뿔을 잡고 공중 곡예를 펼쳤다. 그리고 황소 등에서 뛰어올라 땅에 똑바로 내려섰다.

불행하게도 이런 사회는 말을 타고 금속 무기로 무장한 남자들이 아시

> **"**
> 나는 공동체와 문명이
> 시작될 때 사람들이 하는
> 일에 지혜를 주는 강력한
> 여신들이 산재해 있는
> 종교적인 풍경을 발견할
> 수 있었다. **"**
>
> 베타니 휴스,
> 역사학자

미노아 사회에서는 실제로 여성이
남성보다 더 중요했을 가능성이
있다. 일부 전문가들은 여신들이
남신들보다 더 중요했다고 믿고
있다. 유럽 최초의 기록물인
미노아 기록물들이 해독되면 더
확실한 것을 알 수 있게 될 것이다.

아, 유럽, 그리고 중동 지방을 휩쓸면서 붕괴되고 말았다. 그러나 이들 이야
기를 하기 전에 아시아 지역에 형성되어 고대 이집트 문명보다 오래 지속되
었던 두 문명에 대해 이야기하기로 하자.

Chapter 7

이즈음
아시아에서는

기원전 3000년-기원전 200년
좀 더 강력한 문명이 꽃을 피우다.

기원전 2697년
전설적인 비단 제조가
시작됨

기원전 1600년
상나라가 세워짐

기원전 1500년-기원전 1200년
힌두의 《베다》가 기록됨

기원전 500년
공자와 부처가 새로운
삶의 방식을 가르침

벼줌인

○ **기원전 500년**
중국인들이 주철을
만들기 위해 용광로를
개발함

○ **기원전 300년-기원전 200년**
인도에서 강철이 발명됨

○ **기원전 261년**
아소카 왕이 불교로 전향하고
평화의 왕국을 건설함

○ **기원전 221년**
진시황이 중국 최초의
황제가 됨

전 세계에서 가장 많은 인구를 가지고 있는 나라에 올림픽 메달을 준다면 어느 나라가 금메달을 받을까? 그런 메달을 받을 자격이 있는 두 나라는 중국과 인도이다. 오늘날 중국의 인구는 14억 명에 이르고, 인도도 이와 비슷한 13억 명의 인구를 가지고 있다. 두 나라의 인구를 합하면 전 세계 인구의 3분의 1이 넘는다. 이들 두 나라는 가장 놀라운 고대 문명을 발전시킨 나라라는 공통점을 가지고 있다.

고대 중국의 발명품에는 종이, 화약, 나침반, 인쇄술, 우산과 같은 것들이 있다. 인도는 숫자 0과 체스 게임을 발명했다. 그들은 인류 역사상 가장 긴 시를 남겼다. 또한 그들은 최초의 대학을 설립했고, 최초로 질이 좋은 강철을 대량으로 생산했다.

기원전 2500년 전으로 돌아가 보면 수메르와 인더스 계곡의 문명이 절정을 이루고 있었고, 이집트 파라오들은 약 500년 전부터 이집트를 통치하고 있었다. 이때 중국에서는 서로 다른 두 문명이 번성하고 있었다. 사람들이 북쪽의 황허강을 따라 살고 있었고, 남쪽에서는 양쯔강을 따라 살고 있었다.

양쯔강 유역에서 살던 사람들은 처음으로 벼를 재배하기 시작했다. 벼는 1만 년 전에 상산 지방에서 재배되기 시작했다. 이 작물은 습한 곳에서 잘 자랐기 때문에 많은 땅들이 벼를 재배하는 논으로 바뀌었다. 그리고 이렇게 재배된 벼는 중국의 많은 인구를 먹여 살릴 수 있었다.

최초의 체스 게임은 인도에서 시작되었다. 이것은 차투랑가라고 불렀다. 여기에는 왕, 말, 코끼리, 병사가 포함되어 있었다.

벼농사는 이른 시기에 인더스 문명에서도 시작되었다. 일부 과학자들은 벼농사법이 중국에서 인도로 전해졌다고 생각하고 있다. 그러나 최근에 고고학자들은 인더스 계곡에서 종류가 다른 볍씨를 발견했고, 따라서 인도와 중국에서 각자 독립적으로 벼농사가 시작되었을 가능성도 있다.

남쪽에서 벼농사가 시작된 것과 비슷한 시기에 황허강 유역에 살고 있던 사람들은 또 다른 식물인 기장을 재배하기 시작했다. 메소포타미아의 농부들이 더 큰 밀 씨앗을 얻기 위해 육종을 했던 것을 기억하고 있을 것이다. 벼와 기장 농사를 짓던 사람들도 비슷한 방법을 사용했다.

고고학자들은 고대인들이 무엇을 재배해 먹었는지를 그들이 남긴 음식을 통해 알아낸다. 보통은 다른 유물들에 섞여 있는 얼마 안 되는 낟알들이다. 그러나 때로는 식사 전체가 발견되기도 했다. 2005년에 황허강 유역에서 작업하고 있던 고고학자들이 아직 솥에 들어 있는 4000년 전의 기장국수를 발견했다. 이런 것들은 고대인들도 우리와 크게 다르지 않은 음식을 먹고 살았다는 것을 보여주고 있다.

벼는 오늘날 전체 인구의 반이 넘는 사람들에게 가장 중요한 곡식이다.

비단은 특별한 섬유이다. 이것은 빛을 잘 반사해서 화려하고, 광택이 나며, 매우 질기다. 따라서 의복을 만들기에 가장 좋은 섬유이다. 이 아름다운 섬유가 어디에서 왔는지 알고 있는가?

비단은 누에고치에서 얻는다. 봄빅스 모리Bombyx mori라는 학명을 가진 누에는 20일에서 33일 동안 뽕나무 잎을 먹고 자란다. 그런 다음에는 1킬로미터나 되는 비단실을 뱉어내 스스로를 둘러싸는 고치를 만든다. 10일에서 14일 후에는 번데기가 나방으로 변해 고치 밖으로 나온다.

고고학자들은 고대인들이 비단을 사용한 증거를 찾아냈다. 누에치기는 기원전 3300년경에 중국에서 시작되었고, 얼마 되지 않아 인더스 계곡에서도 시작되었다. 중국 최초의 기록물은 누에의 영혼에 대한 이야기였다. 비단은 그 당시에 누에를 기르던 사람들이나 누에고치로 옷을 만들어 입던 사람들에게 매우 중요했다.

비단 무역이 시작되고 수천 년이 지난 후에 중국에는 비단 제조의 기원

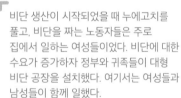

비단 생산이 시작되었을 때 누에고치를 풀고, 비단을 짜는 노동자들은 주로 집에서 일하는 여성들이었다. 비단에 대한 수요가 증가하자 정부와 귀족들이 대형 비단 공장을 설치했다. 여기서는 여성들과 남성들이 함께 일했다.

뽕나무 잎과 잎을 먹고 자라는 누에

비단 노동자들이 비단 옷을 입고 있다.

에 대한 이야기가 전해졌다. 이 이야기의 주인공은 누조이다. 그녀는 전설적인 황제의 부인으로, 기원전 2697년에서 기원전 2598년까지 살았다고 한다. 이제 그녀의 이야기 속으로 들어가보자.

누조는 궁전의 정원을 거닐고 있었다. 그곳에서 그녀는 수천 마리의 누에들이 뽕나무 잎을 먹어 정원을 망치고 있는 것을 발견했다. 누에에 대해 더 많은 것을 알고 싶었던 누조는 누에고치 일부를 수거해 놓고 차를 마시기 위해 앉아 있었다. 누에고치 중 하나를 들여다보고 있던 그녀가 실수로 그것을 끓는 물에 빠트렸다. 그러나 끓는 물에 삶아진 누에고치에서 가느다란 실이 풀리기 시작했다. 누조는 이 가늘고 강한 실을 그녀의 손가락에 감을 수 있다는 것을 발견했다. 그녀는 더 많은 뽕나무를 심도록 황제를 설득했고, 이 실을 이용하여 비단옷을 만드는 방법을 개발했다.

인도에서의 비단 제조는 인더스 문명이 끝난 후 쇠퇴했다. 따라서 중국이 이 귀중한 옷감을 만들 수 있는 유일한 장소가 되었고, 2000년 이상 그들은 비단 제조 기술을 비밀로 했다. 따라서 비단이 필요한 사람들은 중국으로부터 사들여야 했다.

전설적인
황후 누조

비단의 인기는 하늘을 찔렀고, 사람들은 중국과 나머지 세계를 연결해 비단을 실어 나르던 무역 통로를 실크로드라고 부르기 시작했다. 부드러우면서도 광택이 나는 비단은 고대 세계에서 가장 호화스러운 옷감이었다.

그러나 비단을 만드는 제조 기술은 결국 외부로 알려졌다. 전해지는 이야기에 의하면 550년경에 일부 수도승들이 누에를 현재 터키의 이스탄불에 해당하는 콘스탄티노플로 몰래 들여왔고, 그곳으로부터 인도를 포함한 세계 여러 나라로 퍼져 나갔다. 현재는 인도가 비단의 주요 생산국이다.

확실하게 알 수 있는 고대 중국의 첫 번째 통치자는 기원전 1600년에서 기원전 1046년까지 중국을 다스렸던 상 왕조였다. 왕조는 같은 가문에 속하는 연속적인 통치자들을 말한다. 당시의 중국은 상 왕조의 사람들이 지배하고 있었다.

1920년대에 고고학자들은 은허라고 불리는 유적을 발굴했다. 그곳에서 그들은 11기의 중요한 왕릉을 발견했고, 거대한 궁전의 기초를 발견했다. 궁전의 내부에서는 수만 개의 아름다운 청동기와 비취, 그리고 석기들이 발견되었다. 그들은 또한 상 왕조가 주변 수백 킬로미터를 정복하는 데 사용한 인상적인 무기들도 발견했다.

이들은 기록을 남겼기 때문에 우리는 상 왕조에 대해 많은 것을 알고 있다. 그러나 이들이 남긴 기록은 거래의 기록이 아니라 긴 이야기였다. 그것은 영혼과 통신하는 방법이었다.

이것은 다음과 같이 작동했다. 만약 당신이 왕이고 신에게 물어볼 것이 있으면 그 질문을 거북이 등딱지나 황소 뼈에 기록했다. 예를 들어 다음과 같은 질문을 할 수 있다. '언제 비가 올 것인가?', '다음 전투에서 우리가 이길 수 있을까?', '올해 비단 수확이 좋

청동은 구리와 주석을 섞어 만든 금속이다. 숙련된 중국 금속 노동자들이 기원전 1000년에서 1100년 사이에 이 도끼를 만들었다. 이것은 청동이 녹을 때까지 가열한 다음 틀에 부어 만들었다. 이런 제조 방법을 주조라고 한다.

을 것인가?' 그런 다음 금속 막대를 뜨겁게 달궈서 금이 생길 때까지 대고 있다. 금이 생긴 길이와 방향을 통해 질문에 대한 신의 답변을 알아낸다. 때로는 같은 조각에 해석을 기록해 놓기도 한다.

고고학자들은 20만 개 이상의 거북이 등딱지와 황소 뼈를 발견했다. 그 가운데 약 4분의 1에는 질문과 답이 기록되어 있었다. 이 기록에 사용된 문자를 갑골문자라고 부른다. 일부 문자들은 현대 중국의 한자와 꽤나 유사하기 때문에 전문가들은 쉽게 그 내용을 읽을 수 있다.

 고대 중국인들은 제철 기술도 발전시켰다. 그들은 철광석에서 철을 분리해 내는 제련 방법을 개발했다. 철기 시대는 사람들이 처음으로 이런 일을 시작한 시기를 말한다. 지중해 연안과 인도에서는 기원전 1200년경에, 누비아에서는 기원전 1000년경에, 중국에서는 기원전 700년경에 철기 시대가 시작되었다.

철광석에서 금속을 추출하기 위해서 노동자들은 철광석을 숯과 섞은 다음 용광로에서 가열했다. 철광석 안에 포함된 산화철이 숯 안에 포함된 탄소와 반응하면 이산화탄소 기체가 발생한다. 용광로의 굴뚝을 통해 이 기체가 날아가면 광석을 녹이지 않고도 철을 얻을 수 있었다.

이렇게 해서 얻는 다공질의 철은 가열한 다음 오랫동안 두드려서 불순물

상 왕조의 왕들 중 한 사람이었던 우딩은 자신의 일생에 대해 갑골점을 쳤다. 그는 날씨, 다가올 전쟁에서 이길 것인지, 특정한 명령을 내려야 할지, 그리고 심지어는 치통의 원인까지도 점을 쳐서 알아보았다.

을 제거한다. 이런 방법으로 만든 철을 연철이라고 부른다. 이것은 매우 많은 노동이 필요하고 단순한 형태로만 가공할 수 있다. 그러나 철은 이전에 널리 사용되고 있던 청동보다 강하고 단단해서, 철로 만든 위협적인 칼의 등장에 전 세계가 주목하게 되었다.

그리고 기원전 500년경에 중국인들은 놀라운 기술적 진보를 이루어냈다. 그들은 더 높은 온도까지 올릴 수 있는 용광로를 만들면 숯과 산화철 사이에서 일어나는 것과 같은 반응을 쉽게 일으킬 수 있다는 것을 알아냈다. 이런 용광로에서 액체 상태의 철이 나왔고, 이것을 형틀에 부어 거의 모든 형태로 가공할 수 있었다. 이 놀라운 발명을 고로라고 부르고, 이 방법으로 만든 철을 주철이라고 부른다. 고로는 오늘날에도 사용되고 있다. 그러나 이 기술

철광석과 숯

화학반응

펌프

최초의 고로는 간단했으나 혁명적이었다. 위에서 철광석과 숯을 넣고 사람이 펌프질을 해서 고로에 산소를 공급했다. 이 과정은 고로를 뜨겁게 유지했디. 고로 내부에서 철광석과 숯이 반응했고, 열에 녹은 철이 무기와 도구를 만드는 형틀 안으로 흘러 들어갔다.

이 중국 이외의 지방에서 사용되기까지는 오랜 시간이 걸렸다. 유럽 최초의 고로는 1000년 이상 지난 후에야 만들어졌다.

철로 만든 가장 중요한 제품들은 농사에 사용하는 것들이었다. 주철 쟁기는 황폐했던 넓은 땅을 생산성이 높은 토지로 바꾸는 데 사용되었다. 철 쟁기는 나무 쟁기보다 단단한 땅을 훨씬 더 잘 갈았다. 그리고 주조로 쟁기를 만들게 되자 금속 노동자들이 갈아낸 흙을 그저 앞에 쌓아놓는 것이 아니라 옆으로 밀어낼 수 있도록 쟁기를 설계할 수 있게 되었다. 따라서 주철은 더 풍족한 식량을 의미했다. 그리고 중국인들이 더 많은 작물을 재배하게 되자 더 많은 사람들을 먹여 살릴 수 있게 되었다. 더 많은 사람들로 인해 중국 문명은 더 강해지고 더 커지게 되었다.

중국인들이 고로를 발명하던 것과 비슷한 시기에 인도에서는 주철보다도 유용한 금속을 발명했다. 그들은 철, 숯, 그리고 유리를 섞은 다음 철이 녹을 때까지 가열했다. 그러자 철이 숯에서 탄소를 흡수해 강철이 되었다. 강철은 철보다 더 강하면서도 잘 휘어졌으며, 녹이 슬거나 금이 가지 않았다. 강철은 건축, 주방용품, 무기와 같은 곳에 널리 사용된다.

 중국의 철기 시대에 주 왕조가 시작되었다. 주 왕조는 상 왕조의 뒤를 이어 등장해 기원전 1046년부터 기원전 256년까지 오랫동안 지속됐다. 주 왕조는 수도 밖에 있는 도시 국가를 다스리는 제

> 주철 제작소 노동자들이 원래 청동을 다루던 기술을 빌려다 발전시켰을 가능성이 크다.

웬청람.
인류학자

후 제도를 도입했다. 제후들은 자신의 영지를 책임지고 다스렸지만 왕에게는 고개를 숙였다. 그러나 세월이 흐르면서 제후들이 점점 더 많은 권력을 가지게 되고 왕이나 다른 제후들과 전쟁을 벌였다.

왕의 권력이 약해지자 한때는 정부를 위해 일했던 학자들이 직업을 잃게 되었다. 이들 중 일부는 철학자가 되어 나라에서 나라로 전전하면서 정치를 잘하는 방법과 사회가 어때야 하는지를 제후들에게 가르치거나 자문을 했다. 이들을 제자백가라고 부른다.

이런 철학자들 중 한 사람이 공자이다. 우리는 공자 개인에 대해서는 많이 알지 못하고 있다. 전해오는 이야기에 의하면 그는 한때 노나라의 재상에 해당하는 대사구를 역임했다. 그는 50살에 관직을 사직하고 중국 북부의 여러 나라를 주유하며 올바로 사는 방법과 나라를 잘 다스리는 방법을 가르쳤다. 경쟁국들 사이의 전쟁이 심해지자 공자는 평화의 씨앗을 심고 가꾸는 것을 평생의 임무로 삼았다.

공자에게 좋은 사회는 모든 사람이 법을 지키고 서로 친절한 사회였다. 그는 왕들에게 왕 자신이 백성들에게 모범을 보인다면 백성들이 그에게 복종할 것이라고 충고했다. 그는 부모와 아이, 귀족과 평민, 남성과 여성에게도 같은 것을 가르쳤다.

왕, 부모, 귀족, 그리고 남성으로 대표되는 지도자들은 그들이 책임지고 있는 백성을 한 명의 인간으로서 존중해야 한다. 그리고 신하, 아이, 평민, 여성들은 마음에 들지 않는 일이 있어도 시키는 일을 해야 한다. 아이에는 어른이 된 아이도 포함시켰다. 만약 당신의 나이가 40살이고 아버지가 70살이라도 당신은 아직 아버지의 아이이고 따라서 아버지에게 복종해야 한다는 것이다. 공자는 하늘은 사람들이 질서 있게 사는 것을 원한다고 믿었다. 그리고

부모와 연장자에 대한 존경이 공자 사상의 핵심이다.
전해오는 이야기에 의하면 아버지와 아들이 산을 걷고
있을 때 호랑이가 나타나 아버지를 공격했다. 그러자
아들이 아버지를 보호하기 위해 아버지 앞으로 나섰다.
용감한 아들을 본 호랑이는 감동을 받아 더는 공격하지
않았다.

그는 옳은 일을 한다면 하늘이 보호해 줄 것이라고 믿었다.

친절에 대한 규칙의 일부로 공자는 다음과 같이 말했다. "다른 사람이 나에게 하지 않기를 바라는 일을 다른 사람에게 하지 말라." 어디서 들어본 말

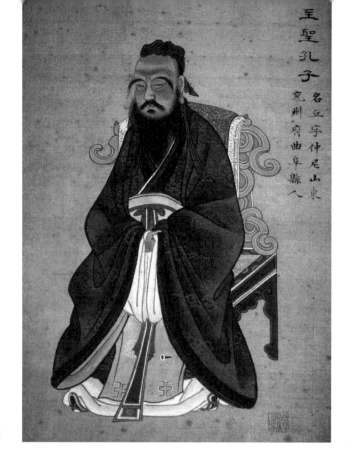

공자는 기원전 551년부터 기원전 479년까지 살았던 것으로 알려져 있다. 가족, 윤리, 행동, 권위, 그리고 전통에 대한 그의 생각은 오늘날까지도 중국 사회에 큰 영향을 주고 있다.

같지 않은가? 황금률이라고도 불리는 이 말은 거의 모든 종교에서 가르치고 있다. 이 말은 다른 사람들이 우리와 많이 다르더라도 그들도 인간이며 우리가 대접을 받고 싶어 하는 것과 같이 대접을 받을 가치가 있는 존재라는 것을 기억하라고 요구하고 있다. 공자가 왜 현재까지도 현자라고 칭송받는지를 알 수 있는 대목이다.

 공자를 비롯한 제자백가들이 중국에서 사람들을 가르치고 있던 것과 거의 같은 시기에 또 다른 매우 중요한 스승이 히말라야산맥 너머에 있는 인도에서 사람들을 가르치고 있었다. 그의 이름은 고타마 싯다르타였고, 그의 신자들은 그를 부처라고 불렀다.

싯다르타는 힌두교도였다. 힌두교는 오늘날 세계에 존재하는 5대 종교 (힌두교, 불교, 유대교, 기독교, 이슬람교) 중 가장 오래된 종교로, 인더스 문명 시대에 시작되어 수천 년의 발전 과정을 거쳤다. 힌두교의 첫 번째 경전인 《베다》는 인더스 문명 다음에 온 문명에서 기록했다. 《베다》가 만들어진 후 가르치고 외우는 과정을 거쳐 다음 세대로 전해지다가 오랜 시간이 지난 뒤에 문자로 기록되었다.

힌두교의 핵심 교리는 모든 사람들이 영원한 영혼을 가지고 있으며, 죽은 후에 다른 존재로 다시 태어난다는 윤회를 믿는 것이다. 여기에는 사람과 함께 동물도 포함되어 있다. 힌두교는 카스트 제도도 가지고 있다. 사람들은 사회적 신분을 나타내는 특정한 카스트로 태어나서 평생 그 카스트를 유지한다. 싯다르타 시대에는 성직자 계급인 브라만이 가장 높은 카스트였다. 브라만은 다른 사람들에게 음식을 비롯해 살아가는 데 필요한 것들을 요구할 권리를 가지고 있었다. 그 당시에 가장 낮은 카스트는 노예들이었고, 중간 계급의 사람들은 관리들이나 농부, 그리고 상인들이었다.

> 66
>
> 스스로를 일으켜 세우고, 스스로의 힘으로 강하게 자라라. 곡식이여! 모든 싹을 틔워라! 하늘의 번개가 너를 파괴하지 않을 것이다!
>
> 99
>
> 《아타르바베다》에 나오는 파종 후에 드리는 기도

힌두교에서는 평생 하는 모든 일이 업을 만든다고 가르쳤다. 업에는 선한 업과 악한 업이 있는데, 어떤 사람이 법을 잘 지키면 선업을 쌓게 된다. 그리고 선업을 쌓은 사람은 다음 생에 더 높은 단계로 환생한다. 사람이 지켜야 할 법에는 다른 사람을 친절과 자비로 대하는 것, 그리고 신을 경외하는 것과 명상하는 것이 포함되어 있다. 여러 생을 통해 선업을 쌓으면 동물에서부터 힌두교는 각각 다른 일을 하는 3300만 신을 가지고 있다.
이들은 모두 최고의 신인 크리슈나의 지도 아래 우주가
잘 운행되도록 하기 위해 함께 일을 하고 있다. 여기 그
중 중요한 두 신이 있다. 브라흐마는 우주의 창조자이다.
아르다나리쉬바라는 시바 신과 파르바티 여신의 결합으로
여성과 남성의 에너지가 우주가 작동할 수 있도록 긴밀하게
협조해야 한다는 힌두교의 가르침을 상징한다.

흰 선이 영혼의 능력
을 가지고 있는 세 번
째 눈을 덮고 있다.

보석이 박힌 왕관
은 대나무 껍질로
만들었다.

브라흐마

신성한 아름다움
과 순수함을 나타
내는 연꽃

우주를 만드는 데
필요한 많은 물질
을 나타내는 염주

세상의 지식을
담은 책

동물 가죽은
검소한 생활
을 나타낸다.

시바(아르다나리쉬바
라의 남성적인 면)

파르바티(아르다나리쉬바라의
여성적인 면)

낮은 카스트로, 그리고 다시 높은 카스트로 올라갈 수 있다. 마지막에는 생과
사의 윤회에서 벗어난 열반의 상태에 이르게 된다. 힌두교에서 열반은 영혼이
우주 전체와 재결합하는 것을 의미했으며, 신과 하나가 되는 것을 의미했다.

싯다르타는 힌두교 가르침 중 그가 옳지 않다고 생각한 일부를
반대했고, 현재 불교라고 불리는 종교를 만들었다. 싯다르타의 일
생에 대해서는 자세한 것이 알려지지 않았지만 그는 기원전 560년에서 기원
전 480년 사이에 살았고, 현재 네팔에 속해 있는 룸비니에서 태어났다고 여

겨진다.

전설에 의하면 싯다르타는 왕자로 태어났다. 그의 어머니 마야 부인은 그가 태어나고 며칠 후에 죽었다. 싯다르타를 매우 소중하게 생각하고 있던 그의 아버지는 싯다르타를 위해 세 개의 궁전을 지어주었다. 그는 싯다르타가 가난한 사람들, 그리고 평민들의 궁핍한 생활과 분리되어 평생 궁전에서만 살아가기를 원했다.

그러나 29살이 된 싯다르타는 자신의 두 눈으로 세상을 보고 싶어 했다. 호기심을 이길 수 없었던 그는 궁전을 빠져나와서 늙은 사람들과 병에 걸린 사람들, 그리고 죽어가는 사람들을 만났다. 그는 자신이 본 것들에 큰 충격을 받았고, 호화로웠던 이전의 생활을 뒤로 한 채 평민들의 고통스러운 삶 속으로 들어갔다.

당시 인도의 북부는 도시화 2기라고 부르는 시기에 있었다. 이 시기에 갠지스강을 따라 많은 도시 국가들이 세워졌다. 이 시기에는 중국의 제자백가들과 마찬가지로 많은 철학자들이 활동했다. 힌두교에서는 성스럽게 살아가기 위해서는 금욕주의자가 되어야 한다고 가르쳤다. 금욕주의자들은 모든 물질, 쾌락, 그리고 가족 관계를 포기하고, 기도와 명상에만 집중했다. 싯다르타는 금욕주의자가 되기로 결심했다. 한때 그는 하루에 잎사귀 한 장과 견과 한 알만 먹어서 거의 굶어 죽을 지경에 이르기도 했다. 싯다르타는 이런 방법이 진리에 이르는 올바른 길이 아니라는 것을 깨달았다. 그는 굶는 것은 세상의 고통을 없애는 것이 아니라 고통을 더하는 것일 뿐임을 알게 되었다.

싯다르타는 49일 동안 나무 아래 앉아 명상했다고 전해진다. 그리고 이런 명상을 통해 마음의 평정을 얻은 싯다르타는 깨달음을 얻게 되었다. 그는 모든 것의 진리를 볼 수 있었고, 영원한 평화와 즐거움을 느낄 수 있었다. 그

이 불상은 1400년대 말이나 1500년대 초에 태국에서 만들었다.

후로 그는 '깨달은 사람'이라는 뜻으로 부처라고 불리게 되었다.

부처는 모든 사람들은 평등하며 카스트는 문제가 되지 않는다고 가르쳤고, 다음 생을 위한 선업에 대해 생각하지 않기로 했다. 그러나 그는 윤회를 믿었고, 명상과 이타심의 중요성을 믿었다. 그는 항상 더 많은 것을 원하는 삶과 모든 것을 거부하는 삶 사이의 중도에 대해 가르쳤다. 그는 또한 다른 사람에게 친절하게 자비를 베풀고, 평정 상태로 명상하며, 검소하게 살면 열반에 이르게 된다고 가르쳤다.

다음 45년 동안 부처는 현재 인도 북동부와 네팔의 남부인 갠지스강 지역을 돌아다니면서 제자들을 가르쳤다. 그는 왕에서부터 강도나 거지에게 이르기까지 그에게 귀를 기울이는 모든 사람들과 이야기했고, 누구든지 깨달음을 얻을 수 있다고 가르쳤다. 수천 명의 신자들을 가르치던 부처는 80살에 죽었다.

일부 통치자들은 카스트 제도를 무시하고 평등을 주장하는 불교를 두려워했다. 그리고 새로운 종교들도 속속 생겨나고 있었다. 따라서 그들은 불교를 금지하려고 했다. 그러나 불교를 존중하고 따르는 통치자들도 나타났다. 그런 가운데 불교를 오늘날의 중요 종교 중 하나로 만든 놀라운 일이 일어났다.

부처가 죽고 약 200년이 지난 후에 마우리아 제국이 인도를 통일했다. 강철이 발명되었던 이 시기에 마우리아 제국의 세 번째 왕은 아소카 왕이었다. 기원전 260년에 그가 왕이 되었을 때 정복하지 못한 나라가 하나만 남아 있었다. 이 나라의 이름은 칼링가였다.

아소카 왕은 칼링가를 공격했다. 이 전쟁은 칼링가 전투로 끝났는데, 이 전투에서 10만 명 이상이 목숨을 잃었다. 전투에서 이긴 아소카 왕은 다음 날 도시에서 타버린 집들과, 죽은 말들, 그리고 흩어져 있는 시체들을 보았다. 아소카 왕은 아주 강인한 사람이었고, 심지어 그의 이름은 '슬픔이 없는'이라는 뜻을 가지고 있었다. 그러나 처참한 광경을 본 그는 눈물을 흘리며 말했다. "내가 무슨 짓을 한 것인가?"

충격을 받은 아소카 왕은 불교 신자가 되었다. 그 후 20년 동안 아소카 왕은 사람들이 평화롭게 살 수 있도록 돕기 위해 노력했다. 아소카 왕이 왕국 전역의 기둥이나 암석에 새겨 신하들에게 내린 교훈을 보면 그에 대해 잘 알 수 있다. 이 교훈을 아소카의 칙령이라고 부른다. 아소카 칙령에서 그는 다른 사람들에게 친절하고 관대할 것과 자신을 향상시키기 위해 일할 것, 그리고 정직할 것과 고마워할 것을 요구했다.

아소카 이후 불교는 다른 나라들로 전파되었다. 그의 자식인 마힌다와 상가미타는 불교를 오늘날의 스리랑카로 전했다. 기원후 100년에는 불교 승려들이 중국에 도착했고, 중국으

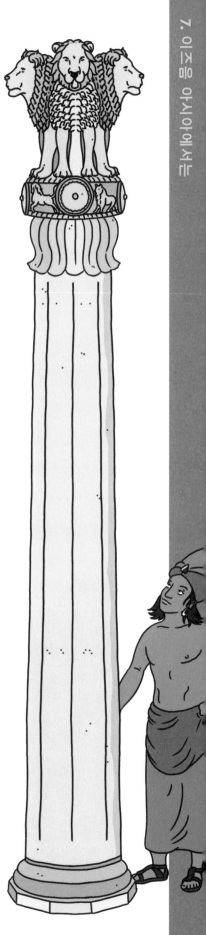

아소카의 사자 기둥머리가 기원전 250년에 세워진 기둥 꼭대기에 설치되어 있다. 이 네 마리의 사자들은 1950년에 인도의 공식 상징이 되었다.

로부터 한국, 베트남, 태국, 그리고 일본에까지 불교가 전파되었다. 오늘날에는 인도보다 다른 나라에서 더 많은 사람들이 불교를 믿고 있다.

아소카 왕이 인도를 통일하고 약 40년 지난 시기에 중국 진나라의 영정이 중국을 통일했다. 기원전 221년에 영정이 황제가 되었을 때 그는 자신을 진시황이라고 불렀다. 진시황은 '중국의 첫 번째 황제'라는 뜻이다.

진시황은 나라가 다시 분열되는 것을 바라지 않았다. 그는 귀족들의 권력을 회수하고 강력한 군대를 육성했다. 그는 일부 북쪽 나라들이 건설했던 장벽을 연결하도록 했다. 북쪽 유목민들의 침략을 막기 위한 것이었다. 수천 명의 목숨을 앗아간 이 일은 후에 만리장성이라는 이름으로 불리게 된 구조물을 만들어냈다.

진시황은 중국 전체가 함께 일하고 살아갈 수 있는 공통적인 체계를 만들기로 했다. 그는 나라 전체에서 사용할 수 있는 화폐를 만들었고, 거래를

길이가 약 8850킬로미터나 되는 중국의 만리장성은 인류가 만든 가장 큰 구조물이다. 이것은 북쪽의 침입자들을 방어하기 위한 것이었다.

쉽게 하기 위해 무게를 재는 단위와 저울을 통일했다. 그리고 그는 교육을 받은 사람들이 서로의 생각을 쉽게 교환할 수 있도록 문자를 통일했다.

진시황은 제자백가의 사상을 거의 받아들이지 않았다. 그가 인정한 단 하나의 사상은 법가사상이었다. 이것은 황제의 권한을 강화시켜 주었고, 그에게 복종하지 않는 사람에게 벌을 내리거나 심지어는 죽일 수도 있도록 했다. 유교를 비롯한 다른 사상들은 강력하게 금지했다.

모든 사람들이 진시황을 좋아하지 않았음은 쉽게 짐작할 수 있다. 실제로 진시황은 여러 번의 암살 위험을 겪기도 했다. 나이가 많아지자 황제는 그를 영원히 살 수 있게 할 불로초를 구하는 데 혈안이 되었다. 같은 것을 구하려고 했던 수메르의 길가메시 왕의 이야기가 떠오르는가?

진시황은 불로초를 찾아 중국 동부로 여행을 하는 도중 죽었다. 그의 의사들은 진시황에게 영생을 줄 불로장생약을 바쳤다. 하지만 이 약에는 맹독성 금속인 수은이 들어 있었다.

2000년이 넘도록 아무도 진시황의 무덤이 어디에 있는지 몰랐다. 그런데 1974년 어느 날 우물을 파고 있던 농부들이 땅속 깊이 묻혀 있는 이상한 물체를 파냈다. 그들이 발견한 것은 가장 놀라운 고고학적 발견 중 하나가 되었다. 그것은 98제곱킬로미터나 되는 엄청난 크기의 무덤 도시 '병마용갱'이었다. 이 도시의 크기는 영국 코번트리의 크기만큼이나 컸다.

무덤 도시의 일부를 파낸 고고학자들은 진흙으로 만든 대규모 군대를 발견했다. 이집트인들이 만들었던 우샤브티와 마찬가지로 이 형상들은 다음 생에 황제를 보위하기 위한 것들이었다.

그러나 이것들은 소형 조각상들이 아니었다. 이들은 실제 크기의 형상으로 8000개가 넘었다. 붉은색 진흙인 테라코타로 만들어진 이들은 청동 무기를 가지고 전투태세를 갖춘 채 정렬해 있었다. 그리고 병사들과 함께 600마리의 말과 100대의 실제 크기 목제 전차도 발견되었다.

기원전 100년에 중국과 인도는 평화로운 상태였다. 그러나 인간은 평화를 오래 지킬 수 있는 존재가 아니었다. 우리가 앞으로 살펴보게 될 유럽과 중동 지방은 그것을 여실히 증명해 줄 것이다. 그곳에서는 가장 위대한 고대 문명이 나타났다가 쇠퇴했다.

전문가들은 진시황이 다음 생에 그를 보위할 이 무덤 도시를 만들기 위해 40년 동안 70만 명의 노동자들을 동원했을 것으로 생각하고 있다.

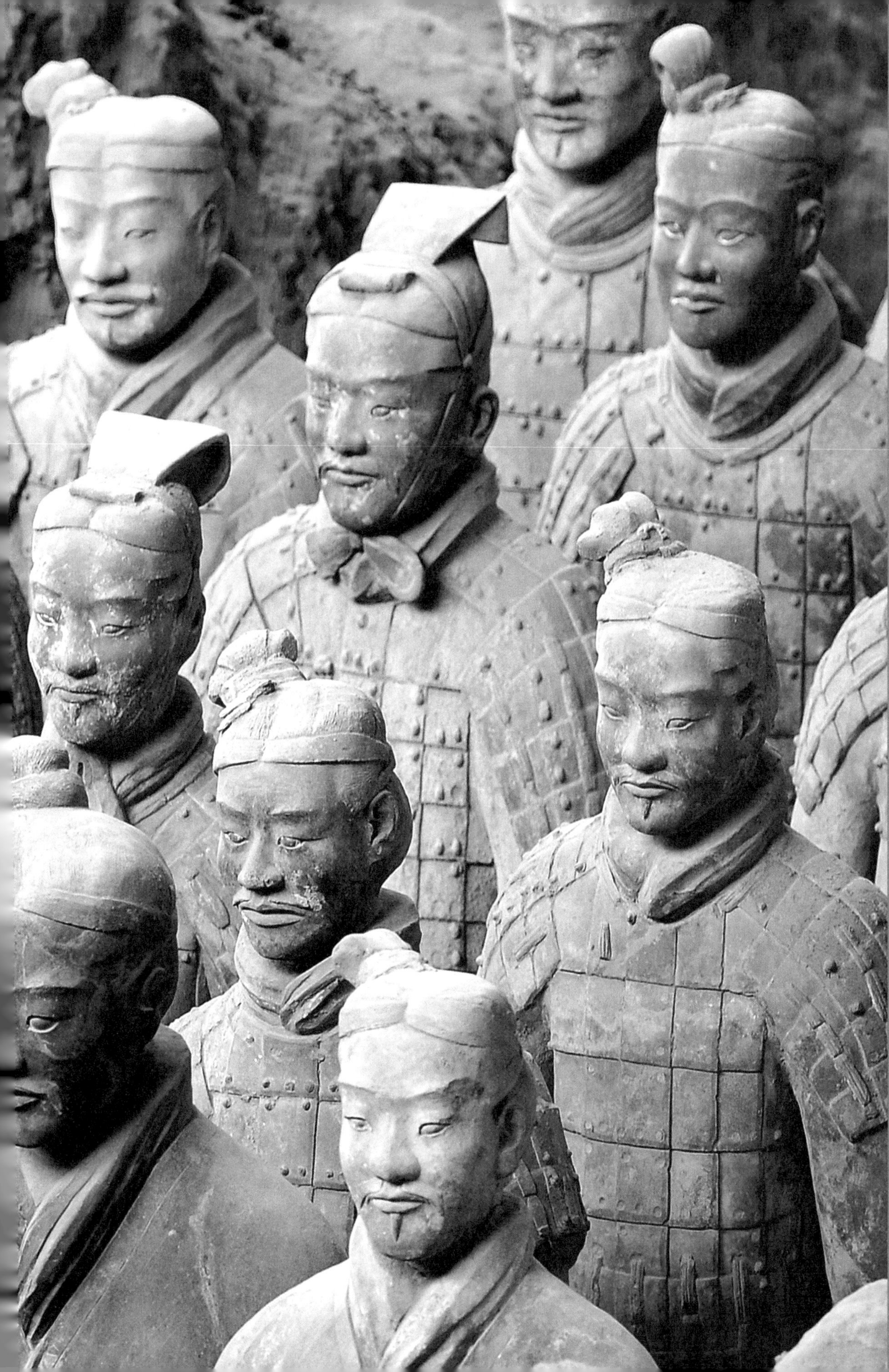

Chapter 8

흥망성쇠

기원전 1400년-기원후 476년
고대 제국들이 세워지고 사라지다.

○ **기원전 1260년-
기원전 1180년**
전설에 의하면 그리스와
트로이가 싸운 트로이
전쟁이 있었음

○ **기원전 1200년**
유대인들이 히브리 성서를
쓰기 시작함

○ **기원전 776년**
고대 그리스에서
최초 올림픽이 열림

○ **기원전 585년**
탈레스가 성공적으로
일식을 예측함

○ 기원전 549년-
　기원전 530년
키루스 대왕이
페르시아 제국을 세움

○ 기원전 336년-
　기원전 323년
알렉산더 대왕이
마케도니아 제국을
세움

○ 기원후 30년
예수가 처형당함

○ 기원후 120년
로마제국이
메소포타미아에서
영국에 이르는 넓은
지역을 다스림

○ 기원후 476년
서로마 제국이 멸망함

당신은 올리브를 좋아하는가? 나는 어릴 때 증조할 아버지의 오래된 영국 집에 머물곤 했다. 저녁 식사를 마친 후 모닥불 앞에서 증조할아버지가 우리에게 올리브를 건네주시던 것이 아직도 생각난다. 나는 그때부터 올리브를 좋아했다. 아마도 올리브가 크리스토 할아버지를 생각나게 하기 때문인지도 모른다.

올리브는 고대 그리스에서 최초로 재배하기 시작했다. 올리브는 매우 중요한 작물이었다. 고대 그리스인들은 중국에서처럼 철제 쟁기를 사용하지 않았고, 비옥한 땅도 없었다. 따라서 밀이나 보리, 그리고 벼와 같은 작물을 재배하기가 어려웠다. 하지만 올리브 나무는 척박한 땅에서도 잘 자랐다. 올리브가 그리스에서 가장 중요한 작물이 된 것은 이 때문이었다.

모든 사람들이 올리브기름을 좋아했다. 올리브기름은 오늘날의 금만큼 귀중했다. 올리브에서 짜낸 기름은 어둠을 밝히는 등불에 사용하거나 요리용으로, 그리고 심지어는 기름기를 제거하는 비누를 만드는 데에도 사용되었다.

자기가 가진 올리브를 다른 물건과 교환할 수 있었기 때문에 사람들은 밭에서 농사일을 하지 않아도 되었다. 그리고 직접 침대를 만들지 않아도 되었고, 식사가 끝난 후에 설거지를 하지 않아도 되었다. 그것이 얼마나 좋은 일이었는지 상상이 되는가? 내가 해야 할 일을 다른 사람이 해주는 것이 즐거운 일만은 아닐지도 모르지만, 그것은 부가 가져온 필연적인 결과였다. 결국 사람들은 자신을 위해 모든 것을 해주는 다른 사람을 필요로 하게 되었다. 다시 말해 노예제도가 생겨난 것이다.

고대 그리스 도시 국가들 가운데 아테네가 우리에게 가장 잘 알려져 있는데, 이는 아테네에 대한 기록이 아주 많이 남아있기 때문이다. 아테네는 중심 도시와 주변 농촌을 포함한다.

올리브 가지

아테네에서는 (아마도 다른 그리스 도시 국가들에서도) 두 가지 다른 사상이 나란히 존재했다. 하나는 민주주의였고, 다른 하나는 노예제도였다. 수백만 명의 사람들이 일생을 노예로 살아야 했다는 것은 인류 역사에서 가장 슬픈 진실이다. 노예가 된다는 것은 대가 없이 일해야 한다는 것과 나쁜 대우, 때로는 잔인한 대우를 받아야 한다는 것을 의미했고, 사람들로부터 그 사람의 가치보다 훨씬 낮은 평가를 받아야 한다는 것을 의미했다.

고대 그리스에서는 능력이 있는 모든 자유민들이 노예를 소유하고 있었고, 한 명의 노예도 가지지 못한 것은 매우 가난하다는 것을 의미했다. 노예들은 농장이나 집에서 일했다. 그들은 건물이나 도로를 건설했으며, 토기를 만들고, 금속 광산에서 일했다. 그리고 개인들뿐만이 아니라 아테네 정부도 노예를 소유했다. 정부는 회사에 노예를 대여했고, 회사는 그들이 번 돈으로 정부에 대여료를 지불했다.

토기는 고대 그리스인들의 생활에 대해 많은 것을 이야기해 준다. 가운데 토기에는 올림픽을 포함한 다른 경기들과 함께 아테네에서 4년마다 한 번씩 열렸던 파나텐 축제에서 달리는 운동선수들을 보여주고 있다. 오른쪽 토기에는 공동 우물에서 여인들이 담소를 나누면서 물을 긷는 모습이 그려져 있다.

　기원전 600년까지 아테네에서는 누구나 노예가 될 수 있었다. 경제적으로 어려워져 빌린 돈을 갚지 못해서 노예가 되거나, 여행하다가 납치된 후 다른 나라에 노예로 팔렸다. 또는 전쟁 포로가 된 후 노예가 되기도 했다. 이로 인해 자유민들이 자유를 소중하게 생각하도록 했고, 자유를 빼앗기지 않을까 걱정하게 되었다.

　기원전 594년경에 새로운 지도자가 아테네의 권력을 잡았다. 그의 이름은 솔론이었다. 오랜 시간이 지난 후에 전해진 이야기에 의하면 그는 위대한 전사였고 동시에 시인이었다. 솔론은 커다란 변화를 가져온 사람으로 널리 알려졌다.

　솔론이 한 일 가운데 하나는 모든 시민이 정부가 하는 일을 투표로 결정할 수 있도록 한 것이었다. 이것을 직접 민주주의라고 부른다. 다른 그리스

고대 그리스에서 성문 벽을 무너트릴 때 목제 장비를 사용했다. 이것은 작은 집만큼 큰 것도 있었으며, 불화살로부터 방어하기 위해 젖은 말가죽으로 덮여있는 것도 있었다. 일부 전문가들은 이 장치가 호메로스가 남긴 서사시 《일리아스》 속 트로이 목마의 소재가 되었을 것으로 생각하고 있다.

도시 국가들 역시 직접 민주주의를 실시했다.

아테네 시민들에게 그것은 신나는 일이었을 것이다. 그러나 여기에도 결함이 있었다. 자유인이고, 남성이며, 자신의 재산을 소유할 수 있을 정도로 부유한 아테네 사람들만 시민의 권리를 누릴 수 있었다. 노예와 여성, 외국인, 그리고 가난한 사람들은 제외되었다. 따라서 실제로는 아테네에 살고 있던 대부분의 사람들이 투표에 참여할 수 없었다. 그렇다 하더라도 선거제도나 민주주의의 기원이 바로 여기서 시작된 것만은 틀림없다.

아테네 사람들은 많은 노예를 소유하고 있었으므로 올리브기름보다 더 가치 있는 것을 가질 수 있었다. 그들은 많은 여유시간을 가질 수 있었다. 다른 사람들이 모든 어려운 일들을 해주었으므로 아테네 사람들은 그들의 시간을 배우고, 생각하고, 기록하고, 발명하고, 새로운 것을 발견하는 데 사용할 수 있었다. 그들은 거대한 야외극장에 가서 연극을 보고 이야기꾼들의 이야기를 들을 수 있었다.

트로이 군인

고대 그리스의 가장 유명한 이야기는 시인이었던 호메로스가 쓴 것들이다. 두 편의 장편 서사시 《일리아스》와 《오디세이》에서 그는 기원전 1260년에서 기원전 1180년 사이에 현재의 그리스와 터키 사이에 있었다고 전해지는 전설적인 트로이 전쟁에 대해 이야기했다. 아마 당신도 이 이야기를 들어본 적이 있을 것이다.

호메로스에 의하면 트로이의 왕자 파리스가 스파르타의 여왕 헬레네를 납치했다. 스파르타는 그리스의 도시 국가였고, 따라서 그리스는 헬레네를

아테나

구출하기 위해 트로이와 전쟁을 벌였는데, 이 전쟁에서 그들은 놀라운 작전을 짰다.

그들은 거대한 목마를 만들고 그 안에 성문을 열어줄 병사들을 숨겼다. 트로이 군대는 성벽 밖에 놓아둔 이 목마에 관심을 가지게 되었고, 목마를 자세히 살펴보기 위해 성안으로 끌고 들어갔다. 어두운 밤이 되자 그리스 병사들이 잠복하고 있던 목마에서 나와 트로이의 성문을 열었고, 군대가 들어와 시민들을 죽이고 도시를 파괴했다.

호메로스의 시와 다른 고대 작가들의 작품들은 그리스의 종교에 대해서도 이야기해 주고 있다. 그리스인들은 다수의 신들을 믿었다. 올림포스의 12신이라고 불리던 신들 중 제우스는 신들의 왕이었고 신들이 사는 올림포스의 통치자였다. 헤라는 신들의 여왕으로 여성과 가정의 여신이었다. 포세이돈은 바다의 신이었고, 데메테르는 자연, 농경, 그리고 계절의 여신이었으며, 아테나는 지혜, 지식, 과학, 문학, 그리고 전쟁의 여신이었다. 그리스 신화는 이 신들에 대한 이야기와 신들과 인간의 상호작용에 대한 이야기이다.

고대 그리스 철학자들이 모두 그리스 신화를 믿은 것은 아니었다. 탈레스는 현재의 터키의 서부 해안에 해당하는 밀레투스에 살았던 그리스의 철학자였다. 그는 기원전 585년에 세상이 한낮에 어둠 속에 빠질 것이라고 정확하게 예언하여 사람들을 놀라게 했다.

그 당시에는 신들이 화가 나서 이런 일이 벌어졌다고 생각했다. 사실 일식은 달이 지구와 태양

> 전투를 하는 도중 갑자기 낮이 밤으로 바뀌었다. 밀레투스의 탈레스는 이런 일이 일어나기 전에 낮의 빛이 이오니아인들에게서 사라질 것이라고 예언했었다.

헤로도토스,
역사학자

사이를 지나가면서 태양 빛을 몇 분 동안 차단하여 생기는 일시적인 현상이다. 그러나 일식에 대한 과학적인 설명을 받아들이는 사람들은 거의 없었다.

탈레스는 과학의 아버지라고 불린다. 그는 자연 현상의 원인이 제우스나 헤라와 같은 신들이 아니라 자연 자체에 있다고 믿었다. 그리고 그는 세상을 자세하게 관찰하고 가설을 만들어 시험하면 우주가 어떻게 작동하는지 더 잘 이해할 수 있다고 가르쳤다.

고대에는 과학과 철학이 밀접하게 연관되어 있었다. 이 두 학문은 모두 세상이 어떻게 작동하는지에 관심이 있었다. 소크라테스는 유명한 그리스 철학자 중 한 사람이다. 부처와 마찬가지로 소크라테스도 사람의 영혼이 시간이 흐름에 따라 발전할 수 있다고 생각했다. 그러나 그는 명상을 통해 자신을 발전시킬 수 있는 것이 아니라 문제 해결이나 대화, 또는 토론을 통해서 발전할 수 있다고 믿었다.

제우스

고대 올림픽은 기원전 776년에 시작되었다. 올림픽은 고대 도시 국가들 사이의 체육대회였다. 선수들은 그들이 믿는 신들의 명예를 걸고 달리고, 높이 뛰고, 말을 타고 달렸다. 올림픽이 열리는 동안에는 선수들이 전쟁터를 지나 경기장으로 갈 수 있도록 하기 위해 모든 전투를 일시적으로 중지했다. 승자들을 위한 시가 쓰였고,

포세이돈

스파르타의 전사들은 한 가운데 볏이 달린 위와 같은 투구를 썼다. 달리기를 시작하려고 하는 오른쪽의 작은 청동 소녀상은 기원전 500년경에 스파르타 에서 만든 것이다.

그들을 기념하기 위한 동상이 만들어졌다. 올림픽에서 받을 수 있는 가장 권위 있는 상은 그들이 귀하게 여겼던 올리브 나무의 잎으로 만든 월계관이었다.

　모든 그리스 도시 국가들이 같은 상황이었던 것은 아니다. 아테네가 민주 주의와 철학을 발전시키는 동안 스파르타는 군사력에 더 많은 관심을 보였 다. 스파르타에서는 소년들이 군인이 될 수 있을 정도로 건강한지 검사를 받 았다. 몸이 약해 군인이 되기에 부적합한 소년들은 가까이 있는 산에 홀로 방 치되었다.

　7살에 검사를 통과한 소년들은 군사 훈련소에 보내 용감한 전사가 되기 위한 훈련을 받았다. 그곳에서 그들은 충분한 음식을 제공받지 못했는데, 이 는 훔치는 훈련을 하기 위해서였다. 그러나 훔치다 잡히면 걸리지 않도록 주 의하지 않있다는 이유로 처벌을 받았다.

　스파르타의 소녀들은 이보다 훨씬 형편이 좋았다. 소녀들에게는 좋은 음 식이 제공되었고, 자유로웠으며, 스포츠 활동과 말타기를 하도록 권장했다. 소녀들은 집에서 강한 전사의 어머니가 되도록 교육받았다. 그리고 남자들은 전쟁으로 바빴기 때문에 성인 여성들이 아테네나 다른 그리스 도시 국가에서 보다 더 많은 권력을 가지고 있었다. 그들은 남성들과 동등한 시민 대우를 받았으며, 자신의 재산을 소유할 수 있었다.

스파르타 사람들은 세상의 모든 다른 사람들을 이길 수 있는 강하고, 뛰어난 지적 능력을 갖춘 우월한 종족을 만들고 싶어 했다.

앞에서 했던 나투프인들의 이야기를 기억하고 있는가? 그들의 후손들은 지중해 동부 연안에 살았던 최초의 농부들이었다. 나투프인들이 활동했던 기원전 5000년경에서 기원전 1200년경으로 건너뛰어 보자. 이 지역은 이제 가나안 지역이라고 부르고 있었고, 도시민, 농부, 축산업자, 유목민들이 섞여 살고 있었다.

이곳은 중요한 시기에 중요한 장소였다. 가나안이 중요했던 이유는 이 지역에서 여러 가지 일들이 한꺼번에 일어나고 있었기 때문이다. 하나는 페니키아라고 부르는 주요 무역 문화 중심지가 만들어진 것이었다. 그것은 마치 고대 그리스에 있던 도시 국가 같았다. 그들은 놀라운 해군력을 이용하여 지중해 남부 해안에서 대서양에 이르는 2400킬로미터가 넘은 지역에 많은 식민지들을 개척했다.

가나안 지방에서 진행되고 있던 두 번째 놀라운 일은 최초의 알파벳을 만든 것이었다. 문자

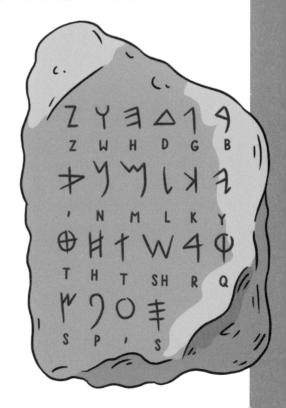

페니키아 알파벳은 22개의 글자만 가지고 있었다. 따라서 수백 개의 글자를 가지고 있던 다른 나라의 알파벳보다 배우기 쉬웠다.

에는 뜻을 나타내는 문자와 소리를 나타내는 문자가 있다. 중국이나 이집트인들이 사용했던 문자는 의미를 나타내는 문자였다. 그러나 페니키아인들은 말에 사용되는 소리를 나타내는 문자 체계인 알파벳을 발전시켰다. 이 최초의 알파벳은 자음으로만 이루어졌기 때문에 읽는 사람이 모음을 추측해야 했다. 페니키아 알파벳은 넓은 지역에서 거래에 사용했기 때문에 들불처럼 퍼져나갔다. 그리스인들이 페니키아의 알파벳을 받아들여 모음을 나타내는 기호를 추가했다.

가나안에서 일어난 세 번째 놀라운 일은 그곳에 있던 한 문화가 알파벳을 그들의 신앙을 기록하는 데 사용하기 시작했다는 것이다. 그 문화는 이스라엘이었다.

우리는 이 시기의 이스라엘에 대하여 대부분 히브리 성서, 또는 구약성서라고 부르는 문서들을 통해 알고 있다. 이 문서들에는 살아가면서 지켜야

아몬이 메르넵타에게 칼을 주고 있다. 거울 대칭으로 두 번 그려져 있다.

콘스, 어린이 신. 아몬과 무트의 아들

무트, 어머니 여신

기원전 1230년에 세워진 석비인 메르넵타 전승비는 고대 이스라엘이 전설적인 존재가 아니라 실제로 존재했었다는 것을 알려준다. 이 전승비에는 전쟁에서 그를 도와주는 테베의 신들의 그림 아래 이집트가 파라오 메르넵타가 리비아와 가나안을 정복한 내용이 기록되어 있다. 이 내용 중에는 '이스라엘이 철저히 파괴되었고, 그 종족이 멸종되었다' 라는 내용이 포함되어 있다. 이는 그의 군대가 이스라엘을 완전히 파괴했다는 의미로, 매우 과장된 표현이었다.

할 규칙과 이스라엘 조상들의 전설적인 이야기가 포함되어 있었다.

성서의 기록 중에서 가장 극적인 이야기는 이집트와 관련된 이야기이다. 출애굽기라고 부르는 이 이야기에서 이스라엘의 지도자인 모세는 신의 도움을 받아 이집트에서 노예생활을 하던 이스라엘인들의 자유를 찾아준다. 신은 파라오가 겁을 먹고 노예들을 풀어주도록 이집트에 10가지 재앙을 내렸다. 이 재앙으로 인해 이집트가 가진 부의 원천인 나일강이 피로 물들고, 개구리가 하늘에서 떨어지며, 거대한 메뚜기 떼가 모든 곡식을 먹어버린다. 낮에 어두워지기도 하고, 이집트인들의 모든 첫 번째 아들이 하룻밤 사이에 죽기도 한다. 그리고 또 다른 재앙이 뒤따랐다.

이스라엘인들의 뒤에 강력한 신이 있다는 것을 알게 된 파라오는 그들이 자유롭게 떠나는 것을 허락하지만 마지막에 마음을 바꾸어 군대를 보내 그들을 뒤쫓게 했다. 이스라엘의 신은 홍해 한가운데 마른 길을 만들어 이스라엘인들이 걸어서 지나가게 한 후 바닷물로 길을 덮어 이집트 군대를 물에 빠져 죽게 만들었다.

이집트로부터의 탈출을 다룬 출애굽기는 전설이다. 이스라엘인들이 이집트에서 노예생활을 했다는 어떤 고고학적 증거도 아직 발견되지 않았다. 그러나 그것을 기록하고 있던 시기에 이스라엘인들이 노예상태에 있었다면 노예상태에서 탈출하는 이야기가 훨씬 의미 있게 다가왔을 것이다. 당시 이스라엘인들은 실제로 다른 나라에 끌려가 노예생활을 하고 있었다.

출애굽기에서 재앙의 하나가 된 메뚜기는 대개 조용히 살아간다. 그러나 이들은 갑자기 수십만 마리가 떼를 지어 곡식을 먹어치워 사람들을 굶주리게 만들기도 한다.

기원전 1400년~기원후 476년

기원전 586년에 바빌론 제국이 가나안을 침공하여 유대 왕국들 중 하나의 수도였던 예루살렘을 파괴했다. 그들은 많은 유대인들을 노예로 만들어 바빌론으로 데려갔다. 유대교가 형태를 갖추기 시작한 것은 그곳에서였다. 노예상태의 유대인 학자들이 최초로 성서를 모아 기록하기 시작한 것이다.

이 과정에서 놀라운 신앙이 나타났다. 그것은 단 하나의 신만이 존재한다는 신앙이었다. 그들은 전지전능한 신이 세상을 창조하고, 창조물들의 세상일에 적극적으로 개입하고 있다고 믿었다. 이런 신앙을 유일신 신앙이라고 부른다. 유대교는 우리가 알고 있는 한 최초의 유일신 신앙이었다.

 유대인들은 약 40년 동안을 바빌로니아의 수도인 바빌론과 제국의 다른 지역에서 보냈다. 그런 다음 이름에 '대왕'이라는 칭호가 붙는 왕이 나타났다.

키루스 대왕은 기원전 549년에 오늘날의 이란에 최초로 페르시아 제국을 건설했다. 그는 제국을 세계에 나타났던 가장 큰 제국 중 하나로 발전시켰다. 키루스 대왕은 일단 정복한 다음에는 제국 내의 모든 사람들을 존중했다. 그는 사람들을 노예로 만들지 않았고, 그들의 신앙을 바꾸도록 강요하지도 않았다. 그 당시에 이 생각은 매우 급진적이었지만 이로 인해 그의 지배를 받는 사람들은 더 행복하게 살 수 있었다.

페르시아 황세의 위내한 힘을 사람들에게 과시하기 위해 페르시아 전역에 거대한 기둥들이 세워졌다. 현재 이란에는 성곽 도시의 유적에 이런 기둥들이 많이 남아있다.

기원전 539년에 바빌론을 점령한 키루스 대왕은 유대인들이 노예상태에서 해방되어 가나안으로 돌아갈 수 있도록 했다. 그뿐만 아니라 그는 바빌로니아인들이 예루살렘을 침공했을 때 파괴한 성전 대신에 새로운 성전을 건축하도록 했다.

다리우스 1세는 페르시아 제국이 동부 유럽에서 인더스 계곡에 이르기까지 세력을 확장하여 전성기를 구가하던 기원전 522년부터 기원전 486년까지 페르시아 제국을 다스렸다. 그는 페르세폴리스라고 불리는 장엄한 수도를 새롭게 건설했다.

다리우스가 제국을 다스리기 시작할 때는 페르시아가 아테네와 좋은 관계를 유지하고 있었다. 그러나 다리우스의 군대가 그리스 영역을 점점 더 많이 점령하자 페르시아의 확장을 염려한 아테네가 페르시아에 대한 반역을 부추기기 시작했다. 그러자 다리우스가 그리스를 공격해 10년 동안 계속된 그리스와 페르시아 사이의 전쟁이 시작되었다. 기원전 490년에 있었던 마라톤 전투에서 큰 승리를 거둔 아테네는 10년 후 살라미스 해전에서 그리스를 정복하려는 페르시아를 저지하는 데 성공했다.

그리스를 더 이상 위협하지는 않았지만 페르시아 제국은 대부분의 중동 지방과 지중해 연안을 100년 이상 더 지배했다. 그러나 그들의 시대는 마케도니아의 알렉산더 대왕의 등장으로 막을 내렸다.

> **❝** 나는 세상의 위대하고 전능한 왕인 키루스이다. **❞**
>
> 키루스 대왕

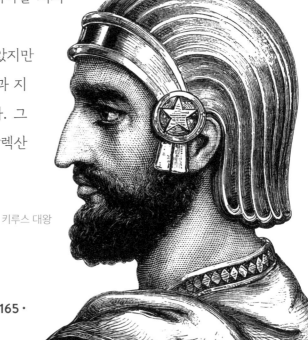

키루스 대왕

·165·

알렉산더 왕자는 뛰어난 학생이었고, 말을 잘 탔다. 그는 자신의 말 부케팔로스를 아주 잘 다뤘다. 그의 아버지 필리포스 2세는 북부 그리스 도시 국가 마케도니아의 왕으로, 주변 도시 국가들을 정복하여 제국을 만들었다. 따라서 그는 아들에게 가장 좋은 교육을 받게 할 수 있었다. 알렉산더가 13살이었을 때, 그의 아버지는 위대한 철학자를 초청해 알렉산더와 그의 친구들을 가르치는 작은 학교를 열었다.

그 스승은 인류 역사상 가장 위대한 철학자들 중 한 사람인 아리스토텔레스였다. 그는 자연에서 우주에 이르기까지, 그리고 도시 정치와 공공 연설에서 시, 음악, 기억과 논리에 이르기까지 모든 것을 생각하고, 연구하고, 기록했다. 아리스토텔레스의 사고는 매우 중요한 결론을 이끌어냈다. 그는 모든 것들과, 모든 것들의 관계를 설명할 수 있는 가장 기본적인 자연법칙을 알아냈다. 이 법칙들을 이해하는 것은 인생의 의미를 이해하는 열쇠가 되었다. 이것을 성취하는 가장 좋은 방법은 감각을 이용하여 주변 세상을 관찰하는 것이었다. 그는 아마도 이런 생각의 일부를 알렉산더와 그의 친구들에게 가르쳤을 것이다.

알렉산더의 아버지가 살해될 당시 그는 마케도니아를 더 확장하기 위해 페르시아를 침공할 준비를 마친 상태였다. 그것은 알렉산더가 20살이 되던 기원전 336년의 일이었다. 알렉산더는 아버지의 죽음으로 갑자기 왕이 되었다. 왕이 된 그의 첫 번째 목표는 아버지의 정복사업을 완성하는 것이었다.

아리스토텔레스는 마케도니아의 미에자에서 소년이었던 알렉산더 대왕을 가르쳤다. 알렉산더가 그의 제국을 유럽의 일부와 중동 그리고 아시아까지 확장한 것은 아리스토텔레스의 가르침이었을 가능성이 있다.

알렉산더 대왕의 정복

 알렉산더 대왕의 제국

〜 알렉산더 대왕의 정복로

1 알렉산더가 4만 8000명의 군대로 정복사업을 시작했다.

2 이수스 전투에서 승리했다.

3 7달 동안의 포위 후 티레를 정복했다.

4 알렉산드리아를 건설했다.

5 다리우스 3세에 대항해서 가우가멜라 전투에서 승리했다.

6 알렉산더가 페르세폴리스의 페르시아 게이트를 침공했다.

7 알렉산더가 오기 전에 다리우스 3세가 살해되었다.

8 히다스페스 전투 이후 알렉산더가 인도를 정복했다.

9 바빌론에서 알렉산더가 죽었다.

놀랍게도 알렉산더는 정복 사업에 뛰어난 소질을 가지고 있었다. 다음 12년 동안 그는 4만 명 정도의 그리스 군대를 이끌었다. 그들은 페르시아, 이집트, 그리고 인도의 일부까지 휩쓸었고, 그들에게 대항하는 모든 군대를 물리쳤다. 대왕이라고 불리는 알렉산더는 마케도니아 제국을 거의 페르시아의 전성기만큼 확장시켰다. 그리고 그가 가는 곳에는 그리스인들을 데리고 갔다. 여러 나라로 이주한 수천 명의 그리스인들은 연극, 철학, 정치, 그리고 과학과 같은 그리스의 생각을 그 지방에 전파시켰다.

그리스의 사상은 이집트, 페르시아, 바빌로니아, 그리고 인도의 사상과 섞였고, 그 결과 위대한 창조의 물결이 제국을 휩쓸었다. 이집트에 살았던 유클리드는 기하학이라고 불리는 새로운 수학 체계를 정비했고, 시칠리아에 살았던 아르키메데스는 양수기와 도르래를 발명했다. 그리고 이집트의 에라토스테네스는 막대 자와 우물, 그리고 그림자만을 이용하여 지구 둘레를 계산해 냈다.

알렉산더는 32살에 바빌론에서 죽었다. 일부 사람들은 그가 병으로 죽었다고 생각하고 있지만 일부에서는 그가 독살되었다고 믿고 있다. 알렉산더가 죽은 후 오래지 않아 그의 후계자들 사이에 권력 투쟁이 벌어졌다. 그렇게 기원전 320년에 마케도니아 제국은 여러 개로 분열되고 말았다.

다음에 나타난 로마는 마치 허리케인처럼 넓은 지역을 휩쓸었다. 이 거대한 제국의 바람은 1000년 동안이나 계속되었다. 현재의 이탈리아에서 시작된 로마는 고대 그리스와 많은 공통점을 가지고 있었다. 그들에게는 이름만 다른 매우 비슷한 신들이 있었다. 제우스는 주피터였고, 헤라는 주노였으며, 포세이돈은 넵튠, 데메테르는 세레스, 그리고 아테나는 미네르바였다. 그들은 그리스 알파벳을 받아들여 그들의 언어를 기록하는 라틴어 알파벳으로 발전시켰고, 이를 전체 유럽에 전파하여 유럽의 거의 모든 언어를 기록하는 데 사용하도록 했다.

다른 문화와 사상을 빠르게 받아들이는 것이 로마의 가장 큰 장점이었다. 로마가 북아프리카에 있던 강력한 도시 카르타고를 정복한 것도 이 방법이었다. 카르타고는 가나안의 해양 문화를 발전시킨 페니키아의 식민지였다. 발전된 배를 가지고 있던 그들을 바다에서 물리치는 것은 어려운 일이었다. 그러나 로마는 페니키아의 배를 나포해 연구했고, 두 달 안에 함대를 만들 수 있었다.

알렉산더 대왕은 로마인들의 영웅이었고 롤 모델이었다. 기원전 200년
에는 로마의 군함이 지중해 전역을 지배했는데, 로마인들은 한 지역을 정복
할 때마다 많은 양의 보물과 노예로 부릴 많은 포로들을 데려왔다. 120년경
에 로마 제국의 영토는 방대했다. 유럽의 대부분과 비옥한 초승달 지역, 북아
프리카, 그리고 터키가 그들의 영역에 포함되었다.

거대한 제국을 정복하는 일과 그 지역을 다스리는 것은 다른 일이다. 로
마인들은 수백 년 동안 이 두 가지 일을 잘 해냈다. 이 일을 해낸 비밀 중 하
나는 그들의 잔인성이었다.

기원전 73년경에는 노예가 수도 로마 인구의 거의 반
을 차지했다. 그 해 탈출한 검투사였던 스파르타쿠스가
수천 명의 노예들을 이끌고 반란을 일으켰다. 그들은 용

고대 로마 병사들은 방패를
머리 위로 쳐들어 일종의
장막을 만들어 자신들을
보호했다. 이런 형태를
귀갑대라고 불렀다.

감하게 싸웠지만 로마 군대를 당해낼 수는 없었다. 노예들의 반란을 진압한 로마 군대는 그들을 본보기로 처형하기로 했다. 6000명이 넘는 반란자들은 나무 십자가에 못 박혀 죽는 십자가형에 처해졌다.

반란자들의 시체는 여러 해 동안 십자가에 매달아 두었다. 이것은 로마에 반대하는 사람들에게 어떤 일이 일어날 수 있는지를 보여주기 위한 것이었다.

사람들이 로마에 반항하지 못하도록 하는 또 다른 방법은 사람들을 바쁘게 만드는 것이었다. 로마에 있는 콜로세움이나 키르쿠스 막시무스와 같은 엄청난 건축물들은 그것을 건설한 로마 노예들이 얼마나 힘들게 일했을지를 생각하게 한다. 이 거대한 건축물들은 황제의 권한을 강화하고, 그를 신격화하는 데 이용되었다. 80년에 콜로세움이 완성되었을 때 새로 황제가 된 티투스는 모의 전투 형태의 연극, 검투사들의 결투, 동물 사냥과 처형을 이 새로운 경기장에서 100일 동안 공연하도록 했다.

황제도 이런 공연들에 참여했기 때문에 사람들은 그에게 환호를 보낼 수 있었다. 그는 피에 굶주린 난폭한 로마 시민들이 그의 군대가 지켜볼 수 있는 한 장소에 안전하게 둘러싸여 있는 것을

결투의 대부분은 두 검투사들 사이의 결투였지만 때때로 검투사들은 굶주린 야생 동물과 싸우기도 했다. 이런 것을 라틴어에서 '야생 동물 사냥'이라는 뜻으로 베나티오네스라고 불렀다.

보고 기뻐했다.

　　로마의 노예들은 100년경에는 로마 제국 750만 제곱킬로미터를 사방으로 연결하는 유럽의 첫 번째 도로 체계도 건설했다. 대부분의 도로들은 직선으로 건설되었고, 도중에 있는 숲이나 농장들은 모두 잘라내거나 파헤쳐졌다.

　　이런 혼란 속에서 사람들이 더 나은 삶의 방법을 생각한 것은 놀라운 일이 아니다. 예루살렘에서 이러한 새로운 사상이 많이 나타났다. 그런 설교자들 중 한 사람이 사람들의 관심을 끌었다. 그의 이름은 예수였다.

　　500년 전의 부처와 마찬가지로 예수의 메시지는 간단했다. 평화를 사랑하고 네 이웃을 너와 같이 사랑하라. 만약 어떤 사람이 너를 때리더라도 그를

콜로세움은 공연을 할 때 5만 명의 관객을 수용할 수 있었다. 지진과 자연적 부식으로 건물의 일부가 붕괴되었지만 콜로세움은 2000년 이상 지탱했다. 이 사진은 현재 이탈리아 로마에 남아 있는 콜로세움의 모습이다.

때리지 말라. 돈과 같은 가짜 신을 숭배하지 말라. 규칙을 지키면 신이 보상해 줄 것이다. 신의 보상이 오늘이나 이번 생애 동안에 이루어지지 않을 수도 있다. 그러나 세상이 끝나는 심판의 날에 좋은 일을 한 신앙심이 깊은 사람은 하늘에서 보상을 받게 될 것이다. 그러나 그렇지 않은 사람은 지옥 불에서 고통을 받게 될 것이다.

일부 유대인들은 예수를 신의 아들이라고 생각했다. 그들은 그를 성서에 있는 선지자들이 예언했던 마지막 날을 가져올 최후의 메시아라고 믿었다. 그러나 다른 사람들은 전통적인 유대교나 다른 민족의 종교를 믿었다.

예루살렘 사람들은 로마의 정치 체제 아래서 행복하지 않았다. 따라서 많은 봉기가 있었다. 물론 로마는 모든 반역자들을 진압했다. 약 30살이 되었을 때 예수는 자신을 왕이라고 주장했다는 죄목으로 체포되었다. 그것은 로마의 권위에 도전하는 것이었다. 로마인들은 그를 십자가형에 처했다.

예수에 관한 대부분의 정보는 그가 죽은 후에 기록된 성서를 통해 알 수 있다. 신약성서라고 부르는 이런 기록들에 의하면 그의 어머니는 마리아였다. 그러나 그의 아버지는 마리아의 남편 요셉이 아니라 신이었다. 신약성서는 예수가 살아있는 동안에 행한 많은 기적에 대해서도 이야기하고 있다. 그가 물 위를 걸었으며, 병든 사람들을 치료해 주었고, 다섯 개의 빵과 두 마리의 생선으로 5000명의 배고픈 추종자들을 먹였다.

그러나 가장 큰 기적은 그가 죽은 후에 다시 살아난 것이었다. 시체를 무덤 안에 안치하고 3일이 지난 후 그의 시체가

레오나르도 다빈치가 그린 이 유명한 그림은 예수가 체포되어 처형되기 전에 사도들이라고 불리는 그의 제자들과 함께한 마지막 만찬을 보여주고 있다. 예수가 이들 중 한 사람이 자신을 로마 관리들에게 넘겨줄 것이라고 말하자 제자들은 서로 다른 방법으로 반응했다.

사라졌다. 그리고 그의 제자들이 예수의 모습을 보기 시작했고, 그들은 예수가 살아서 돌아왔다고 믿게 되었다. 그들은 부활이라고 부른 이 기적 같은 사건에 대해 기록해 놓았다. 그리고 그들은 신의 아들이 지구로 내려와 십자가에서 처형되었기 때문에 그를 믿는 사람들은 누구나 영생을 얻게 될 것이라는 복음을 전파하기 시작했다.

예수가 죽고 약 40년이 지난 다음에 예루살렘의 유대인들이 로마에 대항하여 반란을 일으켰다. 로마 군대는 반란을 진압하고 신전을 불태웠다. 예루살렘에서 이루어진 유대교의 의식은 대부분 신전을 중심으로 이루어졌다. 따라서 신전이 파괴되자 신에 대한 숭배도 파괴되었다.

이 잔해 속에서 다른 두 종교가 나타났다. 하나는 오늘날 대부분의 유대인들이 믿고 있는 유대교였다. 이들은 지역의 회당에서 랍비라고 불리는 종교 지도자를 따라 신을 숭배했다. 다른 하나는 예수가 만든 것이었다. 기독교라고 불리는 이 종교는 현재 세계에서 가장 많은 사람들이 믿고 있다.

예수의 이야기는 로마 제국 전체와 로마 밖에 사는 수백만 명의 사람들을 고무시켰다. 기독교는 특히 로마의 잔인성을 몹시 싫어했던 노예들에게 인기가 있었다. 로마는 새로 시작된 이 종교를 억압하기 위해 모든 방법을 다 동원했다. 디오클레티아누스 황제는 303년에 모든 기독교도들에게 그들의 신앙을 버리고 전통적인 로마 신들에게 기도하라고 명령하고, 이 명령을 위반하는 사람들은 모두 처형하겠다고 위협했다.

실제로 많은 사람들이 처형 당해 순교자가 되었다. 이 시기에 약 2만 명이나 되는 기독교도들이 그들의 종교로 인해 처형당했다. 306년에 새로 황제

현재는 이스탄불이라고 불리는 콘스탄티노플은 침입이 불가능한 성벽으로 유명하다. 그러나 결국은 1453년에 오스만 침략자들에게 함락되었다.

가 된 콘스탄티누스가 기독교들에 대한 처형을 중단했다. 그리고 380년에 테오도시우스 1세 황제가 기독교를 전체 로마 제국의 공식적인 종교로 만들었다. 이제 전통적인 로마의 신들을 숭배하는 것이 불법이 되었다! 전 세계가 100년도 안 되어 기독교를 받아들였다. 그리고 그것은 단지 시작에 불과했다.

그러나 로마 제국은 쇠퇴해 가고 있었다. 285년에 디오클레티아누스 황제는 로마 제국을 두 개로 나누었다. 동쪽 지역은 현재의 터키 이스탄불인 콘스탄티노플에서 다스렸고, 서쪽 지역은 로마에서 통치했다. 그리고 300년대 후반에 북쪽에 있는 로마의 적들이 서로마 제국을 침략하기 시작했다. 가장 강력한 적은 아틸라라고 부르는 뛰어난 전사가 이끌던 훈족이었다. 452년에 그의 군대가 로마에 접근했지만 점령하지는 못했다. 이탈리아의 작황이 너무 좋지 않아 그의 군대를 먹일 군량을 확보할 수 없었기 때문이었다.

그러나 로마의 몰락은 시간의 문제일 뿐이었다. 476년에 오도아케르가 이끄는 반란군이 마지막 서로마 황제 로물루스 아우구스투스를 퇴위시켰다. 오도아케르는 그가 이탈리아라고 명명한 새로운 왕국의 통치자가 되었고, 서로마 제국은 더 이상 존재하지 않게 되었다. 서로마 제국이 멸망한 후에도 비잔틴 제국이라고 불리던 동로마 제국은 1000년 이상 명맥을 유지했다. 그러나 결국은 동로마 제국 역시 몰락의 길을 걷게 되었다. 이에 대해서는 뒤에서 다시 이야기할 예정이다.

오도아케르는 독일 출신 전사였다. 476년에 그는 반란을 일으켜 서로마 제국의 황제 로물루스 아우구스투스를 퇴위시켰다. 역사학자들은 이것을 로마 제국의 멸망으로 보고 있다.

Chapter 9

이즈음
아메리카에서는

기원전 1500년-기원후 1530년
더 많은 제국들이 일어나고 무너지다.

○ **기원전 8000년**
아메리카인들이
농경을 시작함

○ **기원전 2000년**
메소아메리카인들이
초콜릿을 마시기 시작함

○ **기원전 1200년**
올메카인들이 고무를
발명함

○ **기원전 500년-기원후 500년**
나스카인들이 사막에
거대한 그림을 만듦

기원후 250년
마야인들이 도시 국가를
건설함

기원후 1350년
카호키아가 버려짐

기원후 1428년
아스테카인들이
제국을 건설함

기원후 1530년
잉카 제국이 절정기를
구가함

중국의 농부들이 벼와 기장을 재배하기 시작한 것과 비슷한 시기에 아메리카의 농부들도 농경을 시작했다. 중동 지방과 아시아의 농부들과 마찬가지로 그들도 야생 식물을 찾아내 재배하면서 품종을 개량했다. 곧 그들은 주택과 정부, 그리고 예술과 종교가 있는 도시들을 먹여 살리기에 충분한 식량을 생산할 수 있게 되었다. 그러나 노르테 치코의 경우에서처럼 그들은 밀이나 보리, 그리고 벼를 재배하지 않았다. 그들이 처음 재배한 것은 감자, 콩, 스쿼시, 땅콩, 그리고 옥수수였다.

옥수수는 테오신테라고 불리는 식물을 남부 멕시코 지방에서 개량한 것으로 보인다. 테오신테의 씨앗은 5개에서 10개 사이였으며, 씨앗들은 두꺼운 껍질로 둘러싸여 있었다. 이것은 야생 테오신테에는 커다란 장점이었다. 씨앗이 강한 산성인 동물의 위를 통과하는 동안에도 손상되지 않을 수 있었기 때문이었다. 그러나 아침 식사로 이것을 먹어야 하는 사람들에게는 좋지 않았다. 따라서 농부들은 씨앗이 많으면서 가장 연한 껍질을 가지고 있는 개체를 선택했다. 이런 방법으로 그들은 테오신테를 우리가 알고 있는 영양분이 풍부한 옥수수로 바꿀 수 있었다.

개량된 옥수수 씨앗은 남과 북으로 퍼져 나갔다. 남아메리카 안데스산맥에서 사는 사람들이 옥수수를 재배했고, 오늘날 미국 뉴욕주에 해당하는 이로쿼이스에서도 옥수수를 재배했다.

오늘날에는 사람들과 동물들 모두 옥수수를 먹는다. 그리고 옥수수는 바이오연료의 중요한 자원이 되기도 한다. 또한 옥수수는 세계에서 가장 많이 재배되는 곡식으로, 남극대륙을 제외

테오신테

야생 식물인 테오신테는 옥수수의 조상이다.

옥수수

1500년대에 스페인의 프란체스코 수도사 베르나르디노 데 사아군이 메소아메리카인들을 연구했다. 이것은 그가 그린 옥수수를 재배하는 모습이다.

한 모든 대륙에서 재배되고 있다.

수천 년 동안 아메리카의 농부들은 더 많은 작물을 개량하는 것에 성공했고, 그들의 성공 목록에는 놀라울 정도로 많은 작물들이 포함되어 있다. 그들은 고추, 해바라기, 호박, 후추, 아보카도, 가지, 고구마, 토마토, 퀴노아, 크랜베리, 딸기, 파인애플, 호두, 땅콩, 피칸, 캐슈, 바닐라를 재배했다. 그리고 초콜릿의 주원료인 카카오도 재배했다.

초콜릿은 카카오나무의 열매로 생산한다. 카카오나무의 열매에는 각성상태를 유지하게 하는 테오브로민이라고 부르는 화학물질이 포함되어 있다. 테오브로민이라는 말은 '신들의 음식'이라는 의미가 있는데, 이런 이름으로 불리게 된 것은 멕시코 남부와 중앙아메리카 일부에 살고 있던 메소아메리카인들이 이것을 신성시했기 때문이다. 고고학자들이 중국에서 발견한 4000년 된 기장국수를 기억하고 있는가? 초콜릿도 이와 비슷한 일이 있었다. 멕시코 치아파스에서 일하고 있던 고고학자들이 초콜릿 음료수 찌꺼기가 들어 있는 4000년 된 토기를 발견한 것이다.

카카오 열매는 1년에 두 번 수확한다. 열매가 들어 있는 꼬투리를 풍미가 생기도록 발효시킨 다음 건조시킨 후 볶는다. 껍질을 제거하고 남은 알맹이를 갈면 코코아 덩어리나 코코아 버터가 얻어진다. 오늘날에는 설탕이나 우유와 같은 성분을 첨가해 초콜릿을 만든다.

구운 초콜릿의 맛을 본 적이 있다면 초콜릿 자체는 쓰다는 것을 알고 있을 것이다. 메소아메리카인들은 초콜릿의 쓴맛을 좋아했다. 그들은 유럽인들이 설탕과 지방을 첨가해 막대 모양으로 만들 때까지 수천 년 동안 아무것도 넣지 않은 쓴 초콜릿을 마셨다.

우리는 앞에서 아메리카의 가장 오래된 문명인 노르테 치코에 대해 이야기했었다. 두 번째로 오래된 아메리카 문명은 중남부 멕시코에서 올메카인들이 건설했다. 올메카라는 말은 '고무 사람들'이라는 뜻을 가지고 있다. 이들이 이런 이름을 가지게 된 것은 고무나무 수액과 나팔꽃 줄기 수액을 섞어 고무를 만드는 방법을 알아냈기 때문이다.

이 두 가지 수액을 반반씩 섞으면 매우 유연한 물질이 얻어진다. 마르기 전에 모양을 만들면 아주 잘 튀어 오르는 공을 만들 수 있다. 이것을 옷감에 뿌리면 방수 기능을 가진 옷이 만들어진다. 고무나무 수액과 나팔꽃 줄기 수액을 3대1 비율로 섞으면 플라스틱과 비슷한 물질이 되는데, 튼튼하고 오래 가는 이 물질로 방수 용기도 만들 수 있다.

올메카 문명은 이집트의 투탕카멘왕의 시대와 중국의 상나라와 주나라 시대와 비슷한 시기인 기원전 1200년경에서부터 기원전 400년경까지 유지되었다. 그들은 페니키아인들이 지중해를 항해하고, 유대인이 그들의 신앙을 기록하기 시작할 때 고무를 만들고 있었다. 그리스에서 올림픽이 열리고 키루스 대왕이 페르시아 제국을 건설하고 있을 때 그들은 그들의 신을 숭배하고 있었다.

올메카를 유명하게 만든 것은 고무뿐만이 아니었다. 이집트인들이나 수메르인들과 마찬가지로 이들도 수의 계산과 수학에 뛰어난 소질을 가지고 있었다. 그들은 아메리카는 물론 전 세계에서도 자릿수를 나타내기 위해 0을 사용한 최초의 사람들이었다.

그들은 커다란 두상을 조각하기도 했다. 두상 조각들은 암석에 사람의 머리를 조각한 것이었다. 일부는 농구선수보다 컸으며, 무게는 20톤이나 되었다. 이들은 특정한 인물을 조각

고무는 고무나무의 껍질에 도구를 이용해 상처를 내서 채취한다. 상처에서 떨어지는 수액을 나무에 매달아 놓은 통에 모은다.

이 올메카 두상 조각은 페루와 볼리비아
국경에 있는 티티카카호 부근에서 발견했다.
어느 날 우리가 이런 것을 발견한다면 어떤
생각이 들지 상상해 보자.

한 것으로 보인다. 따라서 고고학자들은 이들이 강력한 통치자의 얼굴 모양
일 것으로 생각하고 있다.

아무도 올메카인들이 왜 이것을 만들었는지 모르고 있다. 통치자들은 이
집트의 파라오들이 그랬던 것처럼 자신들의 기념물을 만들고 싶었을까? 아
니면 커다란 얼굴로 신들의 관심을 끌고 싶었을까?

올메카인들은 메소아메리카와 현재의 멕시코 북부, 그리고 미국 남서부에까지 퍼진 울라마라는 공놀이를 발명했다. 고대 그리스 올림픽과 마찬가지로 울라마도 육상 경기와 종교적인 의식이 결합된 것이었다. 울라마 경기를 할 수 있는 수십 개의 고대 올메카 구장이 현재까지 발굴되었다.

경쟁 왕국들 사이에 중요한 문제로 다툼이 있을 때 울라마 경기를 통해 결정하기도 했다. 이기고 지는 편을 결정하는 것은 신이었다. 이기는 것은 좋은 소식이었지만 지는 것은 그렇지 못했다. 경기에서 진 쪽은 희생 제물이 되어 신의 영광을 위해 구장 아래 매장되어야 했다.

올메카인들은 자신들의 문자를 가지고 있었던 것으로 보인다. 1990년대에 멕시코 남부에서 도로를 건설하고 있던 노동자들이 돌비석을 발견했다.

오늘날에도 멕시코 일부에서 행해지고 있는 울라마는 축구와 농구를 혼합해 놓은 것과 비슷한 경기이다. 선수들은 구장 끝에 높이 걸린 상대방의 고리에 공을 넣고, 자신의 고리는 보호한다. 선수들은 손이나 발로 공을 건드리면 안 되고, 엉덩이, 넓적다리, 팔꿈치, 그리고 머리로만 공을 패스해야 한다.

여기에는 동물, 식물, 곤충, 그리고 물고기를 나타내는 것으로 보이는 62개의 기호가 새겨져 있었다.

일부 고고학자들은 올메카 문명이 그 후 여러 문명의 모태가 되었다고 생각하고 있다. 그들의 문화와 신앙이 후에 그 지역에 형성된 마야와 아스테카 문화로 전해진 흔적을 발견할 수 있기 때문이다.

마야 문명은 기원전 600년경에 오늘날의 멕시코 남동부에 해당하는 유카탄반도에 형성되었다. 그들의 문화는 오늘날의 벨리즈, 과테말라, 온두라스와 엘살바도르의 일부에 걸쳐 형성되었다. 크기나 복잡성에서 마야의 도시들은 세계 다른 지역의 고대 도시들과 쉽게 비교할 수 있다.

마야인들은 거대한 피라미드와 사원을 건축했다. 이들의 벽에는 신화의 내용이나 비문이 마야 문자로 새겨져 있었다. 마야 문자의 일부 기호는 전체 단어를 나타냈고, 일부는 음절의 소리를 나타냈다. 현재 이 문자는 해독이 끝나서 읽을 수 있다.

마야인들은 대주기에 해당하는 기원전 3114년부터 2012년까지의 날짜를 정확하게 계산할 수

> *사람도, 동물도, 새도, 물고기도, 게도, 나무도, 돌도, 동굴도, 골짜기도, 풀들도, 숲도 없었다. 있는 것은 하늘뿐이었다.*
>
> 《포폴 부》

마야의 달력은 시간을 알아
내기 위해 여러 방법들이
종합되어 있다. 그중에
하나는 하압 주기라고
부르는 것으로 1년에는
20일로 이루어진 달이
18달 들어 있었고, 여기에
5일을 더했다. (18달×20일
+5일 = 365일, 즉 1년)

있는 달력을 개발하기도 했다.

곡식과 농경은 세상 창조에 대한 마야인들의 믿음이 바탕을 이루고 있었다. 《포폴 부》는 마야의 신화를 기록한 책이다. '사람들의 책'이라는 의미를 가진 이 책은 여러 세대 동안 입에서 입으로 전해져 내려온 이야기를 모아 놓은 것이다.

《포폴 부》에 기록되어 있는 내용에 의하면 물에 사는 깃털 달린 뱀의 형상을 한 세 명의 신들이 있었다. 신들은 그들의 동반자인 인간을 창조했다. 처음에 그들은 진흙으로 인간을 만들려고 했으나 잘 되지 않았다. 다음에 그들은 나무를 이용해 인간을 만들려고 했지만 그것 역시 실패했다. 마지막으로 그들은 흰 옥수수와 노란 옥수수로 시도해 보았다. 이번에는 성공이었다. 팔과 다리는 맷돌에 간 옥수수로 만들었다. 이 이야기는 마야인들이 옥수수에 얼마나 많이 의존했는지를 잘 나타낸다.

 기원후 900년경에 강력했던 마야의 도시들이 버려졌다. 아마도 기후 변화로 인한 심한 가뭄 때문이었을 것으로 보인다. 그러나 마야 자체는 사라지지 않았다. 그들은 도시에 사는 것을 중단하고 작은 마을을 이루어 살았고, 그 땅에서 일했다. 그들은 오늘날까지도 거기에 있다.

메소아메리카인들은 그들의 조상들이 만들었던 과거의 폐허가 가까이 있다는 것을 잘 알고 있었다. 그러나 그들은 그런 사실을 외부인들에게 이야기하려고 하지 않았고, 외부인들은 그들이 하는 이야기에 관심을 두지 않았다. 그러나 1830년대에 과테말라 페텐의 통치자였던 후안 갈린도가 그들의 이야기에 귀를 기울였다. 갈린도는 여러 마야 도시들을 탐사하고 이 도시들에 대한 책을 썼다. 그는 또한 고대 마야 예술 작품들에 나타난 사람들의 모습이 현재 그 지역에 사는 사람들과 매우 비슷하다는 것을 알아냈고, 이들이

이곳 원주민들의 조상일 것으로 생각했다. 갈린도의 책이 널리 알려지자 다른 탐험가들과 고고학자들이 이 놀라운 고대 문명을 연구하기 시작했다.

그러나 모든 고대 마야 도시들을 쉽게 찾을 수는 없었다. 그들 중 일부는 우거진 정글에 묻혀 있어 이 지역 사람들도 기억하지 못하고 있었다. 그리고 2017년에 고고학자들이 라이다라고 부르는 새로운 장비를 이용하여 과테말라에서 거대한 마야 도시를 찾아냈다. 마야 저지대에 건설된 이 도시는 주택, 요새, 그리고 피라미드들이 운하와 농경지로 둘러싸여 있었고, 1500만 명의 사람들이 살고 있었을 것으로 추정된다. 든든하게 축조된 요새는 마야가 이웃들과 많은 전쟁을 벌였다는 것을 나타내고 있었다.

이 이야기는 왜 역사가 수없이 다시 쓰여야 하는지를 잘 보여준다. 우리가 과거에 대해 모든 것을 알고 있다고 생각하기 쉽지만, 사실 불가능한 일이다. 이와 같은 새로운 발견은 새로 알아내야 할 것들이 아직 많다는 것을 보여준다.

치첸 이트사는 마야의 강력한 수도였으며 현재는 멕시코에 속해 있는 유카탄반도의 무역 중심지이다.

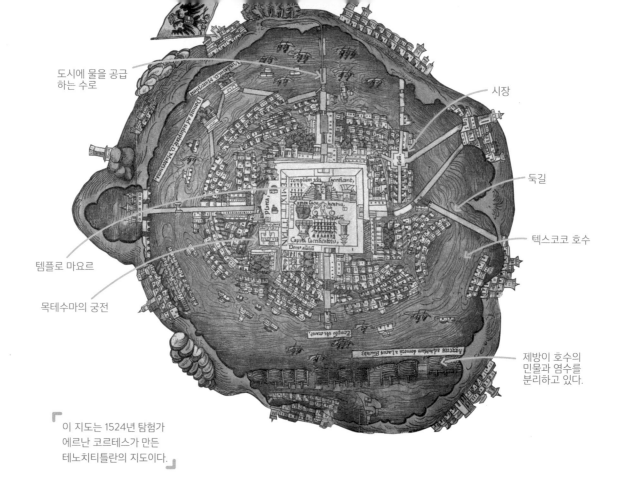

도시에 물을 공급
하는 수로

시장

둑길

텍스코코 호수

템플로 마요르

목테수마의 궁전

제방이 호수의
민물과 염수를
분리하고 있다.

이 지도는 1524년 탐험가
에르난 코르테스가 만든
테노치티틀란의 지도이다.

마야의 도시들이 몰락하고 약 400년이 지난 1325년경에
아스테카라고 부른 또 다른 문명이 텍스코코 호수에 있는
섬에 수도를 건설했다. 이 곳은 멕시코 중심부에 위치한 현재 멕시코시티 부
근이다. 테노치티틀란이라고 부르는 이 거대한 도시는 호수 바닥에서부터 쌓
아올린 둑길을 통해 육지와 연결되어 있었다. 모든 둑길은 배가 지나갈 수 있
도록 가운데 부분이 끊어져 있었다. 끊어진 부분은 다리로 연결했는데 전쟁
시에는 이 다리들을 제거할 수 있었다. 테노치티틀란은 마치 해자로 둘러싸
인 도시 같았다.

템플로 마요르라고 불리는 높이가 60미터나 되는 거대한 피라미드가 비

와 풍요의 신인 틀라로크와 전쟁과 태양의 신인 우이칠로포치틀리를 기념하기 위해 도시 중심부에 세워졌다. 1487년에 있었던 완공 기념식에서는 사람을 희생 제물로 바쳤다고 전해진다. 이런 제물을 통해 그들은 신에게 행운과 많은 비, 그리고 아스테카의 풍작을 기원했다.

아스테카는 세력을 확장해 멕시코 중남부 지역을 정복하고 제국을 건설했다. 이로 인해 수도는 더욱 번창했다. 절정기에는 시민들과 시장, 그리고 동물원까지 수로를 통해 물을 공급했다. 동물원이 아주 커서 사육사가 300명이나 되었고, 1000킬로미터보다 멀리 떨어진 곳에서 가져온 동물도 있었다.

고대 아메리카의 중심지는 메소아메리카뿐만이 아니었다. 안데스산맥에 자리 잡고 있던 신비한 나스카 문명은 오늘날의 전문가들도 놀라워하는 예술 작품을 남겼다. 나스카 지상화라고 부르는 이 그림들은 기원전 500년경부터 기원후 500년 사이에 만들어졌다.

나스카 사막 상공에서 비행기를 타고 내려다보거나 주변에 있는 언덕에 올라가 보면 50킬로미터나 되는 직선들을 볼 수 있다. 그리고 70개가 넘는 동물, 곤충, 인간을 그린 거대한 그림을 볼 수 있다. 이들 중 일부는 길이가 축구장의 3배 거리인 370미터나 된다. 하지만 땅에서 보면 이들은 먼지 위에 난 길로밖에는 보이지 않는다.

1927년에 처음으로 이 그림들을 비행기에서 내려다본 현대 페루인들은 고대인들이 공중에서 보지 않고 어떻게 이렇게 큰 그림을 그렸는지 이해할 수 없었다. 그러나 고고학자들은 선이 끝나는 지점에 박혀 있는 말뚝을 발견했다. 그것은 나스카인들이 줄을 쳐놓고 그림을 그렸다는 것을 의미했다.

그러나 나스카인들이 어떻게 그것을 그렸느냐보다 왜 그것을 그렸을까 하는 것이 더 풀기 어려운 문제이다. 일부 고고학자들은 이 선들이 영국의 스톤헨지처럼 천문현상과 관련이 있을 것이라고 믿고 있다. 다른 사람들은 이 선들이 1년에 20분밖에 비가 오지 않는 사막에서 사람들에게 물의 방향을 알려주고 있다고 믿고 있다. 그리고 또 다른 사람들은 이 선들이 나스카인들이 만든 관개 수로에 충분한 물을 채워 곡식을 재배할 수 있게 해달라고 기원하기 위해 신에게 바치는 선물이었다고 생각하고 있다.

안데스산맥에 있던 가장 큰 문명은 오늘날의 페루에 속하는 쿠스코에 있던 잉카 문명이었다. 유럽인들이 아메리카에 도착하기 약 100년 전에 잉카는 전쟁과 협상을 통해 전체 지역을 통일했다. 1530년경 절정에 이르렀을 때는 잉카 제국이 아메리카에서 가장 큰 제국이었고, 아마도 전 세계에서 가장 큰 제국이었을 것이다.

잉카 제국이 이루어낸 가장 큰 업적은 3만 킬로미터에 달하는 도로망이었다. 일부는 높이가 5000미터나 되는 산을 가로지르는 것도 있었다. 이 길의 대부분은 오늘날에도 이용되고 있다. 잉카 시대에는 주요 도로에 25킬로미터마다 역참을 설치했다. 각 역참에는 달릴 준비가 되어 있는 사람들이 대기하고 있었다. 이런 방법으로 잉카의 통치자들과 관리들은 제국 전체에 빠른 속도로 메시지를 전달할 수 있었다. 각각의 통신원들은 짧은 거리만 달리면 되었기 때문에 이 통신 체계는 최고의 속도를 유지할 수 있었다.

통신원들은 종이나 양피지 또는 진흙 판 대신 매듭을 이용하여 메시지를 기록한 키푸를 가지고 달렸다. 이집트의 파라오와 마찬가지로 잉카의 황제는 신으로 숭배되었다. 인티를 숭배했던 잉카인들은 황제가 태양의 신인 인티의 아들이라고 믿었고, 금이 그의 땀이라고 믿었다.

나스카 지상화의 주제에는 원숭이, 벌새, 도마뱀, 그리고 이 그림과 같은 거미도 포함되어 있다.

잉카인들은 인티의 아버지인 비라코차가 태양과 달, 그리고 지구와 사람들을 포함한 모든 것을 창조한 신이라고 믿었다.

마야가 피라미드를 건설하고 울라마 경기를 하고 있을 때 북쪽으로 3800킬로미터 떨어진 곳에 살고 있던 미시시피인들도 그들의 문명을 발전시키고 있었다. 그들이 건설한 가장 큰 도시는 현재의 미주리주 세인트루이스 부근에 있었던 카호키아였다. 그들은 현재 미국의 중서부와 남동부 전역에 흩어져 살았다.

카호키아 사람들은 뛰어난 도시 계획자들이었다. 인더스 계곡 도시들처럼 카호키아 도시에도 동에서 서로, 그리고 북에서 남으로 직선 도로가 나 있었다. 그들은 도시를 건설하기 전에 언덕에서 흙을 파내 저지대로 옮겨 건물을 짓기 위한 평지를 만들었다. 도시에는 120개의 흙더미가 있었는데, 이들 중 가장 높은 것은 10층 건물의 높이와 같았다. 카호키아에는 1년 동안 태양의 이동을 나타내는 나무기둥들이 원형으로 배열되어 있었다. 이것 역시 스톤헨지와 유사한 구조물이었다.

카호키아는 600년에서 1350년까지 유지되었다. 절정을 이루고 있던 1200년대에는 1만 명에서 4만 명 사이의 사람들이 그곳에 살았다. 그러나 1350년에 이 도시는 버려졌다. 추워진 기후가 그 원인이었을까? 아니면 많은 인구가 강물을 오염시켜 도시를 사람이 살지 못하는 장소로 바꿔 놓았기 때문이었을까? 이 도시가 황폐화된 이유는 지금도 밝혀내지 못하고 있다.

지금쯤이면 역사가 많은 기록, 거대한 건물과 토목 공사, 그리고 조각과 같은 많은 물리적 증거가 남아 있는 중요한 사건을 다루는 데는 매우 성공적이라는 것을 알았을 것이다.

그러나 역사는 보통 사람들의 일상적인 이야기는 그리 잘하지 못한다. 약 2000년 전에는 전체 인구의 3분의 1이 도시에 살고 있지 않았다. 그들은 수렵과 채집으로 살아가거나, 지역들을 옮겨 다니면서 유목 생활을 하거나, 시골에서 농사를 짓는 작은 공동체에서 살았다.

현재 미국의 남서부에 살았던 호호캄족은 앵무새의 일종인 스칼렛 마코를 마야인들에게 사서 북아메리카에 팔았다. 카리브해 연안에 살았던 타이노족은 낚싯줄 끝에 빨판상어를 매달아 놓고, 빨판상어가 거북이에 달라붙기를 기다렸다가 잡아당겨 저녁 요리에 사용했다. 현재의 미국 플로리다 지역에

> " 카호키아 사람들은 지구에서 일어나고 있는 일들은 영혼의 세상에서도 일어난다고 믿었다. 따라서 모든 것이 정확해야 했다. "
>
> 제임스 브라운.
> 고고학자

카호키아에 있던 흙 언덕의 일부는 사원과 중요한 사람들이 사는 주택의 토대로 사용되었고, 일부는 묘지로 사용되었다.

뇌신조는 자연을 지배하는
능력을 상징한다.

북아메리카의 북서부 태평양 연안에
있던 나라들은 커다란 삼나무로 장승을
만들었다. 전통적으로 각 씨족들이나
가족들은 공동 주택 입구에 장승을
세웠다. 장승에 새겨져 있는 상징들과
그들의 순서는 신화나 실제 있었던
사건을 나타낸다. 이것은 캐나다
밴쿠버의 스탠리 공원에 서 있는
뇌신조 장승이다.

힘, 가족, 용기, 그리고 건강을
상징하는 회색곰은 사람을
보호한다.

살았던 칼루사족은 조개를 아주 많이 먹었기 때문에 조개껍질로 이루어진 거
대한 언덕 위에 여러 가족이 살 수 있는 집을 지을 수 있었다. 북아메리카의
북서부 태평양 연안에 살았던 하이다, 틀링깃, 그리고 다른 공동체들은 신을
기리기 위해 삼나무로 거대한 장승을 만들었다.

　　이들과 아메리카의 또 다른 문화는 자연의 모든 것이 영혼을 가지고 있다는 공통의 믿음이 있었다. 그린란드, 캐나다, 그리고 알래스카 북부에 살았던 이누이트들은 그들이 나누크라고 불렀던 북극곰이 죽은 후에도 강력한 영혼을 가지고 있다고 믿었다. 그들은 북극곰을 사냥해 죽인 후에 곰 가죽을 집안의 가장 소중한 장소에 여러 날 동안 걸어두어 곰에게 존경을 표시했다. 곰이 수컷이면 사냥꾼들은 곰의 영혼에 칼이나 송곳을 바쳤고, 암컷이면 칼과 가죽 긁개, 바늘 상자를 바쳤다.

전설에 의하면 사냥꾼이 죽은 곰을 잘 대우하면 곰의 영혼이 이 소식을 다른 곰들에게 전해주어 다른 곰들이 그 사냥꾼에게 잡혀 죽고 싶어 하게 되지만, 죽은 곰을 제대로 대우하지 않으면 다른 곰들이 그를 피한다고 한다.

그러한 믿음은 아메리카 원주민들만 가지고 있었던 것은 아니다. 비슷한 생각을 오스트레일리아 원주민들을 포함한 세계 여러 곳에서 발견할 수 있다. 그들의 창조 이야기는 아직 형태를 갖추지 않고 있던 지각을 깨고 오스트레일리아를 만든 초자연적인 '조상님'이 활동했던 꿈의 시대에 대해 이야기를 한다. 이 존재는 태양, 달, 그리고 별들을 만들었고, 산과 나무와 물도 만들었다. 그는 사람들과 동물들도 만들었다. 그들은 모두 조상님이 만들었기 때문에 살아있는 것이나 살아있지 않은 것들이 모두 서로 연관되어 있다고 믿었다.

고대에 살았던 모든 사람들은 공통점을 가지고 있었다. 그들의 생활방식과 생각이 주변 자연환경의 영향을 받았다는 것이다. 꿈의 시대에 대한 이야기는 오스트레일리아의 자연환경을 설명한다. 마야의 창조신화는 그들이 옥수수를 얼마나 가까이 느끼고 있었는지를 보여준다. 잉카인들은 그들의 제국을 만들고 있는 산들에 대해 전문적인 지식을 가지고 있었다. 그리스인들은 그들의 땅이 바위투성이여서 작물을 재배할 수 없었기 때문에 올리브기름을 보물처럼 생각했다. 중국인들은 그곳에서 자라는 뽕나무 잎을 먹고 사는 누에로부터 비단을 만들어 부를 축적했다. 이렇게 자연환경이 고대 문화와 지역 환경과 사회, 그리고 그들의 종교 사이의 관계를 결정했다.

그러나 이런 관계가 계속되지는 않았다. 점심으로 옥수수를 먹고 싶다고 해서 멕시코에 갈 필요가 없게 되었다. 세계 어디에서나 슈퍼마켓에서 옥수수를 살 수 있게 되었다. 그리고 지구 반대편에 있는 사촌과 대화하기 위해 직접 그곳까지 갈 필요가 없게 되었다. 전화를 걸거나 인터넷을 이용하면 된다. 그리고 익숙하지 않은 새로운 세상을 보기 위해 아프리카로 떠날 때 우리 조상들이 그랬던 것처럼 몇 년을 두고 걸어갈 필요가 없게 되었다. 자동차를 운전하거나 기차나 비행기를 타면 된다.

농작물의 원산지

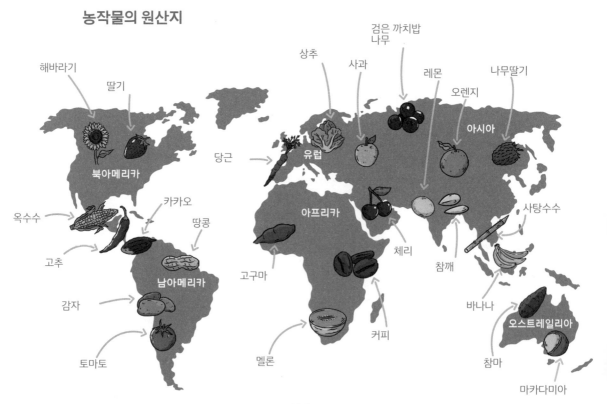

지구는 이제 밀접하게 연결되었다. 지구가 작아졌다. 내 생각에 이것이 고대와 현대의 가장 큰 차이이다. 지구가 작아지기 시작한 것은 고대부터였다. 이집트인들과 그리스인들, 그리고 바빌로니아인들은 생각을 교환했다. 옥수수 재배법은 전체 아메리카에 퍼졌다. 아시아, 아프리카, 그리고 유럽 사람들은 중국의 비단을 샀다.

그러나 약 1500년 전부터 문화가 더욱더 빠르게 결합되기 시작했다. 그리고 그것이 오늘날 우리가 살아가는 토대가 되었다. 이제 아라비아의 무덥고 먼지 많은 사막으로 가서 모든 것이 빨라지도록 한 사람을 만나 보기로 하자.

농작물은 사람을 따라 이동한다. 아시아에서 처음 경작을 시작한 벼는 현재 북아메리카에서도 재배되고 있다. 남아메리카에서 시작된 땅콩은 아시아와 아프리카 요리의 중요한 재료가 되었다. 아시아에서 시작된 바나나는 남아메리카 요리에서 빠질 수 없게 되었다. 이 지도는 우리가 먹고 있는 음식물들이 어디에서 시작되었는지를 보여준다.

Chapter 10

발명과
연결

570년–1279년
강력한 아이디어가 이슬람 세계와
동아시아에서 나타나다.

751년
전설에 의하면 이슬람
세계가 중국 포로로부터
제지법의 비밀을 배움

868년
가장 오래된 활자본이
만들어짐

570년
이슬람교의 창시자인 선지자
무함마드가 메카 부근에서
태어남

950년
화약 무기가 사용됨

벼줌

1000년
이슬람이 다스리는
스페인이 강력한
문화와 상업지역이 됨

1127년
송 왕조가 북쪽 적들의
공격을 받고 둘로
나누어짐

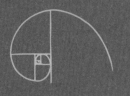

1202년
이탈리아의 상인 피보나치가
《리베르 아바치》를 출판하여
아라비아 숫자를 유럽에 도입함

1279년
몽골 제국이 전성기에
달함

약 1400년 전에 아라비아 메카의 한 상인이 일련의 환상을 보았다. 그는 그것을 사람들에게 이야기했고, 새로운 종교를 창시했다. 그의 정식 이름은 아부 알 카심 무함마드 이븐 '아브드 알라 이븐' 아브드 알-무타알리브 이븐 하심이었다. 간단하게 무함마드, 또는 선지자 무함마드로 알려져 있다. 그는 이슬람교의 창시자이다.

무함마드는 570년에 메카에서 태어났다. 6살에 고아가 된 그는 2년 후 부족의 우두머리였던 삼촌 아부 딸립의 양자가 되었다. 그의 가족은 향신료, 소금, 금, 상아와 같은 물건을 사다 파는 상인이었다. 아부 딸립은 무함마드에게 가문의 일을 가르치기 위해 대상 여행에 데리고 다녔다. 무함마드는 성장해 결혼하고 아이들을 낳은 후에도 대상 여행을 계속했다.

40살 정도가 되었을 때 무함마드는 해마다 몇 주씩 혼자서 동굴에서 기도하면서 보내기 시작했다. 그가 일련의 환상 중 첫 번째 환상을 본 것은 동굴에 있을 때였다. 대천사 가브리엘이 그에게 나타나 마지막이자 가장 완전한 신의 메시지를 전달했다. 이 신은 유대인들과 기독교인들이 기도하는 바로 그 신이었고, 가브리엘은 예수의 어머니 마리아를 방문해 마리아가 신의 아들을 가지게 될 것이라고 전해주었던 바로 그 천사였다.

아랍어에서 알라는 신이라는 뜻이다. 천사는 무함마드에게 여러 신이 아니라 단 하나의 알라만이 존재한다고 말했다. 그는 알라는 땅이 아니라 하늘에 있으며, 유대의 선지자들과 기독교 성서를 통해 전에도 여러 번 그의 말을 전했다고 말해 주었다. 이런 선지자들은 아담, 아브라함, 모세, 야곱, 요셉, 엘리야, 예수를 비롯해 50명 이상이나 된다. 천사는 또한 시간이 지남에 따라 사람들이 신

사우디아라비아의 메카에 있는 알-마스지드 알-하람 사원 가운데에 있는 검은 건물인 카바는 알라의 집이라고 여겨지고 있다. 전 세계의 이슬람교도들은 매일 여기를 향해 기도한다. 평생 최소한 한 번은 해야 하는 메카 순례는 수니 이슬람교도들의 다섯 기둥 중 하나이다.

· 201 ·

의 뜻을 잘못 이해하고 거짓 종교를 만들었다고 이야기해 주었다.

무함마드의 환상을 통해 이슬람교라고 부르는 새로운 종교가 창시되었다. 이슬람교를 믿는 사람들을 이슬람교도라고 부른다. 이슬람에는 서로 다른 교리와 생활방식을 가지고 있는 종파들이 있다. 가장 많은 신자들을 가지고 있는 수니파가 지켜야 하는 5가지 의무를 이슬람의 다섯 기둥이라고 부른다. 시아파 이슬람교도들도 기둥을 가지고 있다. 일부는 5개보다 많은 기둥을 가지고 있고, 일부는 5개의 기둥이지만 수니파의 다섯 기둥과 약간 다른 기둥을 가지고 있다.

수니파 이슬람교도의 다섯 기둥

	샤하닷	알라는 하나이며 유일하고 진정한 신임을 믿는다.
	살라	하루에 5번 알라에게 기도한다.
	자카트	가난한 사람들에게 자비를 베푼다.
	메카 순례	평생 적어도 1번 메카를 순례한다.
	단식	건강한 성인은 라마단 기간에 해가 뜰 때부터 해가 질 때까지 아무것도 먹거나 마시지 않는다.

대서양

로마

코르도바

콘스탄티노플

흑해

카스피해

사마르칸트

지중해

다마스쿠스

예루살렘

메디나

메카

아라비아해

이슬람의 확산

유럽

아프리카

아시아

무함마드의 추종자들은 그가 죽은
후 동쪽과 서쪽으로 확장해 거대한
제국을 세웠다.

무함마드는 그가 만든 새로운 신앙의 강력한 수호자였다. 주변
부족들의 위협 아래서도 그는 추종자들로 군대를 양성했다. 그들
은 우선 무함마드의 고향인 메카를 점령했다. 그런 다음 나머지 아라비아반
도를 정복했다. 632년에 무함마드가 죽은 후 그의 추종자들은 메소포타미아,
시리아, 이집트, 그리고 페르시아 제국의 대부분을 새로운 영토로 편입했다.
150년 안에 이슬람 세계는 오늘날의 파키스탄에서부터 북아프리카와 스페인
에까지 확장되었다.

이슬람 제국은 가장 큰 제국이 되었고, 이슬람교는 가장 빠르게 성장한
종교가 되었다. 오늘날에는 18억 명 이상의 이슬람교도들이 있다. 이로써 이
슬람교는 기독교 다음 두 번째로 많은 신자를 가지고 있는 종교가 되었다. 그
러나 이슬람 제국을 말을 타고 다니는 전사들로만 생각하면 큰 오산이다. 앞
으로 이야기하는 것처럼 이슬람에는 그보다 훨씬 많은 것들이 있었다.

종이가 없는 세상을 상상하기는 쉽지 않다. 우리는 종이를 책이나 잡지에서부터 티백이나 화장지에 이르기까지 다양하게 사용하고 있다. 중국 최초의 황제였던 진시황이 거대한 지하 도시를 건설했던 것을 기억하고 있을 것이다. 진시황이 죽은 후에는 한 왕조가 중국을 다스렸다.

기원전 140년에 한무제가 젊고 유능한 인재들을 관리에 등용하기 위한 과거제도를 실시했다. 그러나 부자나 가문이 좋은 사람들만 과거에 응시할 수 있었다. 이로부터 500년도 더 지난 693년에 중국의 유일한 여황제였던 무측천이 가난한 평민들을 포함해 누구나 과거에 응시할 수 있도록 기존의 제도를 바꿨다. 많은 보수를 받는 고위 관리가 되는 것은 가문과 마을의 커다란 영예였다.

그러나 공부해서 과거시험에 응시하기 위해서는 무엇인가를 써야 했다. 다행히 창의적인 중국 발명가들은 이 일을 할 수 있는 좋은 방법을 알아냈다. 104년에 고급 관리였던 채륜이 값싸고 편리한 종이를 발명했다. 전해지는 이야기에 의하면 채륜이 만든 종이에 크게 감명을 받은 황제가 채륜에게 많은

고대 중국의 종이 만드는 사람들은 풀, 대마, 오래된 밧줄, 비단 조각, 대나무와 같은 여러 가지 다른 물질을 가지고 실험을 했다. 이 그림은 뽕나무 껍질을 이용하여 종이 만드는 과정을 보여주고 있다.

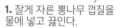
1. 잘게 자른 뽕나무 껍질을 물에 넣고 끓인다.

2. 끓인 껍질을 빻아 펄프를 만든다.

재화와 높은 지위를 내려 주었다.

오래지 않아 중국 사람들은 귀중한 물건의 포장에서부터 우산을 만드는 일에 이르기까지 거의 모든 곳에 비싸지 않으면서도 부드러운 종이를 사용할 수 있게 되었다. 벽지, 연, 놀이용 카드, 그리고 호롱불 같은 것들이 모두 중국에서 처음 만들어졌다. 심지어는 오늘날 화장지를 사용하는 것도 중국에서 시작되었다.

무측천이 과거제도를 확대할 수 있었던 것은 학생들이 공부하는 데 종이를 이용할 수 있었기 때문이었다. 그리고 과거시험에 급제할 기회를 얻게 되자 가난한 사람들도 부와 명예, 그리고 권력에 대한 희망을 품을 수 있게 되었다.

사람들은 인도에서 온 불교 수도승들에게 급료를 주고 자신들의 아들들을 교육시켰다. 그런 방법으로 사람들은 과거시험에 붙을 가능성을 높이려고 했다. 과거시험 과목에는 병법과 법률에서부터 농경과 지리에 이르기까지 모든 것이 포함되었다. 그리고 여기에는 제자백가 시대의 공자사상도 있었다. 충성과 효도에 대한 그의 생각이 가장 중요한 과거시험의 주제가 되었다.

3. 펄프를 물과 섞어 콩죽처럼 만든다.

4. 체를 물에 담가 펄프를 얇게 걸러낸다.

5. 펄프를 말리면 종이가 된다.

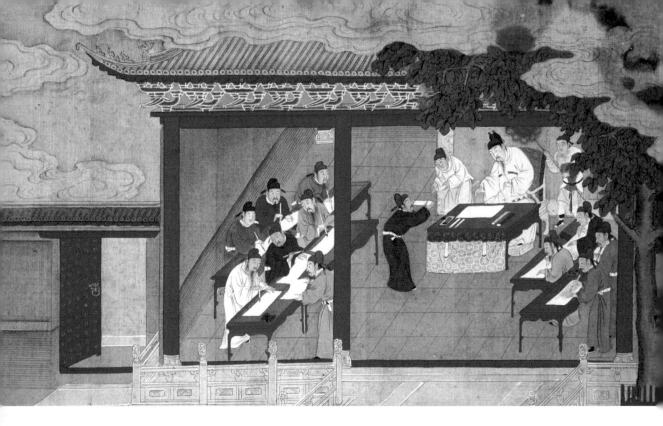

과거시험은 평민들에게 관리가 되는 기회를 제공했다. 좋은 교육은 중국 상류 사회로 진출하는 가장 좋은 길이 되었다.

제조 방법이 매우 간단하고 용도가 다양한 종이는 베트남, 한국, 일본, 인도로 전해졌다. 그러나 전문가들에 의하면 700년대 중반 이전에는 아시아 동부와 남부 이외의 지역에는 종이 만드는 방법이 전해지지 않았다. 종이 만드는 방법이 중동으로 전해지는 데는 이슬람 제국이 중요한 역할을 했다. 여기 이슬람 세계가 종이 만드는 방법을 배운 것과 관련된 재미있는 이야기가 있다.

751년에 이슬람 군대는 중앙아시아에 있는 탈라스강 강변에서 중국 군대와 전투를 벌였다. 이 전투에서 이슬람 군대는 많은 중국인들을 포로로 잡았다. 포로들 중에는 종이 만드는 기술자들도 포함되어 있었다. 이슬람 군대는 적어도 10명의 이슬람교도들에게 중요한 의미를 가지는 지식을 가르쳐 주는 포로들을 놓아주었다. 중국 포로들은 종이 만드는 방법을 가르쳐 주고 자유를 샀다.

이슬람의 발명가들은 종이 만드는 방법을 더 쉽게 개량했다. 그리고 그들은 한꺼번에 많은 종이를 생산할 수 있는 기계를 만들었다. 794년에 현재의 이라크 수도이고 당시에는 이슬람 제국의 수도였던 바그다드에 제지공장이 문을 열었다. 종이 만드는 방법이 바그다드로부터 전체 이슬람 세계로 전파되었고, 비싼 파피루스나 비단, 그리고 양피지 대신 값싸고 쉽게 만들 수 있는 종이가 널리 사용되기 시작했다.

종이의 사용으로 무함마드가 환상을 통해 알게 된 메시지를 입으로 전하는 것이 아니라 《코란》이라고 부르는 성스러운 책을 통해 전할 수 있었다. 이로써 이슬람교가 빠르게 전파될 수 있었고, 모든 사람들이 천사가 무함마드에게 한 이야기를 알 수 있게 되었다. 따라서 모든 이슬람교도들에게 읽는 법을 배우도록 했고, 읽는 법을 가르치는 학교가 세워졌다.

이슬람 통치자 칼리프들은 모든 종류의 배움을 중요하게 생각했다. 이런 생각이 이슬람 황금기에 과학과 문학이 꽃을 피우도록 했다. 아리스토텔레스를 비롯한 유명한 고대 철학자들이 쓴 교과서들도 중요하게 생각했다. 바그다드에 설치했던 거대한 왕립 도서관이었던 지혜의 집에는 많은 책들이 수집되었다.

이것은 종이 두루마리에 쓴 초기의 《코란》이다. 이것은 700년대, 또는 800년대에 기록되었다.

이슬람 학자들이 바그다드에 있는 지혜의 집에서 만나 고대의 교과서들을 아랍어로 번역하고, 과학적 아이디어를 교환했다.

칼리프들은 그리스어나 라틴어 또는 페르시아어로 되어 있는 고대의 책들을 아랍어로 번역하게 했다. 그들은 번역가, 철학자, 학자들을 궁전으로 불러들여 이 일을 하도록 했다. 그들은 철학자들의 지혜를 무함마드의 신성한 환상과 연결시키려고 시도하기도 했다.

이슬람 제국이 배움을 중요하게 생각했던 것은 우리에게 참으로 다행한 일이었다. 여러 세기 동안 유럽에 있던 많은 원전들이 파괴되었다. 그러나 배움을 중요시했던 이슬람 통치자들 덕분에 이들의 아랍 번역본들이 살아남을 수 있었고, 오늘날 우리가 고대의 책들을 읽을 수 있게 되었다.

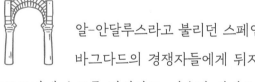 알-안달루스라고 불리던 스페인 지역 이슬람 제국의 칼리프들은 바그다드의 경쟁자들에게 뒤지지 않기 위해 애썼다. 그들은 코르도바에 수도를 건설하고, 이슬람 세계로부터 전문가들을 불러 모았다.

지하수로를 이용하여 경작지에 물을 대는 방법과 물레방아에 대한 아랍의 지식은 시골을 변화시켰다. 오렌지, 레몬, 살구, 뽕나무, 바나나, 설탕수수, 수박과 같은 작물들은 이전에는 유럽에서 재배하지 않던 것들이었다. 이슬람

무역상들은 인도에서 벼도 들여왔고, 이 작물로 스페인 요리 파에야를 만들 수 있었다.

무역상들은 사하라 사막을 건너서 금과 상아를 가져왔고, 코르도바의 기술자들은 이것을 칼리프나 그의 궁전에서 사용할 동전이나 보석, 그리고 호화로운 상품으로 가공했다. 건축기술자들은 메스키타 사원을 지었다. 벽옥, 마노, 대리석, 그리고 화강암으로 만든 수천 개의 기둥을 가지고 있던 이 거대한 사원은 하루 5번의 기도 때마다 4만 명의 이슬람교도들을 수용할 수 있었다.

1000년에는 코르도바의 인구가 10만 명을 넘어 당시의 가장 큰 도시들 중 하나가 되었다. 역사학자들 중에는 코르도바에 1600개의 이슬람 사원이 있었고, 900개의 공중목욕탕과 21만3077채의 개인 주택, 그리고 8만455개의

코르도바에 건설된 이슬람 사원은 세계에서 가장 큰 사원이었다. 1200년대에 기독교도들이 이슬람교도들을 코르도바에서 축출한 후에는 기독교 교회로 바뀌었다.

만사 무사의 말리 제국은 그 당시 세계에서 가장 큰 제국 중 하나였다. 그는 제국의 한쪽 끝에서 반대편까지 여행하는 데 1년이 걸린다고 말했다고 전해진다.

상점이 있었다고 주장하는 사람들도 있다. 이 숫자들이 약간 과장되었다고 해도 코르도바가 얼마나 활기찬 도시였는지 짐작할 수 있다.

이슬람 세계의 엄청난 부는 아프리카 왕국 말리의 이야기에서도 짐작할 수 있다. 말리의 유명한 왕 만사 무사는 세계에서 가장 부자였다. 1324년 그는 80마리의 낙타에 금을 가득 싣고 메카로 순례 여행을 떠났다. 신실한 이슬람교도였던 그는 여행 도중에 만나는 가난한 사람들에게 자선을 베풀었고, 정부에도 기부했다. 그는 도중에 이집트 카이로에 들러 쇼핑도 했다. 그 당시의 역사가들에 의하면 그가 물건 사는 데 많은 금을 사용하고, 가난한 사람들에게도 나누어 주었기 때문에 그가 지나간 다음에는 금의 가치가 내려갔다고 한다. 순례를 마친 후 무사는 팀북투에 거대한 궁전을 건축했다. 말리는 2만5000명의 학생과 70만 권의 장서를 보유한 큰 대학을 가진 학문의 중심지가 되었다.

바그다드, 코르도바, 팀북투에 있었던 것과 같은 이슬람 중심지들은 극동 지방과 서유럽을 연결히는 넓은 지역에 생각과 발명들을 연결시키는 역할을 했다. 그 결과 세상을 바꿀 수 있는 발명품들이 인도와 중국에서 유럽으로 전해질 수 있었다.

이탈리아 상인이었던 피사의 레오나르도는 북아프리카에 있는 이슬람 왕국이었던 알제리를 여행했다. 후에 피보나치라고 알려진 그는 그곳에서 나무 막대에 구슬을 꿰어 만든 계산기의 일종인 주판을 사용하는 대신 종이와 연필로만 계산을 해내는 놀라운 광경을 보게 되었다.

종이 위에 쓴 숫자들은 바그다드로부터 알제리에 전해진 것이었다. 바그다드에 있는 지혜의 집에서 알-킨디와 알-콰리즈미라고 불리는 두 명의 학자가 825년에 새로운 숫자 기호를 이용하여 계산하는 방법을 고안했다. 숫자를 나타내는 기호에는 1, 2, 3, 4, 5, 6, 7, 8, 9가 사용되었고, 여기에 아무것도 없다는 것을 나타내는 0이 추가되었다. 이 숫자들을 열과 행으로 배열하여 빠른 속도로 계산했다. 따라서 이들을 아라비아 숫자라고 부르게 되었다. 그러나 이 숫자들이 아라비아에서 발명된 것은 아니었다.

앞에서 이야기했던 것처럼 0을 가장 먼저 사용한 사람들은 마야인들이었다. 그러나 마야인들과 아시아, 아프리카, 그리고 유럽인들 사이에는 접촉이 없었다. 따라서 마야의 숫자들이 바그다드로 전해질 수는 없었다.

상코르 모스크는 만사 무사 시대에 팀북투에 있던 대학을 구성하고 있던 학문 중심지 중 하나였다.

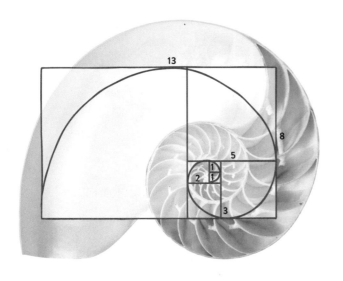

1202년에 피보나치가 출판한 《리베르 아바치》에는 아라비아·숫자의 중요성에 대한 내용만 들어 있었던 것이 아니다. 이 책에는 피보나치수열이라고 부르는 유명한 수열과 형태에 대한 설명도 포함되어 있었다. 피보나치수열은 앞의 두 숫자의 합이 다음 수가 되는 수열로 1, 1, 2, 3, 5, 8, 13, 21…과 같은 수열을 말한다. 이러한 비례는 이 앵무조개의 구조에서도 찾아볼 수 있는 것처럼 자연에서도 종종 발견된다.

628년에 인도의 학자 브라마굽타가 0을 이용하여 큰 수를 나타내는 방법을 설명한 수학책을 썼다. 예를 들면 2에 0을 한 개 추가하면 20이 되었으며, 0을 두 개 추가하면 200이 되었다. 바그다드에 전해진 것은 브라마굽타의 아이디어였다.

북아프리카에서 상인들이 숫자를 사용하는 것을 본 피보나치는 이것을 이탈리아에 도입하기로 마음먹었다. 주판도 대단한 발명품이었다. 그러나 이 새로운 숫자체계는 빼기, 곱하기, 나누기를 훨씬 간단하게 할 수 있었다. 그리고 이것은 그 당시 유럽에서 널리 사용하고 있던 IV, XII, CVC와 같은 로마 숫자보다 간단했다.

200년 안에 이탈리아 상인들과 은행가들이 그들의 옛날 방법을 버리고 아라비아 숫자를 사용하게 되었다. 이로 인해 은행가들은 대출과 지불을 잘 추적할 수 있어 좀 더 쉽게 돈을 관리할 수 있었다. 세월이 지나면서 플로렌스의 메디치처럼 은행가들이 많은 돈을 벌게 되었고, 예술에 투자할 수 있게 되었다. 예술계로 흘러간 이 돈이 유럽 예술과 문학의 르네상스를 촉발시켰다. 이로 인해 미켈란젤로, 레오나르도 다빈치를 비롯한 많은 유명한 화가와 조각가들이 등장하게 되었다.

현대 의학 역시 많은 부분을 아랍 학자들에게 빚지고 있다. 뛰어난 의사였던 이븐 시나는 900년대 말에 현재의 아프가니스탄에 속하는 부하라에서 태어났다. 그는 450권의 책을 썼는데 이들 중 다수는 의학에 대한 것이었다. 잠시 450권의 책에 대해 생각해 보자. 이븐 시나는 56살까지 살았다. 만약 그가 16살에 책을 쓰기 시작하여 죽을 때까지 쉬지 않고 책을 썼다고 하면 그는 매년 11권을 썼다는 계산이 나온다. 40년 동안 쉬지 않고 한 달에 책 한 권을 쓴 셈이다!

이븐 시나가 쓴 《치유》와 《의학정전》은 500년 이상 유럽에서 가장 중요한 의학 서적이었다. 5권으로 된 《의학정전》에는 인간의 눈이 어떻게 작동하는지가 최초로 자세하게 설명되어 있었다. 여기에는 외과의사들이 시야가 흐려지는 병을 치료하는 방법도 나와 있었다. 이 질병은 지금의 백내장이었다.

이븐 시나와 비슷한 시기에 활동했던 이븐 알-하이삼은 아이작 뉴턴보다 600년이나 이른 시기에 광학 법칙들을 연구했던 과학자였다. 알-하이삼은 현재 이라크에

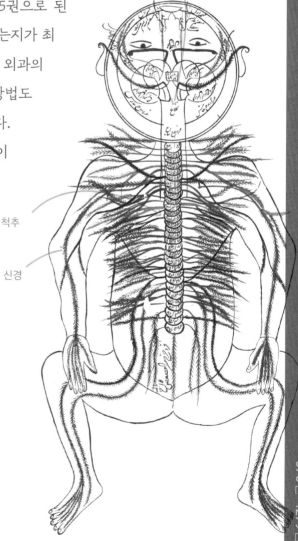

뇌

척추

신경

이븐 시나는 뇌가 다른 기능을 하는 여러 부분으로 나누어져 있다는 것과 척추가 뇌와 온몸에 퍼져 있는 신경을 연결해 준다는 것을 알고 있었다. 이 그림은 《의학정전》에 실려 있는 그림이다.

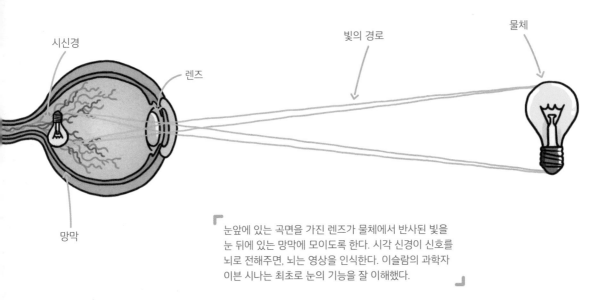

시신경

렌즈

빛의 경로

물체

망막

눈앞에 있는 곡면을 가진 렌즈가 물체에서 반사된 빛을
눈 뒤에 있는 망막에 모이도록 한다. 시각 신경이 신호를
뇌로 전해주면, 뇌는 영상을 인식한다. 이슬람의 과학자
이븐 시나는 최초로 눈의 기능을 잘 이해했다.

속해 있는 바스라에서 태어나 일생의 대부분을 이집트 카이로에서 보냈다.
그의 책에는 빛이 어떻게 반사하고, 휘어지며, 굴절하는지가 설명되어 있다.
이것은 후에 유럽의 과학자 갈릴레오 갈릴레이가 망원경을 만들어 별과 행성
들을 관찰하는 데 이용했다.

　　이런 생각들이 쉽게 확산될 수 있었던 것은 종이 위에 이런 내용을 기록
할 수 있었기 때문이었다. 그러나 여러 권의 책을 만드는 것은 쉬운 일이 아
니었다. 책을 만들기 위해서는 글씨를 잘 쓰는 교육 받은 기록자들이 하루 종
일 책을 필사해야 했다. 실수하지 않고 책을 필사하는 일은 매우 어려웠지만
다른 방법이 없었다. 많은 책을 만드는 새로운 방법이 필요했다. 이번에도 답
은 중국이 제공했다.

세계에서 가장 오래된 인쇄본은 현재 런던에 있는 영국 도서관에 보관되어 있다. 이 책은 868년에 인쇄된 불교의 《금강경》이다.

《금강경》은 중국에서 목판 인쇄술이라고 부르는 방법으로 인쇄되었다. 인쇄기술자들은 조심스럽게 목판에 글자와 그림을 새겨 넣은 다음 잉크를 발라 종이로 찍어냈다. 목판에 글자나 그림을 새기는 것은 힘든 일이었지만 일단 한 번 만들어 놓기만 하면 얼마든지 많은 책을 찍어낼 수 있었다.

이제 과학과 기술을 크게 발전시킨 중국의 황금기가 시작될 준비를 마쳤다. 인쇄술은 아이

길이가 5미터가 넘는 《금강경》의 이름은 부처 자신이 지었다. 다이아몬드라고도 불리는 금강석은 가장 단단한 물질이다. 부처는 이 가르침이 다이아몬드처럼 인생의 환상을 잘라내고 우주의 진리를 보여줄 것이라고 믿었다.

디어, 디자인, 그리고 창의성이 훨씬 쉽게 한 장소에서 다른 장소로 확산될 수 있도록 했다. 태조라고 부르는 현명한 황제가 송나라를 세운 후에는 책을 통한 문화의 확산이 더욱 빠르게 일어났다. 태조가 한 첫 번째 일은 과거에 응시할 수 있는 평민의 수를 매년 약 3만 명까지 늘린 것이었다.

인쇄기술자들의 일이 많아졌다. 500권 이상의 교과서, 어학사전, 백과사전, 그리고 역사책들이 수천 개의 목판에 새겨져 대량으로 사람들에게 제공되었다. 적어도 중국 전역에 1000개의 새로운 학교가 세워져 과거시험을 준비하는 학생들을 가르쳤다.

그러나 1127년에 재앙이 찾아왔다.

이것은 목판인쇄를 하는 방법이다.

1. 문자와 그림을 목판 위에 새긴다.

2. 목판 위에 잉크를 바른다.

창의적인 송나라는 말을 탄 오랑캐들의 침입으로 심하게 파괴되었다. 그들은 북쪽에 있는 만주 지방의 여진족이었다. 그러나 이것은 송나라의 입장에서 본 것이었다. 여진족들은 최근 금나라를 세웠고, 남쪽에 있는 약한 이웃을 합병하여 제국을 확장했을 뿐이라고 설명할 것이다. 그들은 제국을 확장하여 중국 북부의 대부분을 차지하게 되었다. 그러나 이로 인해 중국은 북쪽의 금나라와 남쪽의 송나라로 분열되었다. 송나라는 수도를 양쯔강 이남으로 이전해야 했고, 남송이라고 불리게 되었다.

남송의 통치자들은 화가 났다. 그들은 학자들에게 가능한 모든 새로운 무기를 개발하도록 했다. 그들은 북쪽의 적들이 다시 공격할 경우 승리할 수 있도록 만반의 준비를 했다.

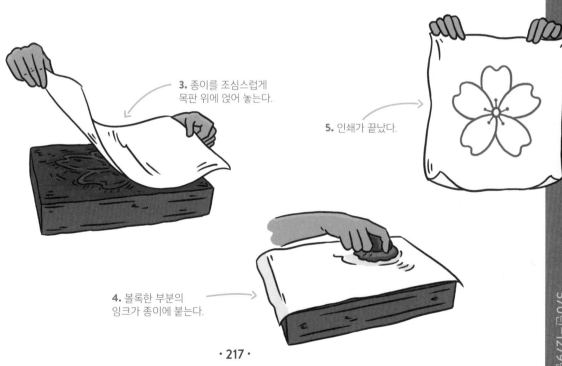

3. 종이를 조심스럽게 목판 위에 얹어 놓는다.

5. 인쇄가 끝났다.

4. 볼록한 부분의 잉크가 종이에 붙는다.

당나라가 중국을 다스리던 800년대에 중국 수도승들이 숯, 황, 그리고 광물질의 혼합물을 섞어 원시적인 화약을 만들었다. 이 사람들은 통치자들로부터 불로장생약을 만들도록 명령을 받은 사람들이었다. (이런 요구가 귀에 익지 않은가?) 역사의 가장 큰 역설 중 하나는 불로장생약을 만들기 위해 각종 화학물질을 섞어 한 실험이 가장 많은 사람들의 목숨을 빼앗는 물질을 개발했다는 것이다. 남송의 뛰어난 학자들은 화학 기술을 이용하여 투척용 폭탄에서부터 불 폭탄에 이르기까지 여러 가지 강력한 무기를 만들었다.

이들의 창의성에도 한계가 있을 것으로

부처의 머리 오른쪽에 눈에서 뱀이 나오고 있는 악마가 보이는가? 그는 부처에게 불이 붙은 폭탄을 던지려고 하고 있다. 그의 오른쪽 위에는 또 다른 악마가 불 투척기를 사용하고 있다. 비단에 그린 이 그림은 950년에 그린 것으로 화기의 사용이 나타나 있는 가장 이른 시기의 작품이다.

생각할 때쯤 그들은 가장 놀라운 항해 도구인 나침반
을 발명했다. 자화된 바늘을 물에 띄워 원시적인 나
침반을 처음 만든 것은 1세기의 일이었다. 그러나
1044년에 송나라에서 출판된 군사용 책인 《무경총
요》에는 이 지식을 이용하여 항상 남쪽을 가리키
는 지남차를 발명해 흐린 날이나 밤에 병사들이 방
향을 알아낼 수 있도록 도왔다고 기록
되어 있다.

　그리고 몇 년 후에 좀 더 중요한 발명이 이루어
졌다. 송의 궁전 학자였던 심괄이 자화된 바늘을 비단
실에 매달아 항해에 이용하는 방법을 알아냈다. 그의 나침
반은 1100년경에 중국 배들에서 사용되었다.

　역사에서 배울 것이 있다면 그중의 하나는 영원한
제국은 없다는 것이다. 아무리 창의적인 사람들이라고
해도 마찬가지이다. 앞에서 살펴본 것 같이 기후가 제국
의 흥망에 일부 관여하기도 한다. 이 경우에는 중국 북쪽
과 서쪽에 있는 중앙아시아 초원지대에 있던 몽골의 기후였다.

지남차는 커다란 바퀴,
여러 개의 톱니바퀴, 그리고
팔을 뻗어 방향을 가리키는
인형으로 이루어져 있다.
지남차가 어느 방향으로
가든지 인형은 항상 남쪽을
가리킨다.

2014년에 과학자 닐 페데르손과 에이미 헤슬이 놀라운 것을
발견했기 때문에 우리는 몽골 지방의 기후 변화를 1년 단위로
알 수 있다. 나무의 끝을 보면 나이테가 보인다. 각각의 나이테는 특정한 해
에 새롭게 자란 부분이기 때문에 나이테의 수를 세면 나무의 나이가 얼마나
되었는지 알 수 있다. 그리고 나이테의 너비는 그 해에 얼마나 많은 비가 왔

는지 또는 추웠는지 더웠는지를 나타낸다.

페데르손과 헤슬은 몽골 지방에 있는 아주 오래된 나무의 나이테를 조사하고 1180년부터 1190년 사이에 심한 가뭄이 있었다는 것을 알아냈다. 이 동안에 몽골에서는 부족들 사이에 싸움이 계속되었다. 이들은 말에 의존해 살아가는 사람들이었고, 말은 풀에 의존해 살았다. 따라서 가뭄이 부족들 사이의 싸움의 원인을 제공했을 가능성이 크다.

그리고 1211년에서 1225년 사이에 따뜻하고 비가 많이 오는 날씨가 이어져 풀이 이전보다 잘 자랄 수 있었다. 갑자기 모두에게 충분한 풀이 주어진 것이다. 그다음에 일어난 일은 놀라웠다. 모든 부족들이 칭기즈 칸이라는 한 사람의 지휘 아래 하나로 통일된 것이다. 이들은 세계에서 가장 성공적인 정

복 군대를 가지고 있었다. 이 일이 부분적으로라도 좋은 날씨와 충분한 풀로 인해 가능했을까? 페데르손과 헤슬은 그렇게 생각하고 있다.

풀과는 관계없이 용감하고 뛰어난 군사 전략가였던 칭기즈 칸은 사람들에게 충성과 헌신 그리고 강함을 요구했다. 전쟁터에서 잘 싸운 병사들은 진급되었고, 겁쟁이들은 살해당했다. 10명으로 이루어진 단위에는 우두머리가 있어 상급 부대에 보고하도록 했다. 한 사람의 병사가 도망치면 10명 모두 처형되었다. 이제 왜 사람들이 절대로 명령을 거역하지 않았는지를 알 수 있을 것이다.

> **"**
> 극단적인 가뭄에서 많은 비가 내리는 기후로의 변화가 혼란 속에서 카리스마를 가진 지도자가 나타나 군대를 기르고 권력을 집중할 수 있는 환경을 만들었을 것이다.**"**
>
> 에이미 헤슬,
> 연륜연대학자

몽골인들은 무자비했지만 새로운 사고방식을 잘 받아들였다. 그들은 가문이나 국적과 관계없이 임무를 잘 수행하면 진급되었다. 물론 거기에도 하나의 예외가 있었다. 칭기즈 칸과 그의 가족은 예외였다. 몽골 제국은 역사상 가장 다양한 민족으로 구성된 제국이었다. 그리고 관료들 중에도 다양한 문화적 배경을 가진 사람들이 포함되어 있었다. 몽골은 국제 우편제도를 만들었고, 작물 재배 방법을 개선하기 위한 연구를 했다.

쿠릴타이라고 부르는 군사 합의체와 빠른 말을 이용한 뛰어난 정보 수집 능력이 몽골 군대가 성공을 거둔 핵심적인 이유였다. 칭기즈 칸이 적국의 도시와 마주치면 그들에게 항복이냐 죽음이냐를 선택하도록 했다. 그리고 그는 자신이 한 말을 그대로 실천에 옮겼다.

이 그림은 몽골 군대가 중국 도시를 침공하는 것을 보여주고 있다. 이 그림은 1314년 페르시아의 역사학자 라시드 알-딘이 쓴 세계사 책에 실려 있는 그림이다. 그는 이슬람 세계 전역에서 모인 예술가들에게 이 그림들을 그리게 했다.

1215년에 몽골은 금나라의 수도이자 지금의 베이징인 연경을 함락시켰다. 그런 다음 그는 북쪽과 서쪽으로 진격해서 조지아와 크림반도를 정복했다. 몽골로 돌아오는 길에 그들은 6명의 왕자들이 이끌던 러시아 군대를 물리쳤다. 몽골의 관습대로 패배한 왕자들은 몽골의 장군들이 승리를 축하하기 위해 연회를 벌이는 연회장 아래 깔려 죽도록 했다.

칭기즈 칸은 1227년에 죽었다. 그가 어떻게 죽었는지는 아무도 모른다. 말에서 떨어져 죽었다는 이야기도 있다. 그러나 중국 북부에 있던 탕구트족의 공주가 자신의 민족을 학살한 것에 복수하기 위해 칼로 찔러 죽였다는 이야기도 있다.

칭기즈 칸의 후손들은 몽골 제국을 러시아, 시베리아, 중앙아시아까지 확장했다. 화약무기로 무장한 남송은 오래 버틸 수 없었다. 남송을 정복한 것은 칭기즈 칸의 손자 중 한 사람인 쿠빌라이 칸이었다.

현대 몽골은 칭기즈 칸을 국부로 숭상한다. 칭기즈 칸의 동상이 몽골 국회 의사당 건물 앞에 설치되어 있다.

몽골 제국

1279년의 몽골 제국

1 **모히 전투(1241년)**
몽골이 폴란드, 독일, 헝가리 군대를 물리쳤다.

2 **애산 전투(1279년)**
칭기즈 칸의 손자 쿠빌라이가 송나라를 멸망시켰다.

칭기즈 칸과 그의 후손들이
몽골 제국을 세웠다. 몽골
제국은 지구상에 나타났던
가장 큰 제국이었다.

　　남송의 마지막 저항은 1279년에 현재의 홍콩 부근인 애산에서 벌어졌던
전투였다. 송의 군대가 패배하자 남송의 궁정 관리가 9살짜리 황제 회종을
안고 절벽에서 바다로 뛰어내려 함께 생을 마감했다.

Chapter 11

암울했던 중세

476년-1526년
서로마 제국의 멸망 이후 기독교 유럽이
어려움을 겪다.

542년
선페스트가
콘스탄티노플에
퍼짐

바로크

800년
샤를마뉴가 레오 3세 교황
으로부터 신성로마제국
황제로 등극함

1006년
바이킹이 북아메리카
해안을 침략함

1204년
4차 십자군 전쟁에서
기독교 군대가
콘스탄티노플을 점령함

1215년
영국의 존 왕이 대헌장에
서명하도록 강요받음

1347년-1351년
유럽에서 흑사병으로
4000만 명이 죽음

1453년
오스만 군대가
콘스탄티노플을
함락시킴

1526년
오스만의 통치자 술레이만이
헝가리를 침략하고 빈으로
진격함

 멀리서 역사를 조망하면서 과거의 있었던 일들을 연결해 보는 즐거움 중 하나는 매우 흥미로운 형태가 자주 반복해 나타난다는 것이다. 여기에 그런 예 중 하나가 있다. 수백만 년을 두고 지각판들이 모여 하나의 거대한 초대륙을 이루었다가 다시 분리되는 것을 반복한다고 했던 것을 기억하고 있을 것이다. 수천 년의 인류 역사를 멀리서 조망해 보면 인류 역사에서도 비슷한 것을 발견할 수 있다. 제국이 만들어졌다가 분리되고, 다시 새로운 제국이 만들어졌다가 분리되는 일이 반복되었다.

476년 서로마 제국이 멸망한 다음 유럽에서도 제국이 분리되는 일이 일어났다. 이 시기에는 모든 사람들이 모든 사람들을 상대로 싸웠다. 유럽은 혼돈 속으로 빠져들어 갔다. 50년쯤 지난 후에 비잔틴 제국의 유스티니아누스 1세가 유럽을 다시 예전으로 돌려놓기 위해 많은 노력을 했고, 그 결과 이전 서로마 제국 영토의 많은 부분을 회복했다.

그는 장군들과 군대를 스페인, 이
탈리아, 북아프리카로 보내 훈족, 반달
족, 서고트족을 포함한 게르만인들이 점
령하고 있던 땅을 정복했다. 그러나 유스
티니아누스의 성공은 오래가지 않았다. 그가
죽고 3년 후에 북쪽으로부터 랑고바르드족이 쳐들
어 왔고, 568년에 이들은 이탈리아의 새로운 주인이
되었다.

선페스트는 피를 빨아먹는
벼룩을 통해 전염되었다.
벼룩은 쥐를 이용하여 이동한
다음 사람을 물어 이 전염병을
옮겼다.

　　모든 전쟁의 가장 큰 패배자는 평민들이었다.
평민들은 군대가 그들의 집을 부순 후에 군대와 거래를 해야 했다. 때로는 전
혀 새로운 곳으로 강제로 이주해야 했다. 군인들은 도시와 마을을 불태우고,
아무 잘못이 없는 사람들을 다치게 하거나 죽이고, 식량을 약탈했다. 그러나
사람들이 당해야 했던 고통은 그것이 전부가 아니었다.

　　541년에 흑사병의 일종인 선페스트라는 무서운 질병이 나타나서 542년
에는 콘스탄티노플까지 전염되었다. 그곳에서 하루에 5000명이 목숨을 잃었
고, 이로 인해 인구의 40%가 죽었다. 그다음에는 대부분의 유럽으로 번져 나
갔다. 이 전염병은 다음 300년 동안 여러 번 다
시 유행하여 서아시아, 북아프리카, 그리고 유럽
에서 2500만 명의 목숨을 앗아갔다. 이때 죽은
이들은 오늘날의 오스트레일리아와 뉴질랜드의
인구를 합한 것과 같은 수이다.

유스티니아누스 1세가 교회의
사제들과 정부와 군대 관리들
사이에 서 있다. 이는 그가 이
세 그룹의 지도자라는 것을
나타낸다. 이 모자이크는
547년경에 만들어진 이탈리아
라벤나에 있는 것을 재현한
것이다. 원본의 작은 타일들은
유리, 돌, 세라믹, 금, 은, 진주로
만들어졌다.

　　이것은 유럽에 사는 사람들의 수가 급격하
게 감소했다는 것을 의미한다. 500년에는 유럽

인구가 2750만 명이었다. 그러나 650년에는 1800만 명으로 줄었다. 밭에서 농사를 지을 사람들이 모자라서 밭은 숲으로 변했다. 이 시기에는 새로운 과학이나 예술 작품, 저작물이 거의 나오지 않았다. 왕이나 왕과 가까운 일부 사람들은 별문제가 없었지만 대부분의 사람들은 힘든 삶을 살아야 했다. 350년부터 750년까지 유럽인들은 더럽고 야만적인 짧은 생을 살았다.

프랑스의 북부에서 프랑크족이 이웃을 공격하기 시작했다. 카롤링거라고도 알려진 그들은 800년에 유럽의 중심부를 통일했다. 이 새로운 제국에는 현재의 독일, 오스트리아, 체코 공화국, 슬로베니아, 스위스, 네덜란드, 그리고 폴란드, 벨기에, 프랑스와 이탈리아의 일부가 포함되어 있었다. 프랑크족은 랑고바르드족을 로마 밖으로 몰아냈다.

이 당시 교황은 모든 기독교인들의 수장이었다. 로마에 있던 레오 3세 교황은 랑고바르드족이 신성한 도시를 지킬 힘이 있는지를 걱정했었다. 따라서 그는 프랑크족이 도착했을 때 매우 기뻐했다. 그는 프랑크족의 샤를마뉴에게 800년 12월 25일에 신성 로마 제국 황제의 관을 수여했다. 이것은 샤를마뉴가 서로마 제국의 계승자라는 것을 의미했다. 유럽에는 많은 왕들이 있었지만 그들은 모두 샤를마뉴 아래 통합될 것으로 생각했다.

샤를마뉴는 새로운 학문의 시대를 시작했다. 고대 책들이 복사되었고, 학교들이 문을 열었으며, 음악이 작곡되었다. 샤를마뉴가 죽은 후에는 그의 왕관을 놓고 싸움이 벌어졌지만 962년에 오토 1세가 신성 로마 제국의 황제가 되면서 안정을 되찾았다.

기후도 좋아졌다. 춥고, 어렵던 겨울이 지나가고 역사학자들이 중세 온난기라고 부르는 시기가 시작되었다. 950년부터 1250년 사이에는 기온이 오늘날보다 높았다. 포도가 영국에서도 재배되었고, 빙판이 녹아 북해의 뱃길이 열렸다.

따뜻한 날씨 덕분에 더 많은 식량을 생산할 수 있었다. 더 많은 식량은 왕들에게 더 많은 세금을 낼 수 있다는 것을 의미했다. 부자가 된 왕들은 사람들과 다른 종류의 거래를 시작했다. 이 거래는 다음과 같았다. 1년의 일정한 기간 군대에 복무하면 농사를 지을 수 있는 땅을 빌려주겠다는 것이다. 이런 거래를 봉건제라고 한다. 그리고 여기서 농사를 짓는 사람들을 농노라고 불렀다.

더 나은 기후는 유럽 북부에 사는 사람들에게 큰 도움이 되었다. 현재의 덴마크, 노르웨이, 스웨덴에 살고 있던 바이킹들에게 다가가 보자. 790년대부터 바이킹들은 뛰어난 선박 건조 기술과 항해술을 갖춘 무역업자들이었다. 그들은 793년부터 영국, 스코틀랜드, 아일

이것은 1825년에 그린 샤를마뉴의 초상화이다. 그는 독일 아헨에 있는 팔라틴 예배당의 모형을 들고 있다. 이것은 그가 자신을 위해 건축한 거대한 궁전이다.

랜드의 많은 부분을 침략했다.

839년에 그들은 강을 따라 유럽의 중심부까지 진출하여 우크라이나, 벨라루스, 그리고 러시아에 자리 잡았다. 그들은 자신들을 러스라고 불렀다. 이 말은 '노 젓는 사람들'이라는 뜻의 노르웨이어 '*rods*'에서 유래한 것으로 보인다. 러시아라는 이름은 이 초기 바이킹 정착민들에게서 유래했다.

반대 방향으로 진출한 바이킹들은 노르웨이에서 아이슬란드로 가는 항로를 개척하고 874년에 그곳에 정착했다. 100여 년 동안 바다가 녹아 그들은 그린란드로 건너갈 수 있었다. 사가는 바이킹 영웅들의 전설인데, 붉은 에이리크의 사가에 의하면 그는 이곳을 그린란드라고 이름 지었다. 그는 이곳이 살기 좋은 것처럼 보이기 위해 이런 이름을 붙였는데, 실제로는 그린란드의 대부분이 얼음으로 뒤덮여 있어 초록색은 거의 찾아볼 수 없다.

돛을 올리는 밧줄

방향을 조정
하는 노

1006년에 바이킹들은 현재의 캐나다 해안에 도달했다. 그곳에 붉은 에이리크의 아들 레이프 에이릭손이 작은 마을을 건설했는데, 이것이 현재의 캐나다의 뉴펀들랜드이다. 이 정착지는 1492년에 크리스토퍼 콜럼버스가 유명한 항해를 통해 유럽인 최초로 아메리카에 정착지를 개척하기 500년 전의 일이었다. 그러나 이 정착지는 실패로 끝났다. 그 이유는 아무도 모른다.

일부에서는 스칸디나비아인들이 매일 먹는 우유와 관련이 있다고 믿고 있다. 사가에 의하면 원주민들은 바이킹 정착민들로부터 우유를 산 다음 날 그들을 공격했다. 왜 그런 일이 일어났을까? 하루는 즐겁게 거래하고 다음 날 서로 공격하는 이상한 일이 벌어진 것이다.

붉은 머리 때문에 붉은 에이리크라는 별명을 갖게 된 그는 그린란드에 개척한 새로운 식민지에 2000-3000명의 사람들을 유치했다.

바이킹선이 바이킹들의 성공의 비밀이다. 빠른 바이킹선은 적들을 빠르게 공격해 무력화시켰다. 폭이 좁은 이 배는 바다는 물론 강에서 항해하는 데도 이상적이었다.

강력한 사각형 돛

50명이 젓는 노

적을 겁주는 용머리

노르만의 말들이 잉글랜드인들이 만들어 놓은 말뚝과 돌에 걸려 넘어지고 있다.

영국 병사들이 언덕을 방어하고 있다.

죽은 병사들과 말들

바이외 태피스트리는 1070년경에 제작된 길이가 70미터나 되는 직물 벽걸이이다. 이것은 노르만의 윌리엄이 영국을 정복한 이야기를 직물에 짜 넣은 것이다. 위의 장면은 1066년에 있었던 헤이스팅스 전투의 일부를 보여주고 있다.

오늘날에도 우유를 잘 소화시키지 못하는 사람들이 많이 있다. 실제로 아메리카 원주민들의 80%는 우유를 소화시키지 못한다. 바이킹들이 만난 사람들은 소를 가지고 있지 않은 사람들이었다. 따라서 그들은 전에 우유를 먹어 본 적이 없었을 것이고, 처음 먹어 본 우유로 인해 배탈이 났을 가능성이 있다. 그들은 새로 온 사람들이 그들이 마신 우유에 독을 탔다고 생각했을 것이다. 그것이 정말 그들을 공격한 이유였을까?

바이킹들은 북아메리카에 영구 정착지를 만든 적이 없다. 그들은 수백 년 동안 계속 그곳을 방문해 나무를 잘라서 그린란드나 아이슬란드로 가져갔다.

역사에 등장하는 많은 사람들이 다른 사람들이 붙여준 이름으로 널리 알려져 있다는 것은 재미있는 일이다. 바이킹이라는 말은 '해적'이라는 뜻을 가지고 있다. 따라서 바이킹들이 자신들을 그렇게 불렀을 리가 없다. 바이킹들은 캐나다에서 만난 사람들을 스크렐링기라고 불렀다. 이 말의 의미는 '가난하고 형편없는 사람들'이라는 뜻이다. 그것 역시 좋은 이름은 아니었다.

오도 주교가 노르만 병사들을 격려
하기 위해 곤봉을 휘두르고 있다.

노르만의 윌리엄이 말에 떨어진 후 그의
투구를 벗어 그의 병사들에게 자신이
살아있다는 것을 보여주고 있다.

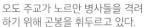 유럽에서 가장 큰 바이킹 정착지는 프랑스 서부에 있는 루앙
이었다. 여기에서 그들은 노르만족으로 알려졌다. 노르만은
'북쪽에서 온 사람들'이란 뜻이었다. (그들은 틀림없이 이 이름을 바이킹보다 좋아했
을 것이다.) 노르만족의 가장 유명한 통치자는 1066년에 헤이스팅스 전투에서
승리하고 영국을 정복했던 노르만의 윌리엄이었다.

로마 제국에서와 마찬가지로 봉건제는 정복지에서 더 잘 작동했다. 왕은
새로 정복한 땅을 기사나 귀족들에게 분배했고, 땅을 받은 사람들은 무기와 병
사를 제공해 더 많은 땅을 정복하도록 했다. 노르만의 윌리엄이라고 알려진 정
복자 윌리엄은 영국에서의 권위를 확실하게 세우는 방법으로 정복한 지역을
자세하게 조사하도록 했다. 그 결과 1086년에 토지대장 《둠즈데이 북》이 완성
되었다. 여기에는 26만 5000명이 소유한 땅과 소유물의 목록이 포함되었다. 이
토지대장에는 농부, 대장장이, 토기장이, 양치기, 노예 등 모든 사람들이 조사
되어 수록되었다. 이것은 중세의 생활상을 알려주는 놀라운 자료이다.

윌리엄은 이 자료를 이용하여 새로 정복한 사람들로부터 가능하면 많은 돈을 걸을 수 있었다. 《둠즈데이 북Domesday Book》이 최후의 날 'doomsday'를 뜻하게 되었다. 물론 윌리엄은 이런 이름으로 부르지 않았고, 사람들이 이렇게 불렀다. 토지대장으로 인해 지주의 필요에 의해 걷던 세금이 내지 않고는 죽을 수도 없는 것이 되었다.

따뜻한 기후로 더 많은 식량을 생산할 수 있었다. 이로 인해 1000년에 유럽 인구는 3700만 명을 넘어섰고, 1340년에는 7400만 명으로 늘어났다. 부와 인구의 이런 큰 증가는 통치자들이 정복할 더 많은 땅을 찾아내도록 만들었다.

정복자 윌리엄은 런던 타워와 같은 거대하고 위엄 있는 석조 건물들을 건설하여 자신의 권위를 확실하게 과시했다.

우리가 유럽에 관심을 집중하고 있는 사이에 이슬람 세계도 어려움을 겪고 있었다. 강력한 제국을 건설했던 이슬람 제국도 여러 나라로 갈라져 서로 싸우기 시작했다. 1030년경에 대 셀주크 제국이라고 부르는 이슬람 제국이 일어났다. 페르시아에 기반을 둔 셀주크 제국은 중앙아시아에서 터키에 이르는 지역을 통치했다. 셀주크 제국은 비잔틴 제국과 전쟁을 벌여 승리했다. 셀주크 군대는 1071년 만지케르트 전투에서 비잔틴 황제를 사로잡기도 했다. 그 후 그들은 현재 터키의 대부분을 정복했고, 유럽인들은 신경을 곤두세우기 시작했다.

1054년에 기독교는 로마 제국이 그랬던 것처럼 둘로 나누어졌다. 서유럽의 기독교는 로마 가톨릭이 되었고, 비잔틴의 기독교는 동방 정교회가 되었다. 그런데도 1095년에 로마 가톨릭 교회의 수장인 교황 우르바노 2세가 비잔틴 제국을 구하기 위한 군사행동을 제안했다.

예루살렘은 무함마드가 죽고 오래지 않은 400년 전부터 이슬람 군대가 점령하고 있었다. 예루살렘은 과거에나 현재나 유대교, 기독교, 그리고 이슬람교의 성지이다. 따라서 기독교도들과 이슬람교도들은 여러 세기에 걸쳐 예루살렘을 두고 전쟁을 벌였다. 교황은 비잔틴 제국을 지원하면서 예루살렘을 다시 찾아오길 원했다.

결국 그 요구가 받아들여졌고, 유럽의 기독교 지도자들이 단결하여 셀주크를 밀어냈다. 이것이 십자군이라고 부르는 전쟁의 시작이었다. 무장하고 말을 탄 기사들의 입장에서 보면 이것은 불신자들과의 싸움이었다. 그들은 신의 이름으로 싸웠다. 그들의 공격을 받은 사람들도 같은 신의 이름으로 싸

십자군들은 십자가가 그려져 있는 방패를 들고 다녔다.

웠다. 단지 그 신의 이름을 알라라고 부르는 것이 다를 뿐이었다.

교황 우르바노 2세가 이슬람교도와 싸우다가 죽은 사람은 신과 함께 하늘에서 영생을 누릴 것이라고 말했을 때 사람들은 그 말을 받아들였다. 사람들의 반응은 매우 놀라웠고, 이 비참한 전쟁은 오늘날까지도 영향을 주고 있다.

첫 번째 십자군 전쟁은 기독교 유럽의 승리로 끝났다. 그들은 예루살렘을 수복했다. 이 당시에는 승리한 군대가 영토만 차지하는 것이 아니었다. 그들은 정복한 땅에 사는 사람들을 죽였다. (이런 일은 오늘날에도 일어난다.) 예루살렘을 정복한 십자군은 그곳에 살고 있던 유대인과 이슬람교도를 학살했다. 그들은 예루살렘에 살고 있던 동방 정교회 신자들은 죽이지 않았지만 그들이 이슬람교도들을 도왔다고 비난하고 도시에서 축출했다.

새로운 로마 기독교 왕국들이 수립되었고, 이 왕국들은 약 80년 동안 지속되었다. 유럽인들이 도시의 인구 대부분을 제거했기 때문에 그들은 기독교도들에게 그곳으로 이주하도록 설득했다.

1200년대에 그린 이 그림은 영국의 리처드 왕과 이집트와 시리아의 술탄이었던 살라딘과의 마상전투를 상상하여 그린 것이다.

그러나 1187년에 이집트와 시리아의 술탄이던 살라딘이 예루살렘을 정복하고 이슬람교도들에게 돌려주었다. 살라딘의 예루살렘 점령은 유럽의 지도자들이 다시 결집하는 이유가 되었다. 1189년에 그레고리오 8세 교황의 지원을 받는 영국의 리처드 1세, 프랑스의 필리프 2세, 신성 로마 제국의 프리드리히 바르바로사를 중심으로 한 유럽 왕들의 연합이 신성한 땅을 수복하기 위해 진군했다.

오늘날의 통치자들은 자신이 직접 전쟁터에 나가지 않는다. 그들은 멀리 있으면서 군대만 보낸다. 그러나 중세에는 왕이나 여왕이 직접 전쟁터에 나갔다. 때로 그들은 앞장서서 전투에 임하기도 했다.

이 십자군은 성공하지 못했다. 프리드리히는 강을 건너다 익사했고, 필리프는 병이 들어 프랑스로 돌아갔다. 리처드는 그의 군대가 예루살렘을 수복할 수 없다는 것을 알고 살라딘과 평화조약을 맺었다. 그리고 리처드는 귀국하는 길에 오스트리아의 공작 레오폴트 5세에게 붙잡혔다. 레오폴트는 그를

새로운 신성 로마 제국의 황제 하인리히 4세에게 넘겨주었다. 리처드는 많은 몸값을 지불하고 서둘러 영국으로 돌아갔다.

1204년에 또 다른 십자군이 예루살렘을 향해 출발했지만 목적지까지 가지도 못했다. 대신에 그들은 기독교도들이 살고 있던 부유한 도시인 콘스탄티노플로 향했다. 4월 12일 그리스도의 군대라고 자칭하는 이들이 적군 도시에서 하는 것과 같은 일을 콘스탄티노플에서 저질렀다. 그들은 재물을 강탈하고, 도시를 파괴했으며 사람들을 공격했다. 이와 똑같은 일을 바그다드나 예루살렘에서 했더라면 그것은 명예로운 일로 간주되었을 것이다. 그러나 콘스탄티노플은 기독교 도시였다. 이때 일어난 일은 기독교 역사에서 가장 부끄러운 일들 중 하나로 기록되어 있다.

유럽의 기독교도들은 고통을 받고 있었지만 많은 다른 문화에서는 중세가 좋은 시절이었다. 우리는 앞에서 스페인과 중동의 이슬람 국가들이 새로운 발명과 무역을 통해 많은 사람들의 생활을 향상시키면서 번영하고 있는 것을 살펴보았다. 그리고 아프리카 남부의 짐바브웨 왕국은 그들의 발전하는 수도 그레이트 짐바브웨를 중심으로 멀리 중국에까지 연결된 무역 네트워크를 개척했다. 중국 도자기들과 중동에서 온 동전과 유리구슬들은 짐바브웨가 기후 변화와 기아로 그들의 무역 중심지가 쇠퇴하기 시작한 1450년까지 번영을 누렸다는 것을 보여주고 있다.

반면에 유럽은 아직도 계속된 반란으로 분열되고 있었다. 사람들로부터 신망을 얻지 못했던 영국의 존 왕은 1215년 6월 15일 템스강 강가에 있는 윈저 정원에서 귀족들과 만나도록 강요당했다. 귀족들은 왕에게 왕의 권한을 제한하는 헌장에 서명하도록 요구했다. 더 이상 그는 왕의 권력은 신에게서 온 것이라고 주장하며 무엇이든지 마음대로 할 수 없게 되었다. 대신에 그는 63개 조항에 따라야 했다. 이 조항들이 대헌장이다.

이 조항들에는 시민들과 합의하지 않은 전쟁 비용을 시민들의 돈으로 지불하지 못하도록 한 것도 포함되어 있었다. 정당한 재판 없이 시민을 감옥에 보낼 수도 없게 되었다. 그는 또한 템스강의 물고기도 함부로 잡을 수 없게 되었다. 곧 교황은 대헌장이 불법이라고 선언했다. 그러나 일부 역사학자들은 대헌장이 기분파 왕들과 강압적인 전쟁 군주 대신 법률이 지배하는 새로운 시대의 출발점이 되었다고 평가하고 있다.

영국의 존 왕이 그의 인장을 찍음으로서 대헌장에 동의했다. 그러나 그는 자신의 약속을 지키지 않았고, 영국 역사상 가장 인기 없는 왕이 되었다.

그러나 법치주의가 실현되기까지는 오랜 시간이 걸렸다. 일부 지역에서는 오늘날에도 법치주의가 실현되지 않고 있다. 중세에는 평민들은 점점 더 가난해진 반면 귀족들과 기사들은 점점 더 강력해졌다.

그리고 사정은 더 나빠졌다. 1315년에 비가 많이 내리고 추운 여름 날씨가 3년이나 계속되어 알프스와 피레네산맥 북쪽의 유럽 대부분 지역에서 작물을 재배할 수 없게 되었다. 동물을 먹일 사료가 부족해졌고, 소금을 구하는 것도 어려워졌다. 당시에는 염수를 증발시켜 소금을 만들었다. 그러나 비가 많이 내리거나 습도가 높으면 물이 잘 증발하지 않았다. 고기를 보관하기 위해서는 소금이 꼭 필요했으므로 소금의 부족은 재앙이었다. 가장 부유한 지주들을 제외하면 그 누구도 제대로 먹을 수가 없었다. 심지어는 영국 왕 에드워드 2세마저도 그해 여름에 나라를 순회하는 동안 궁전 신료들이 먹을 충분한 빵을 구할 수 없었다.

살아남기 위해서는 가축을 죽이거나 다음 해 농사지을 씨앗을 먹을 수밖에 없었다. 더 나쁜 일들이 뒤따랐다. 유럽 전체에서 버려진 어린이들이 스스로 먹을 것을 찾아 헤맸다. 독일의 동화 《헨젤과 그레텔》은 이 시기의 작품인 것으로 추정된다. 일부 노인들은 다른 가족들을 위해서 스스로 굶어 죽기도 했다. 잘 먹지 못해 약해진 사람들에게 질병이 빠르게 확산되었다. 1276년에는 유럽인들의 평균 수명이 35살이었지만 1325년에는 20살 정도로 낮아졌다. 그리고 유럽에 또다시 참혹한 일들이 벌어졌고, 다시 분열되었다. 흑사병이 돌아온 것이다.

 1347년부터 1351년까지 유럽을 휩쓴 흑사병의 원인으로 보통 쥐들을 꼽는다. 그러나 사람들도 흑사병의 원인을 제공했다. 앞에서 살펴본 것처럼 이 전염병은 벼룩에 살고 있는 세균에 의해 발생한다. 벼룩은 쥐처럼 작고 털 있는 짐승에 기생하는 것을 좋아한다. 사람이 부근에 있으면 사람에게 튀어 오른다. 따라서 사람이나 동물이나 오염된 벼룩을 가지고 있으면 가는 곳마다 세균을 옮기게 된다.

이 흑사병은 500년대 많은 사람들의 목숨을 앗아간 것과 같은 질병이었다. 이번에는 1330년대에 중국에서 시작되어 실크로드를 따라 확산되었다.

1300년대에 그린 이 그림에서는 흑사병 희생자들을 사제가 축복하고 있다. 현대 의학의 혜택이 없던 당시에는 기도만이 유일한 희망이었다.

이것을 세계 최초의 생화학무기의 예라고 할 수 있을까?
한 전설에 의하면 유럽에 흑사병이 확산된 것은 몽골 군대가
오염된 시체를 카파의 성벽 너머로 던져 넣은 후부터이다.

흑사병이 유럽에 어떻게 확산되었는지를 설명하는 전설이 있다. 이 이야기에 의하면 1346년에 몽골의 통치자 자니베크와 그의 군대가 흑해 북쪽 연안에 있는 무역항구 카파를 포위했다. 그들은 도시를 봉쇄하고 항복을 강요했다. 그러나 많은 병사들이 흑사병으로 죽어가자 계획을 바꿀 수밖에 없게 되었다.

마지막 수단으로 그의 얼마 남지 않은 병사들은 죽은 동료들의 시체를 투석기를 이용하여 카파의 성벽 너머로 던졌다. 그 당시 이탈리아의 제노바에서 온 무역상들이 카파에 머물고 있었다. 무슨 일이 일어나고 있는지 알게 된 그들은 배를 돌려 이탈리아로 돌아갔다. 그들은 자신들도 모르는 사이에 오염된 벼룩을 이탈리아로 가져왔다. 배에 타고 있던 대부분의 사람들은 배에서 죽었지만 고향에 돌아온 사람들이 이 질병을 옮겼다.

다음 3년 동안에 4000만 명 이상의 유럽인들이 이 질병으로 죽었다. 그것은 유럽 전체 인구의 반이 넘는 수였다. 1348년과 1375년 사이에 유럽인들의 평균 수명은 17살이 조금 넘는 역사상 가장 짧은 나이가 되었다.

병사가 될 수 있는 충분한 수의 농노가 남아 있지 않자 봉건제가 붕괴되었다. 헨리 5세와 같은 영국 왕은 병사들에게 돈을 지불하거나 심지어는 적들을 고용하기까지 했고, 그렇게 하기 위해서는 더 많은 세금을 걷어야 했다. 그러나 당시에는 시민들이 우위에 있었다. 남아 있는 사람들의 수가 적었으

므로 그들은 더 많은 권리와 자유, 그리고 정당한 노동의 대가를 요구할 수 있게 되었다.

세계는 이제 밀접하게 연결되었다. 흑사병은 중국에서 온 벼룩을 통해 유럽에 퍼졌다. 고대인들의 지혜는 종이에 보존되어 바그다드로부터 이슬람이 지배하고 있던 스페인에 전해졌다. 중국의 도자기가 남아프리카에서 사용되었다. 그리고 다음에 아시아에서 나머지 세계로 온 것은 모든 것을 완전히 바꿔 놓았다.

유럽에 화약이 알려진 것은 1267년 이전부터였다. 이 해에 출판된《대서》라는 책에 화약의 제조법이 실려 있었다. 그러나 영국의 로저 베이컨이 이 책을 출판한 후에도 1346년까지 유럽 군대는 대포를 사용하지 않았다.

아무도 화약이 어떻게 유럽 전역에 보급되었는지 모른다. 최초로 화약을 사용한 것은 1342년 스페인의 알헤시라스를 포위했을 때였다. 이 도시를 방어하고 있던 이슬람 군대가 공격하고 있는 기독교 군대를 격퇴하기 위해 성벽 너머로 철을 쏘아 보내는 원시적인 화약 무기를 사용했다. 이 도시의 봉쇄는 거의 2년이나 계속되었지만 결국 이슬람이 항복했다. 이 도시를 지키기에는 화약이 충분하지 못했던 것이다.

영국 군대가 1346년 프랑스와 싸운 크레시 전투에서 유럽에서 처음으로 대포를 사용했다. 이 대포들은 제대로 작동하지 않았다. 그러나 시간이 흐르면서 기술이 발전되어 전쟁 양상을 바꾸어 놓았다.

4년 후에 화약을 이용한 대포가 영국과 프랑스가 싸운 크레시 전투에 등장했다. 대포를 사용한 영국이 이기기는 했지만 대포가 제대로 작동하지는 않았다. 실제로 대포를 발사하는 사람들이 대포 앞에 있는 사람들보다 더 위험했다. 그러나 100년 안에 총이 군대가 가장 선호하는 무기가 되었다. 대포가 때로는 돌로 된 성을 단 몇 분 안에 돌무더기로 바꿔 놓기도 했다. 소총은 훈련받지 않은 농노를 멀리서 사람을 죽일 수 있는 위협적인 병사로 바꿔 놓았다.

헝가리의 대포 기술자였던 우르반은 세계 최초의 무기상이 되었다. 1452년에 거대한 대포를 설계한 그는 이 대포를 만드는 데 필요한 재정 지원을 받기 위해 비잔틴 제국의 콘스탄티누스 11세를 찾아갔다. 콘스탄티누스가 거절하자 그는 콘스탄티누스의 적인 오스만 제국의 술탄 메흐메드 2세를 찾아갔다. 메흐메드는 그의 제안을 받아들였다. 따라서 우르반의 대포는 매우 중요한 전투에서 오스만의 편에 서 있었다.

거대하다는 말은 그것이 엄청나게 크다는 것을 의미한다. 구리와 주석으로 만든 대포 하나의 길이가 8미터나 되었다. 전해지는 이야기에 의하면 이 대포를 끌기 위해 50마리의 황소가 동원되었고, 이 대포를 발사하기 위해서는 700명이 필요했다.

이 때는 이슬람 군대가 중요한 무역로를 확보하기 위해 비잔틴의 수도 콘스탄티노플을 점령하려고 시도했던 때로부터 거의 750년이 지난 시점이었다. 그동안에 이슬람 세계에는 많은 변화가 있었다. 새로운 제국이 예전의 칼리프가 다스리던 제국을 대체했다. 그런 제국 중 하나가 우르반을 고용한 터키를 기반으로 하는 오스만 제국이었다.

1453년 봄에 8만 명의 오스만 제국 군대가 콘스탄티노플의 거대한 성벽 바깥쪽에 집결했다. 우르반이 만든 대포가 천천히 초원을 가로질러서 도시 외곽에 도착했다. 거대한 돌과 대리석이 콘스탄티노플의 성벽을 향해 날아갔다. 이들의 위력은 실로 엄청나서 땅에 2미터 깊이의 구덩이를 만들 정도였다. 1453년 5월 28일 오스만 군대는 성벽을 허물고 성안으로 몰려들었다.

콘스탄티노플의 함락 소식은 유럽의 기독교 세계를 깜짝 놀라게 했다. 콘스탄티노플과 함께 비잔틴 제국의 나머지 영토도 오스만 제국으로 넘어갔다. 여기에는 유럽 경제에 매우 중요한 세르비아와 그리스의 은광산도 포함되어 있었다. 그리고 비잔틴 제국에 살고 있던 사람들의 일부는 이슬람으로 개종해 기독교도들을 놀라게 했다.

오스만 제국의 술탄 셀림 1세는 한 발 더 나갔다. 이집트를 점령하여 유럽과 동아시아를 잇는 역사적인 무역로를 봉쇄해 버린 것이다. 그의 후계자였던 술레이만은 1521년 헝가리를 침공했다. 5년 후에 모하치

술탄 메흐메드 2세는 1453년 그가 비잔틴 제국과의 싸움에서 이길 수 있도록 도와준 헝가리의 무기상과 거래했다.

전투에서 승리한 이슬람 군대는 현재 오스트리아의 빈의 성벽 밖까지 이르렀다.

빈을 함락의 위기에서 구한 것은 혹독하게 추웠던 겨울 날씨였다. 추운 겨울을 견딜 수 없었던 술레이만은 군대를 퇴각시켰다. 그는 1532년 재도전했지만 날씨 때문에 다시 멈춰야 했다. 그 후 100년 동안 추운 겨울 날씨는 일상적인 일이 되었다.

추운 날씨가 빈의 시민들에게는 일시적인 평화를 제공했지만 모험을 좋아했던 그린란드의 바이킹들에게는 치명적인 것이 되었다. 곤두박질치는 온도는 도저히 견딜 수 없을 정도로 추웠다. 바다가 얼어붙어 아무도 이 얼어붙은 땅으로 들어오거나 나갈 수 없게 되었다. 이곳에 살던 사람들이 완전히 사라졌다. 이들은 아마도 굶어 죽었거나 얼어 죽었을 것이다.

기독교 유럽은 이제 포위되었다. 북쪽은 얼음이 막고 있었고, 서쪽은 항해하기에는 너무 넓어 보이는 바다가 가로막고 있었다. 동쪽과 남쪽은 이슬람 무역상들과 통치자들의 손에 들어가 있었다. 기독교 유럽에게는 기적이 절실하게 필요했다.

이슬람 군대가 1453년 콘스탄티노플 포위 작전에서 기독교 방위군들과의 대결을 준비하고 있다.

Chapter 12

세계화 시대로

1415년-1621년

유럽의 탐험가들이 '신세계' 정복
경쟁을 벌이다.

1443년
포르투갈인들이 아프리카
골드로 가는 항로를 발견함

1488년
포르투갈의 탐험가
바르톨로뮤 디아스가
아프리카의 최남단을 본
첫 번째 유럽인이 됨

1492년
이사벨 1세와 페르난도
2세가 스페인의 마지막
이슬람 거점을 함락시킴

1492년-1503년
크리스토퍼 콜럼버스가
스페인과 아메리카 사이를
네 번 항해함

N

1517년
마르틴 루터가 교회에
항의하여 종교개혁을
시작함

1620년
영국 개신교도들이 플리머스
식민지를 발견함

1494년
스페인과 포르투갈이
세계를 둘로 나눠가짐

1522년
스페인이 아스테카
제국을 정복함

그녀는 18살의 공주이자 왕위 계승자였다. 그는 한 살 어린 왕자였으며 다른 나라에서 왕위 계승 서열 1위였다. 그들은 처음 만나고 1주일 만에 결혼했고, 많은 자녀를 두었다.

어디서 들어본 이야기 같지 않은가? 할리우드 영화 이야기는 아니다. 셰익스피어의 연극에 나오는 이야기도 아니다. 이것은 현재의 스페인에 해당하는 곳에 살았던 공주와 왕자, 카스티야의 이사벨 1세와 아라곤의 페르난도 2세의 실제 이야기이다. 그리고 이 이야기는 아름다운 사랑과 로맨스 이야기가 아니다. 이것은 권력과 정치 이야기이다.

이사벨의 형제였던 엔리케 왕이 죽은 후 이사벨과 그녀의 조카 조안나 중 누가 카스티야의 왕위를 계승하느냐 하는 문제를 놓고 전쟁이 벌어졌다. 이사벨은 싸울 준비가 되어 있었다. 그녀는 아버지가 강력한 군대를 가지고 있던 페르난도와 결혼하기로 했다. 그녀는 아라곤의 도움을 받아 전쟁에서 이기고 23살이던 1474년에 카스티야의 여왕으로 등극했다. 5년 후 페르난도의 아버지가 죽자 페르난도는 아라곤의 왕이 되었다. 이사벨과 페르난도의 결혼으로 카스티야와 아라곤은 평화를 유지할 수 있었고, 강력한 힘을 갖게 되어 현대 스페인의 기초를 마련했다.

두 나라를 결합한 페르난도와 이사벨은 유럽에서 가장 강력한 군주가 되었다.

이사벨과 페르난도는 그들이 얻은 강력한 힘으로 무엇을 했을까? 가장 먼저 한 일은 1492년에 이슬람 적들을 그라나다에서 축출한 것이었다. 그런 다음 그들은 이 지역에 있던 유대교도와 이슬람교도가 기독교로 개종하거나 이 지역을 떠나도록 강요했다. 그들의 계획은 그들의 나라 전체를 로마 가톨릭으로 만드는 것이었다. 교황은 그들을 가톨릭 군주라고

불렀다. 그들은 또한 서쪽에 있는 경쟁자인 포르투갈의 성장을 억제하려고
했다.

포르투갈은 한발 앞서 나갔다. 50년 전에 포르투갈에는
보석을 좋아하는 왕자가 있었기 때문이었다. 21살이던 엔
히크는 1415년에 포르투갈의 해군이 북아프리카에 있던 도시 세우타를 점령
하는 것을 도왔다. 그곳에 기지를 두고 있던 해적들이 포르투갈인들을 납치
하여 아프리카에 노예로 팔아왔고, 엔히크의 아버지였던 포르투갈의 왕 주앙
1세는 이 노예 매매를 멈추고 싶었다. 엔히크 역시 해적들을 소탕하고 싶어
했지만 그가 세우타에 관심을 가지는 데는 또 다른 이유가 있었다. 그것은 금
이었다.

이슬람의 무역상들이 낙타에 보물을 싣고 마을에 있는 시장으로 왔다.
그들은 사하라 남쪽에서 번영하고 있던 송가이 제국으로
부터 40일에 걸쳐 사하라 사막을 건너 세우타로 왔다.
송가이 제국은 사하라 남쪽에 있는 서아프리카의 대부분

이슬람 상인들은 사하라를
건너 소금, 은, 금을 운반
하는 데 전통적으로 낙타를
이용했다.

을 지배하고 있었다. 낙타 대상들은 사막에서 채굴한 소금 덩어리를 송가이로 가져가기도 했다. 송가이에는 커다란 금광이 있었지만 고기를 저장하는데 사용할 소금이 충분하지 않았다. 따라서 그들은 금을 소금과 교환하는 거래를 했다.

송가이에는 많은 금이 있었지만 세우타에서는 비쌌다. 금값에는 금을 사하라를 건너 수백 킬로미터 운반하는 비용과 이슬람 상인들의 이윤이 포함되었기 때문이다. 엔히크는 중간 상인들에게 이윤을 남겨 주지 않기 위해 사하라를 건너지 않고 금을 직접 가져올 방법을 생각하게 되었다!

엔히크의 계획은 서아프리카 해안을 따라 항해하여 바다를 통해 금이 있는 곳까지 가는 것이었다. 그는 용감한 선원들로 구성된 탐험대를 계속 보냈다. 그들이 돌아왔을 때 지도 제작자들에게 지도를 새로 그리게 하여 다음 탐험에 사용할 수 있도록 했다.

엔히크의 첫 번째 도전은 현대의 모로코 남쪽에 있는 보자도르 곶을 지나 항해하는 것이었다. 이곳은 유럽인들이 도달했던 가장 남쪽이었다. 빠

포르투갈 탐험가들은 작아서 다루기 쉬운 작은 범선을 이용해 항해했다. 삼각형 돛은 바람에 거슬러 항해할 때 사용했다.

른 해류와 강한 바람으로 인해 이곳은 바다 괴물이 산다고 알려져 있었다. 어떤 사람들은 여기가 지구의 끝이라고 생각했다.

우리는 엔히크에게 박수를 보내야 한다. 그는 끈기 있는 사람이었다. 그는 10년 동안 15번의 탐험대를 보냈다. 그리고 마침내 1434년 탐험대장 중한 사람인 질 이아네스가 해안에서 멀리 떨어져 항해하면 바람을 받아 남쪽으로 더 멀리까지 내려갈 수 있다는 것을 발견했다. 10년 후 포르투갈 선원들은 현재의 모리타니의 해안에 있는 아르긴만에 도달했고, 그곳에 요새를 구축했다.

이제 엔히크는 이슬람 중간 상인들을 제치고 사막 남쪽의 금을 살 수 있게 되었다. 그러나 그는 금을 사고파는 것외에 부자가 되는 또 다른 방법을 발견했다. 사람을 노예로사고파는 방법을 알게 된 것이다. 처음에는 포르투갈인들이아프리카 선원들을 납치하여 노예로 팔았다. 그러나 오래지 않아 아프리카인들이 반격을 시작하자, 아프리카 노예상에게서 노예들을 사다 팔았다. 포르투갈인들에게는 모든 것이 잘 풀렸다. (그러나 그들이 사고판 노예들에게는 그렇지않았다.) 1452년 포르투갈은 최초로 금화를 만들어 이를 기념했다.

엔히크 왕자는 1460년에 죽었다. 그러나 그의 성공은 새로운 탐험가들에게 영감을 주었다. 금과 노예를 서아프리카 해안 남쪽에서 발견할 수 있다면알려지지 않은 세상에는 얼마나 많은 부가 기다리고 있을까?

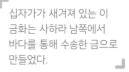

십자가가 새겨져 있는 이 금화는 사하라 남쪽에서 바다를 통해 수송한 금으로 만들었다.

 새로운 탐험이 놀라운 결과를 가져왔다. 1488년 5월 포르투갈의 탐험가 바르톨로뮤 디아스가 아프리카의 남단을 본 첫 번째 유럽인이 되었다. 그는 아마 이것이 향신료가 가득한 동아시아로 가는 새로운 항로가 될 수 있을는지도 모른다고 생각했을 것이다. 포르투갈의 왕 주앙 2세는 아프리카 남단을 희망봉이라고 이름 지었다.

이와 같은 놀라운 성과는 왜 주앙 2세가 야심찬 선원이었던 크리스토퍼 콜럼버스의 제안을 거절했는지를 설명해 준다. 콜럼버스는 유럽의 해안 전체를 항해했고, 아프리카 서부 해안을 따라 무역을 하기도 했다. 그는 새로운 세상에 대해 알고 싶어 하는 욕망이 컸다.

콜럼버스는 재미있는 생각을 했다. 당시 대부분의 유럽인들과 마찬가지로 그는 세상이 둥글다는 것을 알고 있었다. 그는 유명한 여행가 마르코 폴로가 쓴 몽골 황제 쿠빌라이 칸에 대한 이야기를 포함한 많은 책들을 읽었다. 폴로가 쓴 《동방견문록》은 1271년부터 1295년까지 아시아를 여행한 이야기를 쓴 책으로 당시 베스트셀러였다.

콜럼버스는 동쪽으로 육지를 통해서 가는 것보다 서쪽으로 바다를 통해서 가면 인도네시아, 중국, 일본(유럽인들은 이 지역을 인디스라고 부르고 있었다)에 더 빨리 갈 수 있고, 만약 그것이 사실이라면 인디스로 가는 서쪽 항로를 발견한 사람은 많은 부를 얻을 수 있을 것으로 생각했다. 그리고 탐험을 위해 경비를 지원한 나라도 마찬가지일 것이다.

콜럼버스는 탐험을 위한 재정적 지원을 얻기 위해 포르투갈의 왕 주앙 2세에게 두 번이나 찾아갔지만 주앙 2세는 지원을 거절했다. 아마도 그는 서쪽으로 가면 빨리 중국에 도달할 것이라는 콜럼버스의 주장을 믿을 수 없었는지도 모른다. 게다가 이미 충분한 탐험가들과 지도 제작자들을 확보하고 있었다. 콜럼버스는 제노바, 베네치아, 영국에서도 거절당했다. 그러자 그는 포르투갈의 가장 큰 경쟁자인 페르난도와 이사벨에게 갔다.

크리스토퍼 콜럼버스는 콜럼버스의 라틴어 이름 크리스토로푸스 콜룸부스의 영어식 이름이다. 그는 리구리안어로는 크리스토파 콘보라고 불렸다.(리구리안어는 그가 태어난 것으로 추정되는 제노바 언어이다.) 이탈리아어로는 크리스토포로 콜롬보이고, 스페인어로는 크리스토발 콜론이다.

1271년에 오늘날 이탈리아의 베네치아를 떠나는 마크로 폴로가 그려졌다. 그는 무역과 탐험을 전문으로 했던 가문에서 태어났다. 폴로는 멀리 있는 지역에 대해 알고 있는 유럽인들이 거의 없던 시대에 아시아 전역을 여행했다. 베스트셀러가 된 마르코 폴로의 여행기는 많은 사람들에게 탐험에 대한 영감을 주었다.

1492년 그라나다가 가톨릭 군주에게 항복하여 750년 이상 지속되었던 유럽에서의 이슬람 통치가 막을 내렸다. 이제 페르난도와 이사벨은 이슬람교도와 유대인을 축출하기 시작했고, 따라서 더는 그들로부터 금을 거둬들일 수 없게 되었다. 그리고 포르투갈과의 전쟁 끝에 맺은 조약으로 아프리카에서 직접 금을 구하는 것도 불가능하게 되었다. 따라서 이 귀중한 금속을 구할 수 있는 새로운 곳을 개척할 필요가 있었다. 또한 포르투갈 상인들이 알려지지 않은 세상을 독차지하는 것을 막고 싶어 했다. 결국 그들은 콜럼버스에게 투자하기로 했다.

콜럼버스는 종종 아메리카의 발견자라고 불린다. 그러나 그것은 사실이 아니다. 콜럼버스가 그곳에 갔을 때는 많은 다양한 문화와 문명이 이미 아메리카에 있었다. 콜럼버스는 오래전부터 있었던 세상에 뛰어든 것이다. 그리고 신세계에 처음 발을 디딘 유럽인들은 바이킹이었다. 그러나 그들은 그곳에 오래 머물지 않았다. 콜럼버스는 많은 사람들이 그가 도착한 곳이 아시아가 아니라는 것을 알아낸 다음에도 그가 아시아에 도착했다고 굳게 믿었다.

콜럼버스의 항해는 세 가지 점에서 매우 중요했다. 첫 번째는 그가 포르투갈의 아프리카 서부 해안 탐험가들이 가지고 있었던 대서양 바람의 수수께끼를 풀었다는 것이다. 이제 모든 유럽인들은 그의 항로를 따라 서쪽으로 항해할 수 있게 되었다. 두 번째는 그가 전 지구를 놓고 스페인과 포르투갈이 벌인 경쟁을 유발했다는 것이다. 세 번째는 그가 카리브해 히스파니올라섬(현재의 아이티와 도미니카공화국)에 건설한 식민지가 스페인 탐험가들과 식민지 경영자들이 아메리카의 나머지 지역을 정복하는 전진기

> **"**
> 이 모든 섬들에는 태양
> 아래 최고의 사람들이 많이
> 살고 있다. 그들은 절대로
> 나쁜 생각을 하지 않으며,
> 배반하지 않는다. **"**
>
> 크리스토퍼 콜럼버스,
> 탐험가 겸 식민지 경영자

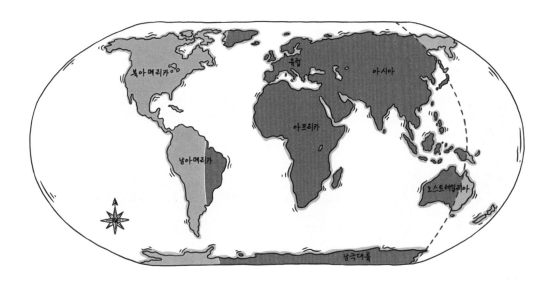

토르데시야스 조약(1494년)

---- 사라고사 조약(1529년)

[밝은 영역] 스페인 영역

[어두운 영역] 포르투갈 영역

1494년 스페인과 포르투갈은 전 세계에 있는 수백 개의 독립적인 문명을 무시하고, 새로 '발견될' 지역을 다스릴 권한을 대서양 한가운데 그은 선을 중심으로 나누었다. 1529년에 그들은 아시아의 태평양 연안에 또 하나의 선을 긋기로 합의했다. 이 두 개의 조약에 의해 아프리카와 아시아는 포르투갈에 돌아갔고, 아메리카의 대부분은 스페인에 돌아갔다.

지로 사용되었다는 것이다. 콜럼버스가 수문을 열어젖혔고, 이로 인해 아메리카는 이제 더 이상 예전의 아메리카가 아니게 되었다.

 1494년에 스페인과 포르투갈은 토르데시야스 조약에 서명했다. 오늘날에 보면 말도 안 되는 이 조약은 전 세계를 대서양 한가운데 그은 선을 중심으로 두 부분으로 나누었다. 이 선의 동쪽에서 발견되는 것들은 모두 포르투갈에 속하고, 서쪽에서 발견되는 것들은 모두 스페인에 속하는 것으로 합의했다. 이 조약에 의해 포르투갈은 아프리카 대부분을 차지했지만, 그곳에 이미 살고 있던 사람들은 아무 발언권도 없었다.

유럽인들은 카리브해와 남아메리카에 사탕수수 농장을 세웠다. 힘든 일은 서아프리카에서 데려온 노예들이 했다.

아메리카의 경우에는 다른 부분보다 동쪽으로 삐져 나온 현재의 브라질에 해당하는 지역은 포르투갈이 차지했고, 나머지는 스페인에 속했다. 아무도 아프리카, 아시아, 그리고 아메리카에 오래전부터 살고 있던 사람들에게 이런 계획에 대해 물어보지 않았다.

당시 대부분의 유럽인들은 이에 대해 별로 이의를 제기하지 않았다. 유럽인들은 스페인과 포르투갈이 기독교와 미래 천국을 전 세계로 전파하고 있다고 생각했다. 그들은 기독교인이면 하늘나라에 갈 수 있고, 기독교인이 아니면 지옥에 갈 것으로 생각했다. 따라서 원주민들을 기독교로 개종시키는 것은 그들에게 가장 큰 은혜를 베푸는 것이고, 개종으로 모든 것을 잃고 노예의 상태가 된다고 해도 지옥에 가는 것보다 낫다고 생각했다. 여러 세기가 지난 다음에 돌이켜 보면 이런 생각은 소름끼치지만, 그 당시 대부분의 유럽인들은 실제로 그렇게 생각했다.

포르투갈의 선원이었던 바스쿠 다가마는 희망봉을 돌아 동쪽으로 간 첫 번째 유럽인이 되었다. 그는 1498년 5월 14일에 인도에 도착했다. 포르투갈은 페르시아만 연안에 정착했고, 인도와 인도네시아 해안에도 정착했다. 그들은 50년 후에 일본에 도착했다. 그동안 포르투갈의 페드루 알바르스 카브랄이 서쪽으로 항해하여 1500년 4월 오늘날의 브라질에 도착했다.

1530년대에는 아프리카 노예무역이 성행했다. 유럽인들은 아프리카에서 사람을 사서 대서양을 건너 브라질과 카리브해로 수송했다. 유럽인들이 노예로 만든 그 지역 원주민들은 대부분 죽거나 도망갔다. 따라서 아프리카에서 온 노예들이 이곳에서 극심한 노동을 강요받았다. 가장 힘든 일 가운데 하나는 사탕수수를 경작하거나 사탕수수로 설탕을 만드는 일이었다. 이 일은 매우 위험해서 대부분의 노예들이 일찍 도망치지 못하면 5년 안에 목숨을 잃었다. 그들이 만든 설탕은 대서양을 건너 유럽으로 가져가 비싸게 팔렸다. 사탕수수 경작자들은 많은 돈을 벌 수 있었고, 따라서 죽도록 일할 더 많은 노예를 살 수 있었다. 이 더러운 사업으로 유럽 국가들은 점점 부자가 되었다.

그리고 금이 있었다. 이 빛나는 노란색 금속은 매우 귀했기 때문에 이것을 발견할 가능성이 있다면 유럽인들은 모든 위험을 감수했다. 스페인 출신으로 사촌 형제였던 에르난 코르테스와 프란시스코 피사로는 각각 흩어져 금을 찾아 탐험을 떠났다. 그들은 거대하고 강력한 제국의 파멸에 책임이 있었다. 코르테스는 아스테카를 멸망시켰고, 피사로는 잉카 제국을 멸망시켰다. 이들과 같은 스페인인들을 정복자들이라고 부른다. 이들이 아메리카에 있는 제국들을 멸망시킨 사건은 역사상 가장 참혹한 사건이었다.

에르난 코르테스는 스페인 선원 제로니모 드 아귈라와 노예로 팔렸다가 그가 선물로 받게 된 나후아 여인 말린체를 통해 원주민과 의사소통을 했다.

코르테스가 1519년 봄에 멕시코 해안에 도착했을 때 그는 배 11척과 선원 110명, 그리고 병사 530명을 데리고 있었다. 그는 이전 탐험에서 배가 파괴된 스페인 선원을 만났다. 제로니모 드 아귈라는 아스테카에 잡혀서 노예로 8년을 살았고, 코르테스를 만났을 때는 아스테카의 언어와 관습에 익숙해 있었다.

그리고 그 지역의 마야인들이 코르테스에게 20명의 노예를 선물로 주었다. 그들 중 한 사람이었던 말린체라는 여인은 두 가지 지역 언어를 말할 줄 알았다. 이제 두 명의 통역사를 확보한 코르테스는 금을 찾는 그의 여정에서 만나는 모든 사람들과 의사소통을 할 수 있게 되었다.

코르테스는 지역 부족인 토토나카족과 틀락스칼텍족과 동맹을 맺었다. 그가 아스테카를 멸망시키려고 한다고 말하자 그들은 쉽게 동맹에 응했다. 아스테카는 주변 부족들에게 세금을 내라며 핍박하고 있었다. 따라서 이들은 아스테카를 정복할 기회를 놓치려고 하지 않았다. 이제 코르테스와 그의 전사들은 테노치티틀란으로 진격하는 데 필요한 동맹군을 가지게 되었다. 호수 한가운데 건설된 도시를 기억하고 있을 것이다.

마지막 아스테카 황제는 목테수마 2세였다. 그의 치세 동안에 아스테카 제국은 절정기를 맞이했다. 그러나 1520년 그가 죽은 후 곧 모든 것을 잃었다.

아스테카의 왕은 목테수마 2세였다. 코르테스와 그의 군대를 손님으로 환영한 그는 곧 자신의 궁전에서 포로가 되었다. 코르테스는 몸값으로 엄청난 양의 금을 요구했다. 점점 더 많은 보물이 스페인 사람들의 손으로 넘어가자 아스테카 사람들은 코르테스와 그의 군대, 그리고 엄청난 몸값 요구에 화를 냈다.

copolco
3oi micca y
capitan.

그러나 며칠 만에 목테수마가 목숨을 잃었다. 그가 어떻게 죽었는지는 알려지지 않았다. 코르테스나 그의 병사 중 한 명이 그를 죽였을까? 아니면 불만이 생긴 아스테카 관리가 이런 엄청난 짓을 저질렀을까? 어쨌든 1520년 7월 초에 격노한 아스테카 시민들이 스페인인들을 도시에서 몰아냈다.

몇 달 후 스페인인들은 아스테카의 통치를 싫어했던 사람들로 구성된 새로운 대규모 군대와 같이 돌아왔다. 그러나 어떤 군대보다도 잔인한 살인자는 유럽인들이 가져온 질병이었다. 그들은 유럽에서는 흔한 전염병인 천연두가 왜 아메리카에서는 온 마을 사람들을 죽였는지 이해하지 못했다. 아메리

1521년에 있었던 테노치티틀란에 대한 마지막 포위 작전을 그린 이 그림은 아스테카 지역 또는 인근 지역에 살던 예술가들이 그린 시각적인 역사 기록이다. 그들은 이 그림을 제국이 무너지고 30년쯤 후에 그렸다.

카 사람들도 이해하지 못하기는 마찬가지였다. 이것은 마치 초자연적인 질병 같았다.

그러나 우리는 그때 무슨 일이 벌어졌었는지 이해하고 있다. 중세 유럽을 휩쓴 선페스트와 마찬가지로 천연두도 매우 전염성이 강한 질병이다. 그러나 선페스트와는 달리 유럽에서는 천연두가 풍토병이었다. 풍토병이라는 말은 이 질병이 오래전부터 있어 왔다는 것을 의미한다. 이런 질병에 걸리면 어떤 사람들은 죽지만 어떤 사람은 살아남는다. 시간이 지나면서 많은 사람들이 이 질병에 노출된 후 면역되었다.

아메리카에서는 사정이 달랐다. 이전에는 그곳에 천연두 바이러스가 없었으므로 누구도 그것에 노출된 적이 없었다. 이 질병이 남아메리카와 북아

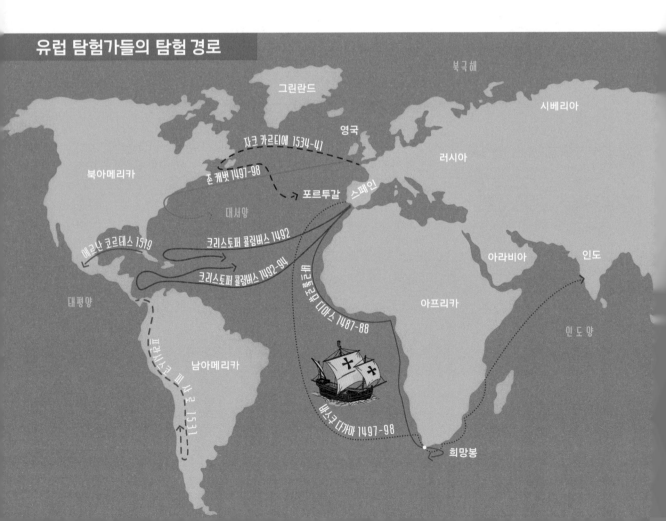

유럽 탐험가들의 탐험 경로

메리카 원주민들에게 전염되었다. 아스테카 인구의 약 40%가 스페인인들과 접촉하고 1년 안에 죽었고, 이 질병으로 약해진 사람들이 지키고 있던 테노치티틀란이 코르테스 군대의 수중에 떨어졌다. 마지막 80일 동안의 포위 작전으로 24만 명이 넘는 아스테카인들이 죽었다. 일부는 전투에서 죽었고 일부는 천연두로 죽었다.

이제 스페인이 모든 지역을 정복한 방법이 분명해 보인다. 스페인은 나라 이름을 누에바에스파냐로 고치고, 1524년에 총독을 임명했다. 아스테카에서 은 광산을 발견했다는 소식이 스페인에 전해지자 더 많은 유럽 모험가들이 신세계에서 빨리 부를 축적하기 위해 항해에 나섰다.

1529년에 코르테스의 사촌 프란시스코 피사로가 남아메리카의 잉카 제국을 멸망시켜도 좋다는 허가를 받았다. 피사로의 전술은 그의 사촌 코르테스에게서 배운 것이었다. 1532년 11월 16일 그는 부하들이 카하마르카의 언덕 위에 있는 중앙 광장에서 잉카의 황제 아타우알파를 만날 수 있게 자리를 마련했다.

아타우알파는 많은 신하들을 거느리고 마을 광장에 나타났다. 스페인 사람이 남긴 기록에 의하면 피사로의 부하들이 황제에게 그의 종교를 버리고 예수 그리스도의 말씀을 받아들이라고 요구했다. 아타우알파가 거절하자 피사로의 부하들이 광장의 모든 방향에서 말을 타고 총을 쏘면서 공격했다. 갑작스러운 공격으로 많은 사람들이 혼란에 빠졌고, 이 혼란 속에서 많은 잉카인들이 살해되었다. 여기서부터는 목테수마의 이야기와 매우 비슷하다. 황제는 작은 방에 갇혔다. '몸값' 방에는 아타우알파의 목숨 대신 스페인인들에게 지불한 보물이 쌓였다. 그러나 스페인인들은 돈도 받고 아타우알파도 처형했다.

멀리 있는 문명의 탐험과 정복이 돈이 된다는 것이 확실해지자 유럽의 여러 나라들은 그들 몫의 보물을 차지하기 위해 나섰다. 이 지도는 일부 탐험가들의 탐험 경로를 보여준다.

오래지 않아 갤리온이라고 부르는 거대한 배가 잉카의 금과 아스테카의 은을 가득 싣고 스페인 항구에 도착했다. 이내 다른 유럽 국가들도 움직였다. 1497년에는 영국 브리스틀의 상인들이 존 캐벗에게 북아메리카 해안을 탐험하라고 돈을 지불했다. 프랑스 항해사 자크 카르티에는 프랑스 국왕 프랑수아 1세를 위해 오늘날의 캐나다 해안을 여러 차례 탐험했다. 1522년에는 포르투갈의 탐험가 페르디난드 마젤란이 최초로 지구를 일주하는 데 성공했다.

그때까지 탐험가들 대부분의 목표는 빠르게 부자가 되는 것 뿐이었다. 그러나 북유럽에서는 사람들이 자신들과 자신들의 신에 대한 생각이 바뀌고 있었다. 이것을 종교 개혁이라고 부른다.

통치자들과 상인들이 재산을 모으는 동안 평민들의 생활은 이전과 달라진 것이 없었다. 그리고 교회는 이들에게 도움이 되지 못했다. 일요일 아침부터 교회에 가서 사제에게 "당신은 죄가 커서 죽은 다음에 지옥불 속에서 고통을 받을 겁니다."라는 이야기를 듣는다고 상상해 보자. 틀림없이 매우 기분이 좋지 않을 것이다.

"다행스럽게도 해결 방법이 있습니다. 당신의 죄를 고백하세요. 그러면 신이 용서해 주실 것입니다!"라고 사제가 말한다. 때로는 신의 용서를 받기 위해 좋은 일을 해야 할 때도 있다.

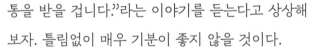
1517년에 마르틴 루터가 95개조 반박문을 비텐베르크 성당 문에 붙이고 있다.

그러나 잘못을 만회할 수 있는 다른 방법도 있었다. 부패한 사제들이 용서의 대가로 돈을 요구한 것이다. 그 결과 교회와 사제는 부자가 되고, 평민들은 먹을 것을 구하기 위해 계속 땀을 흘려야 했다.

부패한 사제에 대해 불평이 고조되었다. 그러자 독일의 수도승 마르틴 루터가 용서를 파는 것은 완전히 잘못된 것이라고 선언하여 커다란 변화의 물결을 일으켰다. 그는 한 걸음 더 나갔다. 루터는 죄를 용서받는 단 한 가지 방법은 예수 그리스도에 대한 완전한 믿음뿐이라고 주장했다.

1517년에 루터는 95개조 반박문을 적어 독일 비텐베르크 성당 문에 게시했다. 그는 또한 사제들이 성경 내용을 이야기해 주기를 기다리지 말고 모든 사람들이 직접 성경을 읽으라고 권유했다. 물론 모든 사람들이 글을 읽을 수 있었던 것은 아니었다. 그러나 1450년에 요하네스 구텐베르크가 사용하기 쉬운 인쇄술을 발명했다. 따라서 라틴어 성경과 후에는 다른 언어로 된 성경이 글을 읽을 수 있는 모든 사람들에게 제공되었다. 그리고 성경 어디에도 죄의 사함을 받기 위해 사제에게 돈을 지불해야 한다는 말이 들어 있지 않았다. 왜 많은 사람들이 분노했는지 이해할 수 있을 것이다.

독일 대장장이 요하네스 구텐베르크가 이동 가능한 인쇄기를 발명한 후 책이 훨씬 싸졌다. 가장 인기 있는 책은 라틴어 성경이었다.

루터의 항의로 인해 새로운 형태의 기독교를 항의라는 의미의 'protest'에서 유래한 프로테스탄트, 또는 개신교라고 부르게 되었다. 그리고 개신교는 몇 년 안에 유럽 전체로 확산되었다.

루터의 메시지를 환영한 사람들은 평민들만이 아니었다. 가톨릭 교회로부터 자유로워지고 싶어 했던 통치자들도 프로테스탄트의 마차에 올라탔다. 종교적인 이유 때문만은 아니었다. 영국의 헨리 8세는 스페인 출신 왕후와의 이혼을 교황이 허락하지 않자 교황이 아니라 자신이 영국 교회의 수장이라고 선언했다.

개신교는 다른 여러 곳으로도 확산되었다. 가톨릭 스페인의 적국이었던 네덜란드, 덴마크, 스웨덴이 개신교로 돌아섰다. 프랑스와 영국은 양쪽을 오갔다. 이런 나라들에서는 어느 편에 서든 상대편이 권력을 잡으면 위험에 처했다. 가톨릭도 개신교도 오랫동안 안전하지 않았다. 그리고 개신교도 여러 개의 분파로 갈라져 서로 싸웠다.

순례자들은 1620년 영국을 떠나 북아메리카의 북동 해안에 도착했다. 새로운 영구 정착지를 개척할 수 있기에 충분한 사람들이 생존했다.

그때 당신이 살고 있었다면 무엇을 선택했을까? 한 편을 선택해서 상대편과 싸웠을까? 아니면 다른 사람들이 건들지 않기를 바라면서 내 일만 했을까? 둘 다 위험해 보인다. 당시 사람들에게는 또 다른 선택이 있었다. 달아나는 것이다.

전쟁과 논쟁, 그리고 위험에 지친 일부 사람들은 도망치는 것을 선택했다. 1620년 가을 100명이 조금 넘는 영국인들이 가족과 함께 역사상 가장 유명한 배를 타고 대서양을 건너는 편도 여행을 떠났다. 이 배의 이름은 메이플라워였다. 북아메리카에는 이미 버지니아라고 부르는 영국 식민지가 세워졌고, 이곳에 영구 정착지가 만들어지기 시작한 것은 1607년이었다. 그리고 1612년에는 버뮤다 섬에도 영국 식민지가 공식적으로 문을 열었다. 메이플라워는 이곳으로 향하지 않았다. 이 배의 승객들은 뉴잉글랜드라고 부르는 지역에 새로운 영국 식민지를 개척하려고 했다.

탐험의 지도자들은 청교도, 또는 분리주의자라고 부르는 35명의 개신교도들이었다. 그들은 자신들의 신앙과 영국 문화를 지킬 수 있는 새로운 장소를 찾고 싶어 했다. 나머지는 고향에서보다 나은 삶을 원하는 하인과 농부들이었다. 그들은 새로운 식민지에 정착했고, 고향을 기려 플리머스라고 불렀다. 이 정착민들을 필그림 파더스라고 한다.

플리머스 식민지는 초기에 운이 좋았다. 그들은 원주민들의 무덤과 저장고에서 옥수수를 발견했고, 이것을 훔쳐 씨앗으로 사용할 수 있었다. 그들은 건물을 짓고 농사를 지을 수 있는 정리된 땅도 발견했다. 그들은 신이 자신들을 위해 이 땅을 준비해 두었다고 생각했다. 따라서 그들은 집을 짓기 시작했다. 겨울이 다가오고 있었기 때문에 망설일 여유가 없었다.

정착민들은 나중에서야 플리머스가 원주민들이 질병으로 죽어 버려진

납치되어 노예가 되었다가 도망쳐 집으로 돌아온 티스콴툼은 그의 부족이 모두 죽은 것을 발견했다. 필그림·파더스들이 그의 옛 마을로 오자 그는 그들의 중요한 안내자 겸 그들과 원주민 사이의 외교관이 되어주었다. 이것은 1900년대의 예술가들이 티스콴툼이 옥수수를 심는 방법을 가르치고 있는 것을 상상해서 그린 것이다.

파툭셋 마을이라는 것을 알게 되었다. 영국 사람들은 이 질병을 '인디언 열병'이라고 불렀다. 그러나 아마도 이것은 유럽 탐험가들이 가져온 천연두였을 것이다.

필그림 파더스가 도착하고 얼마 안 되어 방문자들이 나타났다. 처음에는 영어를 조금 할 줄 아는 아베나키족의 사모셋이었다. 그다음에는 그 지역 원주민 파툭셋족의 티스콴툼이었다. 티스콴툼은 영국에 산 적이 있어 영어를 유창하게 할 수 있었다. 그는 새로운 정착민들에게 지역사람들을 소개해 주었고, 그곳에서 살아가는 방법을 가르쳐 주었다. 미국 원주민이 숲속에서 걸어 나와 영어를 말하는 것이 정착민들에게는 기적처럼 보였을 것이다.

이 모든 행운에도 불구하고 그들은 작물을 재배하기에는 너무 늦게 그곳에 도착했다. 그리고 겨울은 혹독했다. 반 이상이 기아와 질병으로 죽었다. 그러나 1621년 9월에 살아남은 사람들은 충분한 곡식을 수확했고, 이웃들과도 좋은 관계를 맺었다. 정착민들은 그들의 새로운 이웃이 된 왐파노아그족과 축하행사를 했다. 미국의 추수감사절은 그 순간을 기념하는 명절이다.

평화는 오래 가지 않았다. 오래 갈 수 없었다. 수만 명의 영국인들이 매사추세츠로 몰려들자 문제가 생기기 시작한 것이다. 유럽인들은 그들이 발견한 것은 무엇이든 가져갈 수 있다고 생각했다. 그러나 1만 년 전부터 조상 대대로 아메리카에 살아온 원주민들은 이런 생각에 동의할 수 없었다.

> 66
> 모든 위대하고 명예로운 행동은 많은 어려움을 동반한다. 용기를 가지고 모두 헤쳐나가야 하고, 극복해야 한다. 99
>
> 윌리엄 브래드포드,
> 플리머스 식민지 총독

Chapter 13

혁명의 시대

1543년–1905년

과학, 자유, 그리고 로봇

1789년
프랑스 대혁명으로 바스티유의
무기를 탈취함

1543년
코페르니쿠스가 태양이
우주의 중심이라는
이론을 출판함

1803년
미국이 프랑스로부터
루이지애나를 구입함

1776년
미국이 영국으로부터의
독립을 선언함

1815년
나폴레옹이 영국에
패배함

1869년
미국에 대륙 횡단
철도가 건설됨

1882년
전기 회사가 뉴욕과
런던에 설립됨

1829년
조지 스티븐슨의 로켓이
레인힐 기관차 경주에서
이김

1876년
벨이 전화기를 발명하고,
벤츠가 자동차를 발명함

1905년
알베르트 아인슈타인이
$E=mc^2$을 발견함

자크 드 보캉송은 태엽을 이용해 작동하는 로봇을 만든 프랑스 발명가였다. 그의 발명품들 중에는 12가지 다른 곡을 연주할 수 있는 플루트 연주자, 파티에서 음료수를 내어줄 수 있는 웨이터가 포함되어 있다. 그의 가장 유명한 로봇은 소화하는 오리였다. 이 오리는 날개를 퍼덕일 수 있었고, 먹이를 먹었으며, 심지어는 똥을 쌀 수도 있었다!

보캉송은 인류 역사에 나타났던 살아있는 기계를 만들려고 노력한 많은 발명가들 중 한 사람이었다. 중국인들은 1088년에 스스로 종을 쳐서 시간을 알려주는 시계를 만들었다. 1136년부터 1206년까지 살았던 이슬람 발명가 이스마일 알–자자리는 호수에 떠 있는 자동 음악가를 포함하여 여러 개의 자동인형들을 만들었다. 1292년에 현재 프랑스 북부에 해당하는 아르투아의 백작 로베르트 2세는 손을 흔드는 원숭이를 포함한 로봇들이 가득한 정원을 가지고 있었다.

보캉송이 그의 자동장치들을 만들고 있던 1730년대에는 유럽에서 로봇 제작이 크게 유행하고 있었다. 살아 움직이는 기계들이 마치 사람이 자연을 복사하고 통제할 수 있다는 것을 분명하게 보여주는 것 같았기 때문이다.

소화하는 오리-먹고, 날갯짓하고, 심지어는 똥을 눌 수도 있었던 테이프 장치로 작동했던 로봇이다.

이슬람 학자들은 수백 년 전부터 관찰과 논리적 추리가 세상을 이해하는 데 중요하다고 믿었지만 유럽인들은 이제야 그들의 생각을 바꾸는 혁명의 한가운데 있었다. 사람들은 이제 자신의 인생은 물론 자연을 다룰 수 있게 될 것이라는 희망을 품게 되었다.

앞에서 살펴본 것처럼 종교개혁으로 인해 사람들은 그들에게 무엇을 해

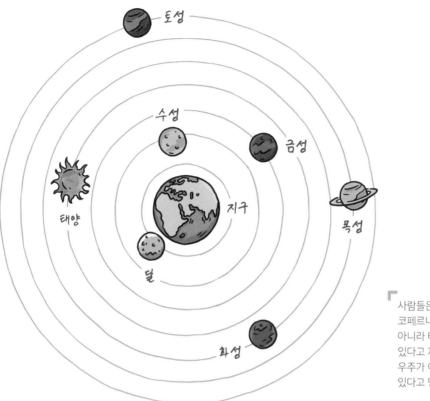

사람들은 니콜라우스 코페르니쿠스가 지구가 아니라 태양이 중심에 있다고 제안하기 전까지 우주가 이렇게 구성되어 있다고 믿었다.

야 할지를 이야기해 주는 교황과 사제의 권위에 의문을 가지게 되었다. 그것은 새로운 발걸음 중 하나였다.

또 다른 초기의 발걸음은 1543년에 폴란드의 천문학자 니콜라우스 코페르니쿠스가 출판한 급진적인 생각을 담은 책이었다. 당시의 유럽인들은 지구가 우주의 중심이고 태양과 행성, 그리고 모든 별들이 지구 주위를 돌고 있다고 믿었다.

코페르니쿠스는 행성들의 운동을 자세하게 관찰했고, 지구와 행성들이 태양 주위를 돌고 있다고 하면 관찰된 운동을 잘 설명할 수 있다는 것을 알게 되었다. 코페르니쿠스의 생각은 후에 이탈리아의 천문학자 갈릴레오 갈릴레이에 의해 옳다는 것이 증명되었다. 이것은 전통적인 믿음과 전혀 다른 새로운 생각이 거둔 또 다른 승리였다.

두 명의 뛰어난 사상가들 역시 새로운 사상을 전개하기 위해 관찰과 추리를 사용했다. 프랑스의 과학자 겸 철학자 르네 데카르트는 우주와 자연의 법칙은 거대한 기계장치와 같다고 말했다. 그는 인간의 정신만이 우리를 특별하게 만들고 있다고 주장했다. 데카르트는 우리가 자연의 기계장치가 어떻게 작동하는지 알아내면 자연이 우리를 위해 일할 수 있도록 만들 수 있다고 했다.

아이작 뉴턴이라는 이름을 들어 본 적이 있을 것이다. 그는 뛰어난 관찰자였으며 발명가였다. 때로 그는 자신의 몸도 아끼지 않았다. 한번은 태양 빛을 직접 보면 눈에 무슨 일이 생기는지를 알아보기 위해 태양을 똑바로 쳐다보기도 했다. 그는 4일 동안 아무것도 볼 수 없었고, 후에 시력을 되찾은 것은 행운이었다. (절대로 따라 하면 안 된다!)

뉴턴은 왜 사과가 땅으로 떨어지는지를 궁금해 했던 것으로 유명하다. 일부 사람들은 사과는 나무에서 떨어지게 되어 있다고 설명했다. 그것이 자연의 이치라는 것이었다. 데카르트의 철학을 적용한 뉴턴은 사과가 떨어지는 것을 자연법칙을 이용하여 설명하고 싶어 했다. 그는 눈에 보이지 않는 힘인 중력을 발견했다. 그리고 중력의 세기는 물체의 크기와 관련이 있다는 것을 알아냈다. 사과는 중력을 가지고 있다. 지구도 중력을 가지고 있다. 실제로 모든 물체는 중력을 가지고 있다. 지구와 사과는 똑같은 힘으로 서

아이작 뉴턴은 마음속에 있는 것들을 연결시키는 천재적인 능력을 가지고 있었다. 그는 사과가 나무에서 떨어지는 것을 보고 중력법칙을 생각하게 되었다고 전해진다.

로를 잡아당기지만 지
구가 사과보다 아주 크기
때문에 지구는 아주 천천히 움직
이고 사과는 빨리 움직인다. 지구가 사과로

달

떨어지는 것이 아니라 사과가 지구로 떨어지는 것처럼 보이는 것은 이 때문
이었다.

다음에 뉴턴은 밤하늘을 올려다보았다. 왜 달은 우주로 날아가거나 사과
처럼 지구로 떨어지지 않고 지구 주위를 돌고 있을까? 그는 달과 지구 사이
에도 중력이 작용하고 있다는 것과, 중력으로 인해 달의 운동 방향이 계속 바
뀌어 지구 주위를 돌게 된다는 것을 알아냈다. 그러나 그는 달의 운동을 설명
하기 위해 다른 힘이 작용하고 있어야 한다는 것을 알게 되었다. 그것은 속력
으로 인한 것이었다. 달은 아주 빠르게 운동하고 있기 때문에 이 힘이 커서
지구로 떨어지지 않고 지구를 계속 돌게 된다는 것이다. 달은 속력으로 인한
힘과 중력이 균형을 이루는 길을 따라 지구를 돌게 되는데 이것을 궤도라고
부른다. 비로소 자연의 법칙이 발견되었고, 우주의 비밀이 밝혀진 것이다.

또 다른 철학자는 모든 사람들은 자기 일을 선택할 수 있는 자
유를 가지고 있어야 한다고 말했다. 사람에 따라 자유에 대한
생각은 다르다. 스페인 사람들과 동맹을 맺고 아스테카를 멸망시키는 데 동
참했던 멕시코 원주민을 기억하고 있을 것이다. 그들은 공정하지 못한 세금
을 내는 데서 자유롭기 위해 싸웠다. 자유에 대한 이와 똑같은 생각이 북아메
리카에서 새로운 종류의 혁명을 촉발시켰다.

1700년대 중반에 영국과 프랑스를 앞세워 유럽이 둘로 갈라져 싸운 7년

전쟁이 일어났다. 일부 사람들은 7년 전쟁은 유럽, 서아프리카, 인도, 북아메리카가 관련되어 전 세계에서 벌어졌던 전쟁이었으므로 실제로는 첫 번째 세계대전이었다고 주장하고 있다. 이 전쟁은 프렌치-인디언 전쟁이라고도 부른다. 버지니아와 플리머스 식민지가 설립되고 100년 이상이 지나자 북아메리카의 동부 해안 대부분은 영국 식민지들로 가득하게 되었다. 프랑스와의 전쟁 동안에 식민지들을 보호한 영국은 식민지들에게 비용을 지불하라고 요구했다. 영국이 세금을 올린 것이다.

세금 인상은 일부 식민지를 격분하게 했다. 그들은 영국 선거에 투표하지 않기 때문에 세금을 낼 필요가 없다고 주장했다. 1773년 12월 16일 매사추세츠 식민지 대표들이 새로운 세금, 특히 차에 매기는 세금에 항의했다. 그들은 원주민 복장을 하고 보스턴 항구

북아메리카의 식민지들은 영국 정부에 세금을 내야 한다는 것에 대해 격분했다. 그들 중 일부는 원주민 복장을 하고 차 상자들을 보스턴 항구에 던져 항의했다. 이것은 1840년대에 그 사건을 묘사한 그림이다.

에 정박하고 있던 상선에 올라 차 상자를
바다에 던졌다.

보스턴 차 사건이라고 부르는 이 유명
한 사건을 뒤따라 북아메리카에 있던 18개
의 영국 식민지들 중 13개의 식민지가 연
합하여 영국으로부터의 독립을 선언했고,
미합중국이라고 부르는 새로운 나라를 수
립했다. 나머지 주들은 영국에 남기로 했으
나 후에 이들은 또 다른 나라인 캐나다의
일부가 되었다.

혁명의 이유를 밝힌 독립 선언서에서
13개 식민지들은 '자연의 법칙과 자연의 신'이 그들에게 독립할 수 있는 자
격을 주었다고 선언했다. 그리고 영국이 그들을 부당하게 학대하고 착취한
일들도 밝혔다.

이 전쟁은 1775년부터 1783년까지 계속되었고, 결국 미국이 승리하여
최초로 독립을 쟁취한 유럽 식민지가 되었다. 그들은 개인이 정부에 목소리
를 낼 수 있는 헌법을 제정하여 개인의 권리를 보장하는 정부를 수립했다. 헌
법의 10가지 수정안들인 권리 장전은 정부의 권력으로부터 시민들 개인의 자
유를 보호하고 있다. 그러나 당시에는 재산을 소유한 백인들만이 시민으로
대우받았다.

> **"**
> 우리는 모든 사람들이
> 똑같이 창조되었고, 그들이
> 창조자로부터 양도할 수
> 없는 권리를 부여받았으며,
> 이 중에는 생명, 자유, 그리고
> 행복의 추구가 포함되어
> 있다는 자체적으로 명백한
> 진리를 천명한다.
> **"**
>
> 토머스 제퍼슨,
> 독립 선언서

미국이 영국으로부터 자유를 쟁취하자 전 세계 사람들의 생각이
바뀌기 시작했다. 식민지가 독립할 수 있다면 다른 천대 받던 사

람들도 희망을 품을 수 있다고 생각했다. 프랑스인들은 평민들이 굶고 있는데 왕과 귀족들은 화려한 궁전에서 벌이는 사치스러운 연회에 많은 돈을 낭비하는 것에 화가 났다.

프랑스에서의 자유는 공정함, 평등, 그리고 식량이었다. 평민들의 지도자들은 모든 사람들에게 평등한 투표권을 주도록 협상했다. 그러나 그들은 생각처럼 빠르게 나아가지는 못했고, 사람들의 분노가 분출하는 화산의 용암처럼 끓어올라 나라의 부를 훔친 왕과 귀족들에게 향했다. 분노한 파리 시민들은 1789년 7월 14일 바스티유 감옥을 부수고 무기와 화약을 탈취했고, 죄수들을 풀어주었다. 이것은 프랑스 혁명의 시작이었다.

혁명이 끝나기 전에 혁명가들은 단두대라고 부르는 새로운 처형 기계를 이용하여 루이 16세와 오스트리아 출신 왕후 마리 앙투아네트를 포함한 귀족들을 처형했다. 여기에는 인간이 아닌 것들도 포함되어 있었다. 루이 16세에게 선물로 주었던 보캉송이 만든 소화하는 오리도 단두대에서 처형되었다.

미국 독립은 다른 식민지도 고무시켰다. 1800년에 콜럼버스가 정착했던 히스파니올라의 카리브 섬들에 있던 생도맹그의 프랑스 식민지는 45만 명의 아프리카 출신 노예들이 세계 설탕의 거의 반을 생산하고 있었다.

프랑스 혁명 동안 단두대는 혁명가들이 욕심 많고 부패했다고 판단했던 왕족과 귀족들을 효과적으로 제거하는 데 사용되었다.

13년 동안의 투쟁 끝에 1804년 그들은 프랑스로부터 자유를 쟁취했다. 그들이 세운 새로운 나라인 아이티는 미국 다음 두 번째로 해방된 나라였으며, 현대사에서 최초로 흑인들이 세운 공화국이었다.

비슷한 자유의 물결이 중앙아메리카와 남아메리카에도 밀어닥쳤다. 1810년 7월 20일에 당시에는 뉴 그라나다라고 불리던 콜롬비아도 독립을 선언했다. 그 후 몇 년 동안에 스페인과 포르투갈 식민지들이 뒤를 따랐다.

노예로 자라나 고등 교육을 받았던 프랑수아-도미니크 투생 루베르튀르는 아이티 혁명의 지도자였다.

 뉴턴 법칙에 의하면 물리적 세계에서 모든 작용에는 크기가 같고 방향이 반대인 반작용이 있다. 때로는 역사에서도 마찬가지이다. 프랑스 시민들이 성공적으로 부패한 왕을 무너트리고 얼마 되지 않은 1799년에 새로운 지도자가 절대 권력을 가지게 되었다. 그의 이름은 나폴레옹 보나파르트였다.

나폴레옹의 계획은 유럽을 정복해 자신이 황제가 되는 것이었다. 전쟁에는 천문학적인 비용이 든다. 나폴레옹은 그의 새로운 유럽 제국을 아메리카의 식민지들보다 더 중요하게 생각했다. 아이티와의 오랜 전쟁으로 어려움을 겪고 있던 나폴레옹이 1803년에 프랑스 식민지를 미국에 1500만 달러에 판 것은 바로 이 때문이었다. 이때 판 땅에는 아칸소, 미주리, 아이오와, 오클라호마, 캔자스, 네브래스카, 미네소타, 노스다코타, 사우스다

대부분 세계를 지배하려고 했다는 것만 기억하지만 나폴레옹은 프랑스 정부를 크게 변화시키기도 했다. 그는 공교육 제도의 기초를 마련했고, 종교의 자유를 포함한 시민들의 여러 가지 권리를 보장한 나폴레옹 법전을 도입하기도 했다.

코타, 뉴멕시코, 텍사스, 몬태나, 와이오밍, 콜로라도, 루이지애나, 그리고 캐나다의 일부가 된 알베르타와 서스캐처원이 포함되어 있었다.

영국은 성공적으로 나폴레옹의 침략을 물리치기는 했지만 아메리카 식민지를 잃은 데다 나폴레옹 전쟁이 더해져 경제적으로 어려운 상태가 되었다. 따라서 영국은 다시 한 번 로마 제국의 확장 전략을 사용해야 했다. 1780년대에 영국의 제임스 쿡 선장이 남태평양을 탐험했다. 그의 탐사는 오스트레일리아에 영국 죄수 식민지의 설립으로 이어졌다. 영국 법정이 범죄자들이나 벌금을 낼 수 없는 사람들을 오스트레일리아로 보내버리는 것이 일상적인 일이 되었다.

그러는 동안 영국 군대는 다른 곳에서 식민지를 만들고 있었다. 1820년대 중반에 인도와 현재의 미얀마인 버마의 대부분이 영국의 지배를 받게 되었고, 성장하는 영국 제국에 필요한 물자를 공급했다. 화약 성분 중 하나인 초석은 인도에서 제공되었고, 배를 만드는 데 사용되는 단단한 목재는 버마에서 제공되었다.

영국에서는 자유에 대한 열망이 노예제도를 폐지하는 데 집중되었다. 지칠 줄 모르는 운동가였던 윌리엄 윌버포스는 1807년에 노예무역을 불법화하는 법안이 의회에서 표결에 부쳐지도록 했다. 영국은 여기서 한 발 더 나가 1833년에는 제국 내에서 노예제도가 불법이라고 선언했다.

영국 볼턴의 이발사였던 리처드 아크라이트가 세계 최초로 수력을 이용하는 방직 공장을 만든 것은 또 다른 형태의 혁명을 촉발시켰다. 이것은 산업 혁명이었다. 아크라이트의 방직 공장은 1771년에 더비셔에 있는 크롬포드 마을에서 문을 열었다. 여기서는 가늘고 강한 실을 뽑아내 기계적으로 작동하는 방직기에 넣어 옷감을 짰다. 이전에는 이렇게 소수의 인원으로 이렇게 많은 천을 짠 적이 없었다.

새로운 기계는 노동자들의 생활을 바꿔 놓았다. 예를 들면 목수가 좋은 가구를 만들기 위해서는 여러 가지 기술을 익혀야 한다. 그리고 각 단계마다 일하는 데 필요한 적절한 도구를 직접 찾아내야 한다. 그러나 공장 조립 라인에서 일하는 노동자들은 부분적으로 조립된 제품이 오기를 기다렸다가 간단한 작업을 똑같이 반복하면 되었다.

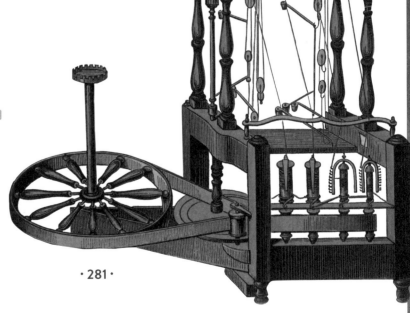

리처드 아크라이트의 수력 방적기는 면직물의 제조 방법을 바꾸어 산업 혁명의 불을 지폈다.

엘리 휘트니는 목화솜에서 씨앗을 제거하는 문제를 기계를 이용하여 해결했다.

실제로 대량 생산이 시작된 곳은 미국이었다. 1801년에 발명가 엘리 휘트니가 상호 교환이 가능한 부품 더미 속에서 10자루의 총을 조립할 수 있다는 것을 보여주었다. 큰 감명을 받은 의회는 그에게 머스킷 총 1만 정을 주문했다. 휘트니는 계약을 따내기 위해 이 시연을 조작했을 것으로 보이지만 그의 생각은 실제로 효과가 있었다. 휘트니가 죽은 1825년에는 미국 무기 공장들이 이런 방법으로 매년 수천 정의 총을 생산했다.

휘트니는 목화에서 씨를 분리하는 기계를 발명한 사람으로도 유명하다. 목화씨를 발라내는 일은 손으로 하면 많은 시간이 드는 어려운 작업이었다. 그가 발명한 목화씨 제거기는 미국 남부의 경제를 바꿔 놓았다. 이로 인해 목화 농장주들이 부자가 되었고, 목화 농장에서 일할 노예들의 수요가 크게 늘어났다.

새로운 기계들은 잘 작동했지만 모든 문제가 해결된 것은 아니었다. 1825년경에는 공장과 모든 종류의 탈것들이 동물이나 물, 또는 바람에서 동력을 얻었다. 따라서 바람이 없으면 배가 여러 날씩이나 한자리에 머물러 있어야 했다. 물의 힘으로 작동하는 방직기는 흐르는 물이 있는 곳에서는 아무 문제가 없었다. 그러나 가뭄이 들 때는 멈춰버렸다. 사람들이 자유에 대한 실험을 계속하고 싶다면 또 다른 해결책을 찾아내야 했다.

1801년에 콘월에서 리처드 트레비식이 그의 증기기관에 압력을 불어 넣은 것이 바로 그런 해결책이었다. 이것은 지구의 자연적인 힘에 의존하지 않는 기계였다. 말이나 사람, 그리고 바람이나 강이 필요 없게 되었다. 필요한 것은 탱크 안에 들어갈 물과 불을 피우는 데 필요한 나무나 석탄뿐이었다. 열이 물을 수증기로 만들면 수증기가 바퀴를 돌렸다. 세계 최초로 완전히 스스로 작동하는 기계가 만들어진 것이다.

30년 안에 고압 수증기가 세계를 하나로 연결해 놓았다. 1829년에 영국 랭커셔에 있는 레인힐에서 목화를 재배하는 맨체스터와 무역항구인 리버풀을 연결하기 위해 새로운 철로가 설치된 것이다. 56킬로미터나 되는 철로 위에서 열차를 끌 수 있는 증기 기관차를 찾아내기 위한 경연이 열렸고, 발명가 조지 스티븐슨이 개발한 로켓이라는 이름의 증기기관차가 이 경연에서 승리

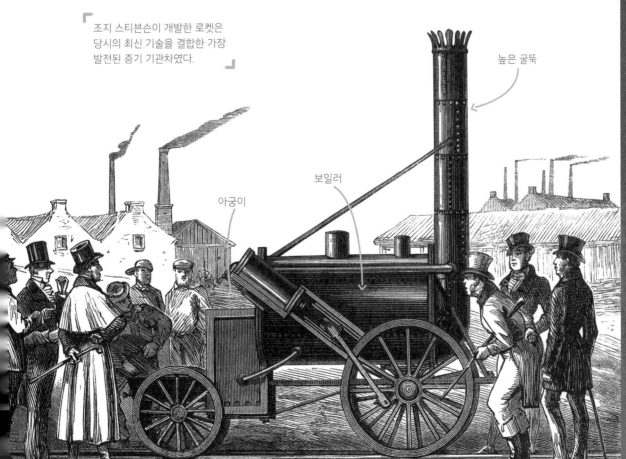

조지 스티븐슨이 개발한 로켓은 당시의 최신 기술을 결합한 가장 발전된 증기 기관차였다.

높은 굴뚝

보일러

아궁이

했다. 이 철도는 1830년 9월 15일 성황리에 개통되었고, 영국은 철도에 열광했다. 새로운 회사들이 설립되었고, 사람들은 철도 건설에 돈을 투자했다. 어떤 때는 돈을 벌었고 어떤 때는 모든 것을 잃기도 했다. 1914년까지 120개의 경쟁사들이 운영하는 3만5000킬로미터의 철도 네트워크가 영국의 모습을 바꿔 놓았다.

영국에 철도가 놓이기 전에는 지방마다 다른 시간을 사용하고 있었다. 예를 들면 브리스틀의 시간은 런던보다 11분 늦었다. 태양이 11분 늦게 뜨기 때문이었다. 그러나 지역마다 다른 표준 시간을 사용하면 기차 시간을 정할 수 없었다. 따라서 나라 전체가 같은 표준 시간을 사용하기 시작했고, 결국 전 세계가 여기에 동참했다. 그리고 오늘날 우리가 알고 있는 시간대가 정해졌다.

북아메리카에서도 철도에 열광하는 사람들이 나타났다. 미국에서 가장 먼저 만든 증기 기관차의 이름은 스티븐슨의 로켓과 같은 해에 운행을 시작한 '찰스턴의 가장 좋은 친구'였다. 불행하게도 이 기차는 최초로 보일러가 폭발한 기차라는 타이틀도 갖게 되었다. 1831년에 있었던 이 폭발로 화부가 죽었다.

1869년 5월 10일에 미국 엔지니어들이 미국의 동부 해안과 서부 해안에 있는 샌프란시스코를 연결하는 대륙 횡단 철로를 완성했다. 이제 미국은 새로운 철로로 통일되었다. 캐나다는 동쪽의 온타리오에서 서쪽의 브리티시컬럼비아를 연결하는 태평양 철로를 완성했다. 따라서 1885년에 북아메리카는 두 개의 대륙 횡단 철도를 가지게 되었다.

증기 기관은 바람이 없는 곳에서 배를 운행하는 데도 사용되었다. 철도 기술자였던 이점바드 킹덤 브루넬이 제작한 SS 그레이트 브리튼이 1845년에 완성되었다. 길이가 100미터나 되는 이 배는 14일 동안의 항해로 대서양을 건년 최초의 철로 만든 증기선이었다.

유럽과 북아메리카가 산업 혁명으로 바쁘던 시기에 중국, 일본, 한국을 포함하는 극동지방은 숨어 사는 쪽을 택했다. 1600년경부터 1860년까지 일본은 외부 세계와 완전히 단절하려고 노력했다. 한국의 경우도 마찬가지였다. 한국의 고립 정책은 매우 성공적으로 유럽의 영향에서 벗어나 있어서 은둔의 왕국이라고 불리기도 했다.

중국도 확장에 별 관심이 없었다. 콜럼버스가 아메리카에 도착하기 거의 100년 전에 중국의 이슬람 장군 정화가 수백 척의 함선과 수만 명의 선원들로 이루어진 거대한 함대를 이끌고 멀리 떨어져 있는 지방을 탐험했다. 1400년

항해를 나선 정화는 중국 난징에 있는 궁전으로 가져가기 위해 모든 종류의 보물을 수집했다. 동아프리카에 있는 소말리아까지의 항해에서 그는 기린, 표범, 사자, 그리고 '천마'라고 부른 얼룩말을 가지고 돌아왔다.

대 초에 이루어진 7번의 항해를 통해 그는 아프리카의 동부 해안까지 도달했다. 그러나 그는 전쟁을 일으키고 사람들을 잡아 노예로 만들던 유럽의 정복자들과는 달랐다. 그는 모든 사람들에게 신의 은총으로 세상의 통치자가 된 황제의 영광을 전해주려고 했다. 그리고 그는 외국의 통치자들로부터 받은 신기한 선물들을 모았다. 그의 탐험은 아시아 전체에 중국 무역로를 개척하고, 동남아시아에 중국 식민지를 개척하기도 했다.

그러나 1520년 중국은 대규모 함대를 폐지하고 외국 탐험을 중단했다. 대신 북쪽으로부터의 몽골의 침략을 막기 위해 만리장성을 연결하고 개선하는 데 국력을 쏟아부었다. 이로 인해 8850킬로미터나 되는 만리장성이 완성되었다.

만리장성은 한동안 효과적으로 적을 방어했다. 그리고 중국은 몽골 제국 이후 중국을 통치해온 명나라의 멸망을 가져온 내란의 시기로 접어들었다. 1662년 청나라가 중국을 통일했다. 한국, 일본과 마찬가지로 청나라는 유럽인들과의 거래에 관심이 없었다. 그러나 1850년경부터 서양의 열강들이 일본의 해안을 침략하기 시작했고, 증기선 군함이 중국의 강에 나타나기 시작했다.

> 우리 하늘이 내린 제국은 모든 것을 충분히 많이 가지고 있다. 따라서 우리는 우리가 생산한 것을 주고 외국 야만인들이 만든 것을 수입할 필요가 없다.

건륭제,
중국 황제

건륭제

오래전에 고대 그리스인들은 천을 보석의 일종인 호박에 문지르면 신비한 쇼크나 불꽃이 만들어진다는 것을 알고 있었다. 전기를 뜻하는 영어 단어 'electricity'는 그리스어에서 '호박'을 뜻하는 'elektron'에서 유래했다.

1820년대에 영국 과학자 마이클 패러데이는 영국 런던에 있던 왕립연구소에서 일련의 유명한 실험을 했다. 도선을 통해 흐르는 전기가 만들어내는 눈에 보이지 않는 힘을 전자기력이라고 부르는데, 패러데이는 이 힘을 이용하여 물체를 움직이는 것이 가능하다는 것을 보여주었다. 이것은 세계 최초의 전기 모터였다. 그리고 1831년에 그는 자기장 안에서 도선을 움직여 전기를 발생시키는 것을 보여주었다. 이것은 발전소에서 전기를 생산하는 원리가 되었다.

그리고 미국의 발명가 토머스 에디슨이 싸면서도 대량 생산이 가능한 전구를 만들자 세계 최초로 전기 송전망이 만들어졌다. 1882년에는 증기기관으로 전기를 생산하는 발전소가 세계 최초로 뉴욕에 있는 59명의 고객들에게 전선으로 전기를 공급했다.

전기의 사용은 전신의 발명으로 이어졌다. 1837년에 발명가 새뮤얼 모스는 워싱턴 DC로부터 65킬로미터 떨어져 있는 메릴랜드의 볼티모어까지 모스 부호를 이용하여 메시지를 보낼 수 있다는 것을 보여주었다. 20년 안에 북아메리카 전체가 전선으로 연결되었다. 1860년대에는 바다 밑에도 케이블이 깔려 북아메리카와 유럽이 즉시 통신할

토머스 에디슨은 절대로 포기하지 않았다. 에디슨과 그의 연구팀이 전류가 흐를 때 폭발하지 않고 작동하는 전구를 만들어내는 데는 5년이 걸렸다.

수 있게 되었다. 최초의 해저 케이블은 아일랜드
와 캐나다의 뉴펀들랜드를 연결했다.

스코틀랜드 출신으로 캐나다와 미국에서 활
동하고 있던 발명가 알렉산더 그레이엄 벨이 전
선을 통해 음성 신호를 보낼 수 있다는 것을 알아
냈을 때 그는 매우 흥분했다. 1876년 3월 10일 벨
은 옆방에 있던 그의 조수 토머스 왓슨에게 처음
으로 전화선을 통해 말을 했다.

전화기를 발명한 사람이 알렉산더
그레이엄 벨이 아닐 가능성도 있다.
그 당시 다른 사람들도 같은 생각을
가지고 연구하고 있었다. 그러나 그가
첫 번째로 미국 특허 사무소에 발명을
등록했기 때문에 전화기를 만들어 팔
수 있는 권한을 가지게 되었다.
《디트로이트》에 실린 이 사진에서는
누군지 알려지지 않은 사람이 벨의
전화기를 시연해 보여주고 있다.

1888년에 발명가 칼 벤츠의 아내 베르타 벤츠가 실험적인 자동차를 공개했다. 그녀는 최초로 휘발유를 사용한 이 자동차로 100킬로미터를 운전해 어머니를 방문했다. 그는 10대였던 아들들을 동반해 출발할 때 밀도록 했다. 도중에 차가 망가지자 직접 수리하기도 했다. 그녀는 자동차로 몇 미터 이상을 이동한 첫 번째 사람이 되었다.

기계가 이제 생활의 모든 면을 바꿔놓았다. 그러나 기계가 만들어낸 변화 중에서 가장 중요한 것 하나만 고르라고 한다면 자동차를 고르는 사람이 많을 것이다. 원하는 곳 어디나 언제라도 데려다주는 자동차가 없는 생활은 상상하기도 어려울 것이다.

놀랍게도 1900년에 뉴욕에서 운행되던 자동차의 대부분은 전기자동차였다. 에디슨의 새로운 전기 송전 체계가 집에서 충전할 수 있는 자동차를 만들어 낸 것이다. 그러나 1915년 이후에는 다음 혁명적인 발명으로 인해 전기자동차가 급격하게 내리막길을 걷게 되었다.

독일의 과학자 니콜라우스 오토, 고틀리프 다임러, 그리고 빌헬름 마이바흐가 1876년부터 일련의 휘발유 엔진을 개발했다. 몇 년 후 독일의 기술자 칼 벤츠가 이 중 하나를 이용하여 세계 최초로 휘발유 자동차를 만들었다. 이로 인해 전기나 증기를 이용하는 자동차보다 훨씬 가볍고, 훨씬 빠른 자동차를 가지게 되었다.

물론 이런 자동차에는 충분한 휘발유가 공급되어야 한다. 휘발유는 지하 깊은 곳에 매장되어 있는 원유에서 추출해 낸다. 최초의 현대적 유전은 1850년 대에 램프에 사용할 기름을 공급하기 위해 개발되었다. 이제 휘발유 자동차의 발명으로 기름에 대한 수요가 빠르게 늘어났다.

1901년 1월 10일 미국 텍사스주 스핀들톱에서 탐사자들이 매일 10만 배럴의 석유를 뿜어내는 유정을 발견했다. 이 유정은 사람들이 멈추는 방법을 알아낼 때까지 9일 동안 석유를 내뿜었다. 그 지역의 농부들은 작물이 기름에 젖어 농사를 망치게 되자 몹시 화를 냈다. 그러나 이로 인해 새로운 탐험의 시대가 시작되었다.

스핀들톱에서 발견된 최초의 석유 간헐천은 시작이었다. 1936년에 고갈되기 전까지 이곳에서는 7500만 배럴의 석유를 생산했다.

자전거 상점을 가지고 있던 오빌과
윌버 라이트 형제가 최초로 공기보다
무거운 동력 비행기를 발명했다.

헨리 포드는 자동차 생산에 대량 생산 체계를 적용했다. 그의 공장은 1908년부터 1927년 사이에 1600만 대의 포드 모델 T를 생산했다. 언제 어디든 떠나고 싶어 하는 사람들의 욕구를 만족시키기 위해 정부는 새로운 도로를 건설했다.

1903년에 자전거 가게를 가지고 있던 두 형제가 자전거에 날개와 작은 휘발유 엔진을 달면 하늘을 날 수 있을지도 모른다고 생각하게 되었다. 12월 17일 오빌과 윌버 라이트는 미국 노스캐롤라이나주 키티호크 부근에서 최초로 통제된 동력 비행에 성공했다. 그들의 비행은 12초에서 59초 사이밖에 안 됐다. 그러나 그들은 휘발유로 날아다니는 기계가 사람을 실어 나를 수 있다는 것을 증명했다.

15년 안에 이 생각은 정밀한 비행기로 발전했다. 제1차 세계대전이 있었던 1914년부터 1918년 동안 양쪽 진영이 적군을 살피고 폭탄을 떨어뜨리기 위해 비행기를 이용하면서 비행기의 발전 속도가 빨라졌다. 대량 생산 체제가 빠르게 비행기 생산에도 도입되었다. 제2차 세계대전이 있었던 1939년부터 1945년 동안에는 80만 대의 비행기가 제작되었다.

영원히 고갈되지 않는 에너지원을 찾아내는 것을 상상해 보자. 사람들은 1905년에 독일 물리학자 알베르트 아인슈타인이 발표한 일련의 과학 논문을 통해 이 마지막 한계선에 다가갔다. 뉴턴의 운동 법칙과 중력 법칙은 속력이 느린 물체의 경우에는 별문제가 없었다. 그러나 아주 빠른 속력으로 달리는 물체에서 일어나는 일들을 설명하는 데는 문제가 있었다.

아인슈타인은 빛의 속력과 비교할 수 있을 정도로 빠르게 달리면 질량이 증가한다는 것을 알아냈다. 에너지가 질량으로 변할 수 있다는 것을 알아낸 것이다. 아인슈타인의 유명한 공식, $E=mc^2$은 질량이 에너지로 전환될 때 얼마나 많은 에너지가 나오는지를 계산하는 식이다. 이 식에서 E는 에너지이고, m은 질량이며, c는 빛의 속력을 나타낸다.

아인슈타인의 식을 이용하여 작은 원자핵에서도 많은 에너지가 나올 수 있다는 것을 알게 되었다. 따라서 이는 핵무기 경쟁을 촉발시켰다. 과학자들과 엔지니어들이 원자를 분열시켜 많은 에너지를 발생시키는 방법을 찾아내기 위한 연구를 계속했다.

과학과 기술의 발전이 세상을 바꿔놓고 있었다. 우리는 이제 현재 우리가 살고 있는 시대에 아주 가까이 와 있다. 그러나 아직 한 고비를 더 넘어야 한다. 슬프게도 현재에 도달하기 위해 넘어야 할 마지막 고비는 쉽게 넘을 수 있는 것이 아니었다.

알베르트 아인슈타인은 우주가 우리 눈에 보이는 것과 다르다는 것을 알아냈다. 이 사진은 그가 우리 은하에 얼마나 많은 물질이 있는지를 계산할 수 있는 방정식을 쓰는 모습이다.

Chapter 14

전쟁으로 얼룩진 세계

1845년-1945년

모든 사람들이 모든 사람들과 싸우기 시작하다.

○ **1850년-1864년**
중국에서 태평천국의 난으로
2000만 명이 죽음

○ **1914년**
아프리카의 90%가
유럽 국가들의 식민지가 됨

○ **1851년**
오스트레일리아에서
금이 발견됨

편 의 보

1914년
오스트리아의 프란츠
페르디난트 대공이
암살된 후 제1차
세계대전이 발발함

1917년
블라디미르 레닌이
러시아 혁명을 통해
러시아를 장악함

1939년
독일이 폴란드를 침공하여
제2차 세계대전이 발발함

1945년
제2차 세계대전이
끝남

우리는 역사의 많은 시대를 여행하면서 많은 전쟁을 살펴보았다. 그러나 내가 보기에는 인류역사에서 1845년부터 1945년 사이가 가장 전쟁이 잦았던 시기였다. 이 시기에는 알 수 없는 이유로 인간들 사이의 잔인한 전쟁이 세계의 거의 모든 곳에서 계속되었다.

왜 이런 일이 일어났는지는 아무도 모른다. 아마도 농경과 기술의 빠른 발전으로 세계 인구가 크게 늘어났기 때문일지도 모른다. 1804년에 세계 인구는 10억 명이었으나 1950년에는 25억 명으로 늘었다. 지구에 더 많은 사람들이 살다 보니 나라와 문화 사이에 충돌이 더 많이 일어나게 되었을 것이다. 아니면 세계가 밀접하게 연결되다 보니 서로 다른 사람들이 가진 것을 시기하게 된 것일 수도 있다.

유럽인들은 이 기간의 첫 100년 동안은 전 세계를 지배하기 위해 분주했다. 아메리카의 대부분이 유럽인들의 수중으로 들어갔다. 그러나 유럽인들은 여기에서 만족하지 않고 동남아시아, 중동지방, 아프리카를 지배하기 위해 기회를 엿보고 있었다. 그들은 100년 동안 아프리카에서 사람들과 물건을 사다 팔았다. 이제 그들은 아프리카로 이주해 그곳에 식민지를 만들기 시작했다. 아프리카는 3000개의 민족과 900-1500개의 언어를 가지고 있는 놀랍도록 다양한 대륙이다. 유럽인들이 아프리카를 분할하기 시작할 때 그들은 부족들의 경계나 지역 사람들의 요구, 그리고 그들의 생활 방법을 완전히 무시했다.

북아프리카가 처음으로 유럽 정착민들의 영향을 받았다. 1834년에 프랑스 군대가 알제리를 침공해 물자 수송을 위한 도로를 건설했다. 1848년에 10만 명 이상의 프랑스인들

1845년에 벌어진 여러 전쟁 중 하나는 첫 번째 앵글로-시크 전쟁이다. 이 전쟁은 영국의 동인도회사와 현재 파키스탄과 인도 북부를 차지하고 있던 시크 제국 사이의 전쟁이었다. 동인도회사는 인도 및 중국과 교역하기 위해 세운 회사였지만 인도의 대부분을 식민지화하고 통제하는 일도 했다.

이 이 지역에 정착해서 농장을 경영하고 목화를 수출했다.

소위 말하는 아프리카 쟁탈전은 1881년에 시작되었다. 이 해에는 아프리카의 10%만이 유럽 국가들의 통제를 받았다. 그러나 20년 후에는 아프리카의 90% 이상이 유럽 국가들의 수중에 들어가 있었다. 아프리카 식민지의 원주민들은 수출하기 위한 커피, 카카오, 고무, 목화, 설탕을 재배하도록 강요받았다. 다른 사람들은 구리, 다이아몬드, 그리고 금과 같은 금속을 캐내는 광산에서 일했다. 보물이 아프리카에서 흘러나가는 동안 유럽 국가들은 점점 더 부자가 되었다.

1851년에 오스트레일리아에서 금이 발견되자 유럽인들은 빨리 부자가 되기 위해 오스트레일리아로 몰려들었다. 20년 동안에 오스트레일리아의 인구가 43만7000명에서 170만 명으로 급격하게 늘어났다. 유럽 정착민들은 사정이 좋았다. 그러나 유럽인들이 도착하기 전부터 그곳에 살고 있던 원주민들은 그렇지 못했다. 유럽인들은 그들의 땅을 빼앗고, 유럽의 질병을 옮겨왔다. 1900년까지 오스트레일리아 원주민의 인구는 첫 번째 영국인들이 오스트레일리아 해안에 발을 디딜 때보다 3분의 1로 줄었다.

1840년경에 유럽인들은 중국의 차, 비단, 그리고 도자기를 매우 좋아했다. 그러나 거기에는 문제가 있었다. 중국인들은 유럽에서 만든 것을 사고 싶어 하지 않았다. 유럽인들은 중국 제품들을 사기 위해 은을 지불해야 했지만 중국인들은 유럽의 물건을 사기 위해 은을 지불하려 하지 않았다. 따라서 유럽 국가들이 소유한 은의 양이 부족하게 되었다.

아프리카 쟁탈전

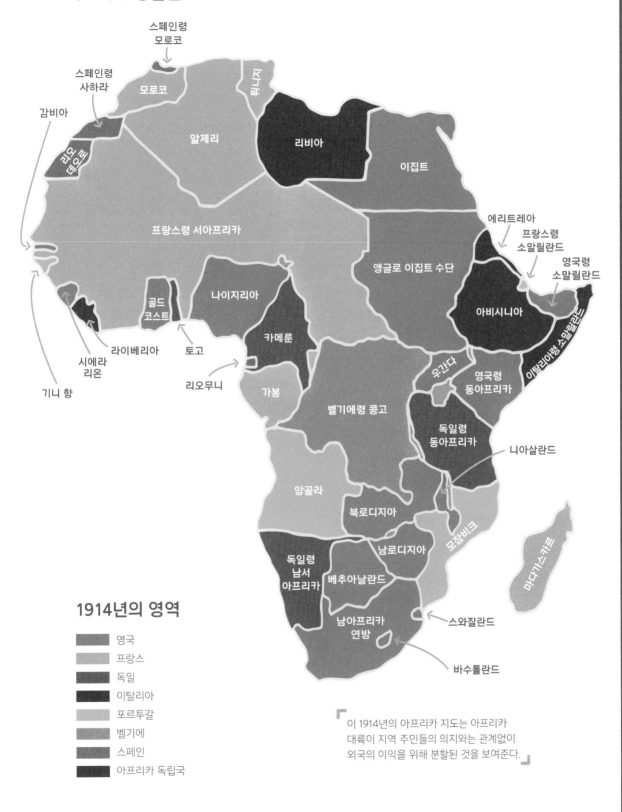

스페인령
모로코

스페인령
사하라

감비아

모로코

튀니지

알제리

리비아

이집트

리오데오로

프랑스령 서아프리카

에리트레아

프랑스령
소말릴란드

영국령
소말릴란드

앵글로 이집트 수단

나이지리아

골드
코스트

라이베리아

시에라
리온

토고

리오무니

기니 항

카메룬

가봉

벨기에령 콩고

아비시니아

우간다

영국령
동아프리카

이탈리아령 소말릴란드

독일령
동아프리카

니아살란드

앙골라

북로디지아

남로디지아

모잠비크

마다가스카르

독일령
남서
아프리카

베추아날란드

남아프리카
연방

스와질란드

바수톨란드

1914년의 영역

- 영국
- 프랑스
- 독일
- 이탈리아
- 포르투갈
- 벨기에
- 스페인
- 아프리카 독립국

이 1914년의 아프리카 지도는 아프리카
대륙이 지역 주민들의 의지와는 관계없이
외국의 이익을 위해 분할된 것을 보여준다.

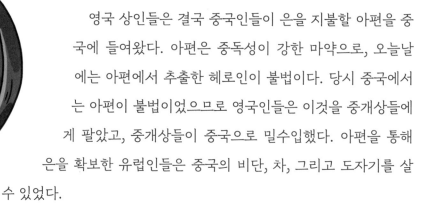

　영국 상인들은 결국 중국인들이 은을 지불할 아편을 중국에 들여왔다. 아편은 중독성이 강한 마약으로, 오늘날에는 아편에서 추출한 헤로인이 불법이다. 당시 중국에서는 아편이 불법이었으므로 영국인들은 이것을 중개상들에게 팔았고, 중개상들이 중국으로 밀수입했다. 아편을 통해 은을 확보한 유럽인들은 중국의 비단, 차, 그리고 도자기를 살 수 있었다.

　중국 정부는 아편의 유통을 금지하려고 했지만 영국인들은 아편을 계속 팔기 위해 전쟁을 벌였다. 이 전쟁을 아편전쟁이라고 부른다. 영국 상인들은 중국인들이 겪는 고통은 신경 쓰지 않았다. 중국 법률을 어기는 것도 개의치 않았다. 그들은 오직 은을 확보하는 데만 관심이 있었다.

　중국인들의 아편 중독이 심해지자 중국 정부는 점점 약해졌다. 마침내 백성들의 불만이 터져 나왔다. 1850년에 홍수전이라는 인물이 청 왕조에 반기를 들고 봉기했다. 그는 자신이 예수의 형제라고 주장했다. 홍수전과 그의 추종자들은 중국 남부에 있는 난징을 수도로 하여 나라를 세웠다. 그들은 자신들이 세운 나라를 태평천국이라고 불렀다. 그들은 공자의 가르침을 폐지하고 홍수전이 번역한 기독교 성경을 가르쳤다.

　태평천국의 난이라고 부르는 내전이 중국에서 벌어졌다. 이 전쟁에서 안전한 사람은 아무도 없었다. 이 전쟁은 1850년부터 1864년까지 14년 동안 계속되었다. 이 전쟁에서 정확하게 얼마나 많은 사람들이 죽었는지 확실하지는 않다. 그러나 2000만 명에서 7000만 명 사이의 사람들이 희생당한 것으로 보인다. 이것은 인류 역사상 가장 많은 희생자를 낸 내란이었다.

양귀비

태평천국의 난은 세계에서 가장 오래된 나라에서 일어난 내전이었다. 그러나 비슷한 시기에 지구 반대편에 있는 신생 독립국인 미국에서도 비슷한 일이 일어났다. 미국 역시 둘로 분열되었다. 당시 대부분의 북부 주들은 노예제도를 폐지했다. 노예제도를 반대하는 사람들은 독립 선언서에 명시한 대로 모든 사람이 평등하게 창조되었다면 피부색과 관계없이 누구도 노예가 되어서는 안 된다고 주장했다.

> **"**
> 87년 전에 우리의 아버지들이 이 대륙에 자유에 대한 신념과 모든 사람이 동등하게 창조되었다는 전제를 바탕으로 새로운 나라를 세웠습니다.
> **"**
>
> 에이브러햄 링컨,
> 게티즈버그 연설

남부의 노예 소유주들은 이에 강하게 반대했다. 그들은 그들 대신에 모든 일을 해주는 노예들이 없는 세상은 상상할 수 없었다. 노예 노동자들은 목화, 담배, 설탕, 그리고 다른 작물을 재배했다. 그들은 목수와 같이 기술이 요구되는 일도 했고, 요리, 세탁, 아기 보기와 같은 주인의 집안일도 했다.

당분간 양쪽 진영은 서로의 의견을 존중하기로 하여 평화를 유지했다. 각 주가 노예제도 허용 여부를 스스로 결정하도록 한 것이다. 그러나 새로운

에렌과 윌리엄 크래프는 1848년 조지아에서 도망친 노예들이었다. 밝은 피부색을 가지고 있었던 엘렌은 백인 농장주로 변장했다. 그녀의 남편 윌리엄은 그녀의 하인으로 분장하고 기차표를 사서 북쪽으로 탈출해 자유를 얻었다.

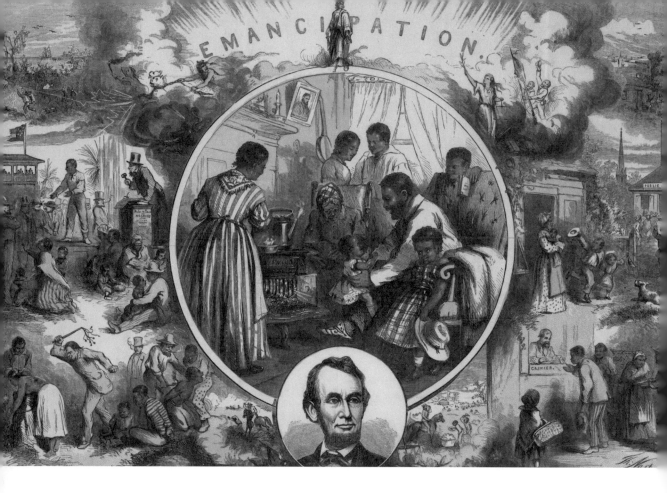

이것은 남부 출신 암살자에 의해 미국 대통령 에이브러햄 링컨이 암살된 직후 그를 기념하기 위해 토머스 네스트가 그린 그림을 바탕으로 1865년에 제작된 포스터이다. 이 포스터는 남부 연맹에 탈퇴한 모든 주에서 모든 노예들을 해방한다는 링컨의 선언을 축하하고 있다. 네스트는 미래 아프리카계 미국인 가족들이 현대적인 목탄 난로 주위에 모여 있는 모습을 상상했다. 왼쪽에는 노예들을 때리고 매매하는 노예제도의 참혹한 모습이 그려져 있고, 오른쪽에는 미래 아프리카계 미국인 어린이가 행복한 모습으로 학교에 가고, 자유롭게 된 노동자들이 급여를 받는 장면이 그려져 있다.

주들이 미국에 합류하면서 노예제도의 허용 여부를 놓고 싸움이 시작되었다.

그리고 1861년에 노예제도를 반대하던 에이브러햄 링컨이 대통령이 되었다. 11개의 남부 주들은 가만히 있지 않았다. 그들은 자신들이 더 이상 미국의 일부가 아니고, 아메리카 남부 연방이라는 나라를 수립했다고 선포했다. 1861년 4월부터 1865년 봄까지 60만 명 이상이 남북 전쟁에서 목숨을 잃었다. 북부 주들이 결국 승리했고, 남부 주들이 다시 미합중국에 복귀했다. 400만 명의 노예가 해방되었다. 미국 헌법에 노예제도를 불법화하고 아프리카계 미국인들에게 투표권을 인정하는 새로운 수정 조항이 추가되었다. 그러나 백인 여성은 투표할 수 없었다. 따라서 아프리카계 미국인 여성들도 투표할 수 없었다. 진정한 평등을 위해서는 아직 갈 길이 멀었다.

안타깝지만 지금까지 이야기한 100년 동안 있었던 전쟁들은 아직 시작에 불과했다. 유럽에서도 일들이 꼬이기 시작했는데, 특히 새로운 두 나라의 수립으로 경쟁이 훨씬 심해졌다. 1861년에 이탈리아의 도시 국가들이 합쳐 현대의 이탈리아가 되었다. 10년 후 독일의 재상 오토 폰 비스마르크가 25개의 독일 도시 국가들을 하나의 강력한 국가로 통일했다. 새로운 독일의 황제는 빌헬름 1세였다. 그는 다른 유럽 국가들이 강력한 제국을 건설하는 동안 독일이 뒤떨어져 있었다는 것을 잘 알고 있었다. 따라서 독일은 오늘날의 나미비아, 르완다, 가나, 그리고 탄자니아에 해당하는 아프리카 지역을 차지했는데, 이런 일들은 프랑스와 영국의 신경을 건드렸다.

점차 두 개의 동맹이 형성되었다. 영국, 프랑스, 그리고 러시아가 한 편이 되었고, 독일, 이탈리아, 오스트리아-헝가리, 체코 연방, 슬로바키아, 슬로베니아, 크로아티아, 보스니아, 그리고 헤르체고비나와 폴란드, 세르비아, 우크라이나, 루마니아의 일부가 반대편에 섰다.

프랑스는 1870년에 독일에 빼앗긴 영토를 되찾아 오고 싶어 했다. 이탈리아와 프랑스는 아프리카 식민지를 놓고 대립하고 있었다. 러시아는 오스트리아-헝가리 제국과 흑해 연안의 영토 관할권을

이 정치 만화는 오토 폰 비스마르크가 독일의 작은 도시 국가들을 쓸어버리고 새로운 강력한 국가를 만드는 것을 나타내고 있다.

놓고 싸우고 있었으며, 영국은 독일이 경쟁 상대가 되는 것에 놀라고 있었다. 1914년의 유럽은 마치 성냥을 긋기만 기다리고 있는 화약고 같았다.

성냥불은 보스니아의 사라예보에서 세르비아 청년 가브릴로 프린치프가 그어댔다. 그것은 1914년 6월 28일의 일이었다. 보스니아가 오스트리아-헝가리 제국으로부터 독립해야 한다고 생각하고 있었던 프린치프는 자동차를 타고 가던 오스트리아-헝가리 제국의 왕위 계승권자 프란츠 페르디난트 대공을 암살했다.

프린치프가 세르비아인이었기 때문에 오스트리아-헝가리 제국은 세르비아 정부를 비난하고 복수를 위해 세르비아를 침공했다. 세르비아의 동맹국인 영국, 프랑스, 러시아가 참전했다. 오스트리아-헝가리의 동맹국인 독일이 다른 편에 가담했다. 한 사람의 암살이 유럽의 거의 모든 나라가 관련된 전쟁을 촉발시켰다. 당시 상황이 매우 복잡해 많은 군인들은 그들이 왜 싸우고 있는지, 그리고 그들이 죽이고 있는 사람들이 누구인지 몰랐다.

오스트리아-헝가리 제국의 프란츠 페르디난트 대공과 그의 아내이자 호헨베르크 공작부인이었던 소피는 1914년 6월 28일 두 번의 공격을 받았다. 첫 번째 공격은 수류탄이 빗나가 그들 뒤에 있던 자동차 아래서 폭발했다. 두 번째는 가브릴로 프린치프가 약 1.5미터 떨어진 곳에서 두 사람을 쏘았다. 그들은 한 시간 안에 죽었다.

제1차 세계대전 동안 병사들은 공격의 두려움에 떨면서 진흙으로 가득한 참호 속에서 지내는 혹독한 조건에서 싸워야 했다.

후에 제1차 세계대전이라고 부르게 된 이 전쟁은 1914년부터 1918년까지 주로 유럽에서 싸웠다. 미국은 1917년에 영국과 연합국들 편으로 전쟁에 참전했다. 제1차 세계대전으로 전투에서 전사한 병사들과 전쟁 동안 유행했던 독감으로 죽은 사람들을 포함해 모두 2000만 명이 목숨을 잃었다.

지금까지 러시아는 우리의 이야기에 별로 등장하지 않았다. 그러나 이제 러시아가 중앙 무대에 등장했다. 역사 이전 시대부터 러시아에는 다양한 민족들이 살고 있었다. 그리고 앞에서 살펴본 것처럼 840년경에 바이킹이 러시아에 정착했다. 그리고 몽골인들의 유입이 뒤따랐다.

1547년부터 러시아는 차르라고 부르는 왕과 여왕이 다스렸다. 대부분의 통치자들과 마찬가지로 이들도 좋은 면과 나쁜 면을 가지고 있었다. 첫 번째 차르는 거대한 제국을 건설한 폭군 이반이었다. 1682년부터 1725년까지 러시아를 통치했던 표트르 1세는 과학과 기술의 발전을 지원하고 러시아 최초로 신문을 발행하도록 하여 나라를 현대화시켰다. 1762년부터 1796년까지 러시아를 다스렸던 예카테리나 2세는 귀족들이 소유하고 있던 세르프를 해방할 계획을 세웠다. 세르프는 노예와 비슷한 사람들이었다. 그러나 귀족들의 지원이 필요했던 그녀는 마음을 바꿔 세르프의 몇 가지 권리를 오히려 빼앗아 갔다.

제1차 세계대전이 발발하고 3년이 지난 1917년에 러시아는 혼돈 속으로 빠져들었다. 전쟁으로 나라가 어려움에 처하자 사람들이 니콜라이 2세 차르를 비난했다. 식량 부족은 사람들의 생활을 비참하게 만들었다. 그리고 누구도 스스로를 신성한 사람이라고 부른 황제의 고문 그리고리 라스푸틴을 믿지 않았다.

식량 부족으로 분개한 상트페테르부르크의 여성들이 1917년 봉기했다. 나라 전체에서 많은 사람들이 이 봉기에 동참했고, 3월에 니콜라이 차르가 퇴위당했다. 권력 투쟁 후에 블라디미르 레닌과 레온 트로츠키가 정권을 잡았다. 이것을 러시아 혁명이라고 부른다. 다음 해 5월에는 차르와 그의 가족들이 처형당했다.

레닌과 트로츠키는 공산주의라는 실험적인 형태의 정부를 수립했다. 공산주의 정부의 기본적인 아이디어는 노동자 정권을 만들면 세상이 더 살기 좋은 곳이 될 수 있다고 주장했던 독일의 철학자 카를 마르크스가 발전시켰다. 그는 노동자가 그들이 일하는 회사를 운영해야 한다고 믿었다.

레닌의 공산 군대(적군)와 공산주의를 싫어했던 사람들(백군) 사이에 내전이 발발했다. 영국, 프랑스, 미국, 그리고 일본은 백군을 지원했다. 1923년 6월 레닌의 적군이 내전에서 이겼고, 러시아의 명칭을 소비에트 사회주의 공화국 연방, 즉 소련으로 바꿨다.

그러나 러시아 혁명은 권력에만 관심이 있었던 사람에 의해 엉뚱한 방향으로 전개되었다. 이오시프 스탈린은 1924년부터 1953년까지 철권통치를 실시했다. 참혹한 일들이 벌어졌다. 스탈린에게 복종하지 않는 사람은 누구든지 처형되거나 추운 시베리아에 있는

이와 같은 혁명 포스터는 차르의 사슬을 끊어버리고 노동자를 위한 더 나은 생활을 약속한 레닌의 러시아 혁명을 지원하라고 독려했다.

강제 노동 수용소 굴라크로 보내졌다. 스탈린은 통치하는 동안에 2000만 명이 넘는 러시아 사람들의 목숨을 빼앗았다.

일부에서는 제1차 세계대전이 너무 참혹했기 때문에 유럽인들이 다시는 전쟁을 원하지 않을 것으로 생각했다. 그들은 제1차 세계대전을 '모든 전쟁을 끝낸 전쟁'이라고 부르기도 했다. 그러나 슬프게도 그것은 사실이 아니었다. 실제로는 제1차 세계대전이 더 참혹한 또 다른 전쟁의 씨앗을 심어 놓았다.

제1차 세계대전을 끝낸 베르사유 조약은 독일을 비난했다. 그 대가로 독일은 모든 무기를 포기해야 했고, 9만6000톤의 금을 전쟁배상금으로 지불해야 했다. 그것은 현재 돈의 가치로 환산하면 우리나라 돈으로 약 2600조 원에 해당하는 것이었다. 여러 해에 걸쳐 나누어 내는 것이 허용되기는 했지만 이러한 막대한 전쟁배상금은 그들을 가난하게 만들었고 화나게 했다.

제1차 세계대전에 참전했던 한 사람이 크게 실망했다. 그의 이름은 아돌프 히틀러였다. 그가 보기에 독일 지도자들이 나라를 전쟁으로 끌어들였고 패배했다. 히틀러는 고대 스파르타의 정신으로 돌아가고 싶어 했다. 그는 독일이 가장 강한 민족이라는 것을 보여주려고 했다. 그가 쓴 책 《나의 전쟁》에서 그는 독일을 다시 위대하게 만들 것이라고 했다.

1933년에 아돌프 히틀러가 정권을 잡은 후 그는 모든 독일인들이 그에게 확실하게 복종하기를 원했다. 유럽을 정복하려는 그의 꿈은 1945년에 나치가 패배하면서 깨졌다.

탄압받고 있던 독일 사람들은 히틀러의 이야기를 좋아했고, 결국 1933년 1월 30일 그는 투표를 통해 독일 정부의 책임자인 수상이 되었다.

히틀러의 계획이 확실해졌다. 그는 독일이 늘어나는 인구를 위해 더 많은 땅을 확보해야 한다고 생각했다. 그는 독일 경제를 향상시킬 수 있는 가장 좋은 방법은 사람들에게 무기를 만드는 직업을 주는 것으로 생각했다. 탱크와 비행기는 독일 이웃을 놀라게 하여 더 많은 땅을 내놓게 될 것이고, 만약 그것이 실패하더라도 땅을 무력으로 빼앗으면 될 것으로 생각했다.

히틀러는 긴급 권한을 이용하여 독재자가 되어 나치당을 제외한 모든 정당의 정치 활동을 금지했다. 결국 모든 권력이 그의 손아귀로 들어가게 되었다. 그는 비밀경찰을 조직했고, 비밀경찰 요원들이 나라 전체에 퍼져 히틀러에게 반대하는 사람들을 찾아내 처벌했다.

1938년에 히틀러의 군대가 현재는 체코 공화국과 슬로바키아로 나누어진 체코슬로바키아로 향했다. (오스트리아-헝가리에서 제1차 세계대전 후 분리되었다.) 영국, 프랑스, 러시아는 아직도 히틀러를 설득하여 실제로 전쟁에 돌입하지 않을 수 있다는 희망을 품고 있었다. 그러나 히틀러는 다음 해 폴란드를 침공했다. 이로 인해 유럽은 두 번째로 절망적인 혼란 속으로 빠져들었고, 이

팬저 IV는 제2차 세계대전 동안에 독일의 주력 탱크였다. 1939년부터 1945년 사이에 8000대 이상이 제작되었다.

는 1945년까지 계속되었다. 히틀러의 군대는 빠르게 진격하여 벨기에와 프랑스를 공격했다. 아무도 그들을 저지할 수 없었다. 1941년 5월 유럽을 정복하려는 히틀러의 꿈이 이루어지는 것 같았다.

이 시기는 유럽의 가장 암울한 시기였다. 1941년부터 1945년 사이에 히틀러의 나치 정권은 포로들을 위한 강제 수용소를 운영했다. 일부에서는 포로들이 죽을 때까지 일해야 했다. 다른 곳에서는 포로들이 처형되었다. 모두 1100만 명의 무고한 사람들이 죽임을 당했다. 이 잔인한 범죄 홀로코스트의 희생자들 중에는 600만 명의 유대인들과 나치가 저능력자라고 분류한 500만 명이 있었다. 여기에는 집시, 게이, 트랜스젠더, 불구자, 정치적 반대자가 포함되었다.

미국은 일본이 하와이 진주만에 있던 태평양 함대를 공격한 후 공식적으로 제2차 세계대전에 참전했다. 이 사진은 USS 애리조나가 침몰하기 직전의 모습이다. 이 공격으로 모두 18척의 배가 침몰했고, 2403명의 미국인들이 목숨을 잃었다.

제2차 세계대전
은 제1차 세계대전

과는 달리 유럽에서만 싸우지 않았다.
이 전쟁에는 전 세계 대부분의 나라가 참전했
다. 1930년대에 일본이 지난 400년 동안 유럽 국가들
이 해 온 일을 시작했기 때문이었다. 그것은 강력한 제
국을 건설하는 것이었다.

일본 해군 미쓰비시
A6M 전투기의 별명은
'제로'였다.

히틀러가 권력을 장악하기 이전인 1931년에 일본은 중국 동북부에 있는
만주를 침략했다. 몇 년 후 35만 명의 군대로 중국 전체를 공격했다. 그들은
중국 전역의 도시에 비행기를 이용하여 폭탄을 투하했다.

일본과 독일은 소련을 패배시키고 싶어 했고, 자신들의 지역에서 우월한
지위를 차지하고 싶어 했다. 따라서 일본은 1940년에 독일, 이탈리아와 함께
삼국 동맹에 서명하고, 영국, 프랑스, 그리고 미국을 공식적인 적으로 규정
했다.

중국은 일본에 반격을 가했다. 그리고 영국과 미국은 일본이 필요한 연
료를 확보하는 것을 방해하여 중국을 도왔다. 기름이 없으면 일본은 육군, 해
군, 그리고 공군을 움직일 수 없었다. 석유가 없으면 승리도 없었다.

1941년 12월 7일에 일본이 하와이에 있는 진주만을 공습한 것은 이 때문
이었다. 일본은 미국이 중국을 구하는 것보다 유럽의 동맹국들을 돕는 것에
더 많은 신경을 써서 일본이 기름을 구할 수 있게 되기를 바랐다. 그러나 일
본의 계산대로 되지 않았다. 진주만 공격은 엄청난 실수였다는 것이 곧 밝혀
졌다. 미국은 영국에 무기를 보내 도와주고 있었다. 그러나 이제 미국 대통령
프랭클린 D. 루스벨트는 국민들에게 싸워야 한다고 설득할 명분을 갖게 되었
다. 미국은 1941년 유럽과 아시아에서 제2차 세계대전에 참전했다.

전투는 치열했다. 먼저 전쟁이 끝난 것은 유럽이었다. 1945년 4월 30일 베를린에 있던 히틀러의 군대는 영국, 미국, 소련에 의해 모든 방향으로부터 포위당했다. 전쟁에 질 것을 알고 있었던 히틀러는 베를린에서 멀지 않은 곳에 있는 지하 벙커에서 자살했고, 지도자가 사라진 독일은 항복했다.

그러나 그것은 전쟁의 끝이 아니었다. 아인슈타인의 식 $E = mc^2$ 을 기억하고 있을 것이다. 1933년에 알베르트 아인슈타인은 미국을 여행하고 있었다. 유대인이었던 그는 히틀러의 성장을 매우 염려했기 때문에 독일에 돌아가는 대신 미국에 머물기로 했다. 전쟁이 일어나자 아인슈타인과 동료 과학자 레오 실라르드는 루스벨트 대통령에게 편지를 썼다. 그들은 나치 독일이 원자핵에 들어 있는 에너지를 이용하는 폭탄을 만든다면 어떤 일이 일어날지 경고했고, 새로운 폭탄이 독일을 승리로 이끌게 될 것을 두려워했다.

일단 미국이 참전하자 정부는 특급 비밀 프로젝트를 시작했다. 이 프로젝트는 영국과 캐나다의 지원을 받는 미국이 독일보다 먼저 핵폭탄을 개발하기 위한 것이었다. 맨해튼 프로젝트라고 알려진 이 프로그램은 독일보다 먼저 원자 폭탄을 만드는 데 성공했다. 그러나 더 이상 독일은 목표가 되지 못했다. 1945년 8월 6일 일본의 두 도시 히로시마와 나가사키의 시민들이 최초로 원자 폭탄의 엄청난 위력을 느껴야 했다. 두 도시에는 원자 폭탄이 하나씩 투하되었고, 하나의 원자 폭탄이 7만 명의 목숨을 순간적으로 앗아갔다. 그리고 수천 명이 몇 년 동안이나 남아 있던 방사성 물질로 인해 목숨을 잃었다.

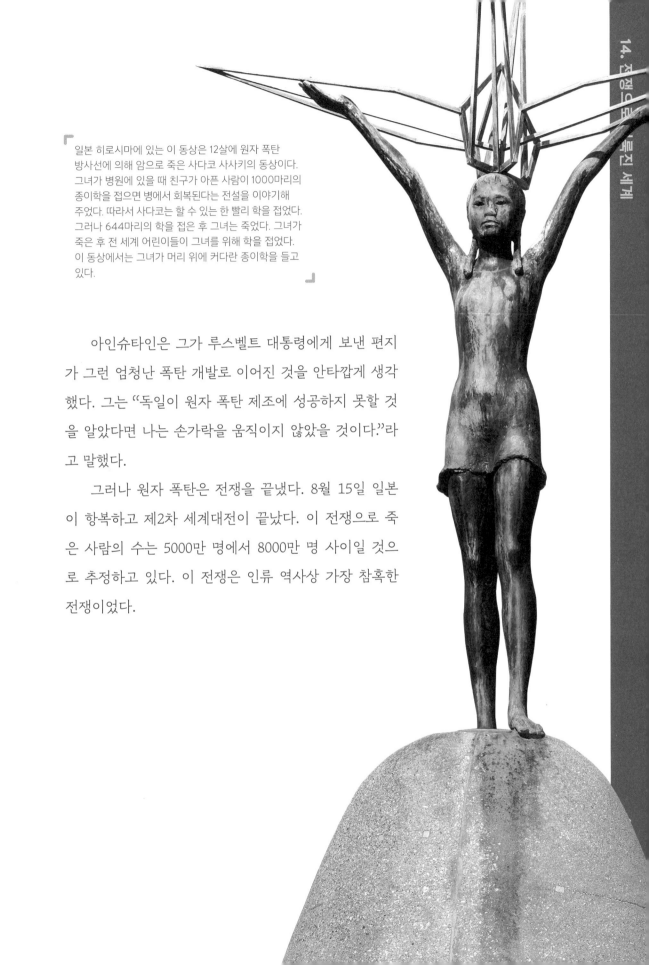

일본 히로시마에 있는 이 동상은 12살에 원자 폭탄 방사선에 의해 암으로 죽은 사다코 사사키의 동상이다. 그녀가 병원에 있을 때 친구가 아픈 사람이 1000마리의 종이학을 접으면 병에서 회복된다는 전설을 이야기해 주었다. 따라서 사다코는 할 수 있는 한 빨리 학을 접었다. 그러나 644마리의 학을 접은 후 그녀는 죽었다. 그녀가 죽은 후 전 세계 어린이들이 그녀를 위해 학을 접었다. 이 동상에서는 그녀가 머리 위에 커다란 종이학을 들고 있다.

아인슈타인은 그가 루스벨트 대통령에게 보낸 편지가 그런 엄청난 폭탄 개발로 이어진 것을 안타깝게 생각했다. 그는 "독일이 원자 폭탄 제조에 성공하지 못할 것을 알았다면 나는 손가락을 움직이지 않았을 것이다."라고 말했다.

그러나 원자 폭탄은 전쟁을 끝냈다. 8월 15일 일본이 항복하고 제2차 세계대전이 끝났다. 이 전쟁으로 죽은 사람의 수는 5000만 명에서 8000만 명 사이일 것으로 추정하고 있다. 이 전쟁은 인류 역사상 가장 참혹한 전쟁이었다.

Chapter 15

끝내지 못한 이야기...

1945년-현재

우리가 알고 있는 세상 만들기와
앞으로 일어날 일들

1945년
세계인구가 25억 명에
도달함

1945년
또 다른 전쟁을 막기 위해
국제연합이 창설됨

1947년
인도가 영국에서
독립함

1947년
냉전이 시작됨

1948년
국제연합이 세계
인권선언을 채택함

1969년
닐 암스트롱이
처음으로 달에
발을 디딤

1981년
IBM이 최초로 개인용
컴퓨터를 개발함

1989년
베를린 장벽이
무너짐

2001년
9·11테러가 발생함

2018년
세계인구가 76억 명에
달함

조금 어지럽다는 생각이 들지 않는가? 나는 그렇다. 우리는 엄청나게 빠른 속도로 인류의 역사 속을 달려왔다. 그리고 이제 24시간 지구 역사에서 자정까지 100분의 1초만 남겨놓고 있다. 우리는 책의 거의 마지막에 도달했지만 끝내지 못한 채로 남겨두어야 할 이야기가 아직 많이 남아 있다.

플라스틱 이야기부터 시작해 보자. 1855년에 영국 발명가 알렉산더 파크스가 최초의 플라스틱을 만들었다. 그는 자신의 이름을 따서 이것을 파케신이라고 불렀다. 이것은 방수 코트를 만들기에 좋았다. 화학물질과 자연 섬유를 섞어 만든 다양한 플라스틱이 영국과 미국에서 개발되었다.

오늘날 우리가 사용하고 있는 플라스틱의 대부분은 자동차 연료와 같은 기름인 석유를 이용하여 만든다. 그리고 제2차 세계대전 직후부터 플라스틱이 우리 생활의 많은 부분을 차지하게 되었다. 대부분의 장난감들이 플라스틱으로 만들어졌고, 우리가 입고 있는 옷들 역시 대부분 플라스틱 섬유(합성 섬유)이다. 우리는 플라스틱으로 만든 가방에 물건을 넣어 들고 다니고, 플라스틱 가구를 사용하고 있으며, 음식물을 신선하게 유지하기 위해 플라스틱으로 포장하고 있다. 우리는 의수와 의족, 인공 심장 판막을 플라스틱으로 만들고 있다. 심지어는 자동차나 비행기도 플라스틱으로 만들고 있다. 플라스틱으로 만든 운송 수단은 금속으로 만든 것보다 가벼워서 연료를 덜 사용하고 따라서 오염도 줄일 수 있다.

그러나 모든 다른 이야기와 마찬가지로 플라스틱의 이야기도 그렇게 간단하지 않다. 플라스틱이 만들어내는 문제들을 알아차리는 데는 시간이 걸렸지만 플라스틱의 문제는 생각보다 심각했다. 플라스틱은 아주 싸기 때문에 사용하고 난 다음에 쉽게 버리곤 하지만 지구상에는 아직

음식물을 저장하는 데 사용하는 값싸고 편리한 타파웨어와 플라스틱 용기들이 1948년 이후 판매되었다.

오징어를 사냥하고 있던 알바트로스가
오징어 대신 플라스틱 쇼핑백을 물고 있다.

플라스틱을 분해할 수 있는 세균이나 미생물이 없다. 따라서 지금까지 만든 거의 모든 플라스틱이 오늘날까지 어딘가에 그대로 남아 있다.

많은 플라스틱 폐기물들이 지하에 매립되거나 바다를 떠다니고 있다. 이런 플라스틱은 바다에서 서식하며 작은 플라스틱 조각을 먹게 되거나 떠다니는 플라스틱에 걸리게 되는 물고기나 새들에게 피해를 준다. 그런 일이 심각해지면 물고기나 새들이 병들거나 죽기도 한다. 그리고 이렇게 떠다니는 플라스틱은 해류의 영향을 받아 한 곳에 모이기도 한다. 이중 가장 큰 것이 태평양 거대 쓰레기 지대이다. 이곳의 플라스틱 폐기물 덩어리는 크기를 재기도 어려울 정도이다. 전문가들은 미국 텍사스주, 또는 프랑스 크기의 세 배는 될 것으로 추정하고 있다.

이 이야기는 어떻게 끝날까? 우리는 모른다. 일부 플라스틱은 재활용되어 새로운 플라스틱을 만든다. 일부는 에너지를 생산하기 위해 소각된다. 그리고 어떤 과학자들은 플라스틱을 분해할 수 있는 미생물이 진화할 것으로 생각하고 있다. 그러나 현재로서는 어떤 해결책도 충분하지 못하다. 우리는 이 많은 플라스틱을 어떻게 해야 할까?

현재 세계에서는 1초에 네 명이 넘는 아기가 태어나고 있다는 것을 알고 있는가? 그것은 하루 동안에 태어나는 아기의 수가 35만3000명이라는 것을 뜻한다! 그렇다면 이와 반대로 하루 동안에 죽는 사람의 수는 15만1000명밖에 안 된다는 것을 알고 있는가? 따라서 지구의 인구는 매일 약 20만 명씩 늘어나고 있다. 현재 지구의 인구는 1945년보다 세 배

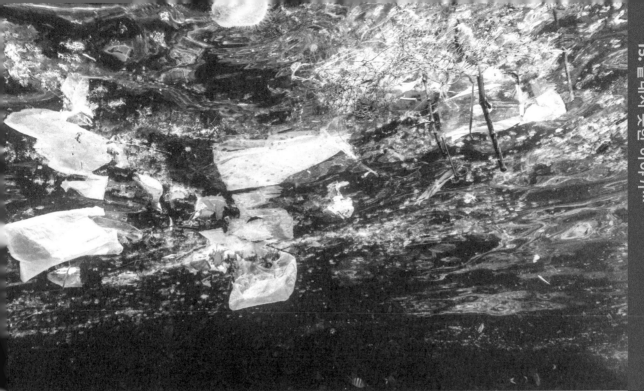

많은 76억 명이다.

인구가 이렇게 많아진 가장 큰 이유는 과학이다. 새로운 약품, 백신, 수술, 편리한 도구, 생명연장 기계들이 질병을 예방하거나 치료해 사람들이 더 오래 살게 한다. 우리는 더 좁은 땅

태평양 거대 쓰레기 지대는 1988년에 처음 알려졌지만 대부분의 사람들은 1997년에 찰스 무어가 태평양 횡단 요트 경주를 마치고 집으로 돌아가는 도중 발견한 이후 이에 대해 알게 되었다. 그는 바다에 떠다니는 거대한 폐기물을 발견하고 깜짝 놀랐다.

에서 더 많은 작물을 재배하는 기술과 화학물질을 가지고 있다. 자동차와 비행기는 더 안전해졌고, 공장도 더 일하기 좋아졌다. 따라서 사고로 죽는 사람들이 줄어들었다. 많은 나라들이 능력이 없는 사람들에게도 충분한 식량과 살아갈 장소를 제공하는 제도를 두고 있다. 현재 세계의 평균 수명은 71살이다. 이것은 1900년의 평균 수명보다 40년이나 긴 것이다.

6500만 년 전에 거대한 운석이 날아다니지 못하는 공룡을 모두 멸종시켜 버렸던 것을 기억하고 있을 것이다. 그것은 많은 생명체들이 동시에 사라지는 대규모 멸종 사건을 불러왔다. 오늘날 많은 과학자들은 우리가 또 다른 대규모 멸종 사건의 한가운데 있다고 주장하고 있다. 이번에는 인간, 도시, 도

로, 공장이라는 이름의 운석 때문이다.

사람들에게 좋은 일부 발명은 다른 생명체들에게는 좋지 않은 경우가 많다. 거대한 댐은 인간에게 전기를 제공하지만 족제비나 비버와 같은 다른 동물들의 서식지를 파괴한다. 화학비료는 냇물을 오염시킨다. 그리고 우리가 짓는 건물들이 동물들의 서식지를 파괴하고 그들의 이동을 막는다. 그리고 플라스틱이 있다.

2018년에 과학자들이 지구에 살고 있는 모든 생명체의 무게를 계산해 내는 방법을 알아냈다. 이런 계산에 의하면 인간은 지구상에 살고 있는 모든 동물 무게의 1만 분의 1 정도를 차지하고 있다. 그러나 우리는 지구 전체에 큰 충격을 주고 있다. 인류가 농경을 시작한 이후 육상 동물의 83%가 멸종되었고, 식물의 반이 멸종되었다.

아마존의 열대 우림의 넓이는 5500만 제곱킬로미터로 남북아메리카 전체 넓이의 8분의 1에 해당한다. 열대 우림의 대부분은 브라질에 있다. 여기에서는 이곳에서 살아가야 하는 사람들과 안정한 기후를 위해 필요한 모든 생명체들이 균형을 이루기 위해 투쟁하고 있다. 이 사진은 브라질 북부에 있는 벌목지역을 보여주고 있다.

숲은 이산화탄소를 흡수하고 산소를 내보낸다. 그런데 인간은 종이나 목재를 얻거나 농

사지을 땅을 확보하기 위해 나무를 잘라내고 있다. 이로 인해 브라질의 아마존 유역에 있는 귀중한 열대 우림이 파괴되고 있다. 이것은 우리 인간들뿐만 아니라 지구에 사는 다른 동물들에도 큰 문제가 되고 있다.

1896년에 스웨덴의 기상학자 스반테 아레니우스가 최초로 대기 중 이산화탄소(CO_2) 함유량이 지구 온난화와 관계가 있다고 주장했다. 석탄이나 가스 또는 기름을 연료로 사용하는 발전소, 자동차, 비행기가 많은 CO_2를 배출하고 있지만 숲의 감소로 나무가 사용하는 CO_2의 양은 줄어들고 있다. 따라서 1832년 이후 공기 중 CO_2의 양이 두 배로 늘어났고, 이 CO_2가 지구를 지난 10만 년 이후 가장 더운 곳으로 만들고 있다.

지구의 온도가 올라가면 극지방의 얼음이 녹고, 그렇게 되면 해수면이 상승한다. 극지방에 얼음이 없을 때는 바다의 깊이가 현재보다 42명의 축구 선수들의 키를 합한 것만큼 더 깊었다는 것을 기억하고 있을 것이다. 만약 현재와 같은 속도로 지구 온난화가 진행된다면 바다는 다시 그때만큼 깊어질 것이다. 그렇게 되면 런던, 뉴욕, 몬트리올, 도쿄, 상하이를 비롯한 많은 저지대 도시들이 바다에 잠기게 될 것이다. 따뜻해진 날씨는 서식지도 바꿔 놓을 것이다. 일부 동물들은 다른 곳으로 이동하여 적응할 수 있겠지만 일부는 멸종할 것이다.

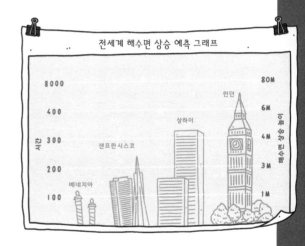

전세계 해수면 상승 예측 그래프

지구 온난화가 계속되면 바닷물이 결국 지구상에 있는 가장 큰 도시들을 삼켜 버릴 것이다. 이 그래프는 언제 얼마나 해수면이 상승해 네 도시에 어느 정도의 영향을 줄지 보여주고 있다.

모든 얼음이 녹을 때까지 얼마나 걸릴지는 아무도 모른다. 아마도 그것은 500년에서 500만 년 사이일 수 있다. 그다음에는 무슨 일이 일어날까? 이 역시 끝나지 않은 이야기이다.

또 다른 끝나지 않는 이야기는 아주 오래전부터 계속되어온 전쟁과 평화에 대한 이야기이다. 제2차 세계대전 이후 사람들은 이제 평화의 시대로 들어가는 것이 아닌가 하는 희망을 가졌다. 1945년 10월 몇몇 나라들이 모여 새로운 국제 조직을 결성했다. 이 조직의 이름은 국제연합(UN)이었다. 세계의 모든 나라들이 하나로 연합하여 세계 전쟁을 막아보자는 것이었다. UN은 기아나 전쟁으로 어려움을 겪는 나라들을 도와주고 있다. 그리고 전 세계가 국제법을 지키도록 하기 위해 노력하고 있다. 모두가 법을 지키게 된 것은 아니지만 이로 인해 변화를 만들어내는 데는 성공하고 있다.

UN이 설립된 후 전쟁으로 폐허가 된 유럽 나라들의 식민지에 대한 지배력이 약화되었다. 마하트마 간디는 30년 동안 인도에서 영국 지배에 항의하는 비폭력 투쟁을 계속했다. 1947년 마침내 그의 꿈이었던 인도의 독립이 실현되었다. 그 후 스리랑카(1948), 수단(1956), 말레이시아(1957), 케냐(1963), 잠비아(1964), 짐바브웨(1980), 오스트레일리아(1986)가 차례로 영국으로부터 독립했다. 프랑스, 이탈리아, 독일, 그리고 미국도 그들의 식민지 대부분에 대한 통치를 포기했다.

대단한 일이다. 그러나 이것이 모두가 서로 잘 지내게 되었다는 것을 의미하지는 않았다. 세계에서 가장 강력한 나라들이 두 진영으로 나누어졌다. 한 진영에는 서유럽 국가들과 일본, 미국, 캐나다가 포진했다. 이들은 개인이 회사를 소유할 수 있고, 이윤으로 부를 축적하는 것을 인정하는 자본주의 국가들이었다. 자본주의자들은 모든 사람들에게 잘 살 수 있는 균등한 기회를 주는 것이 가장 중요하다고 생각했다.

국제연합기

반대 진영에는 국가가 모든 것을 소유해
야 한다는 카를 마르크스의 생각을 받아들인
공산주의 국가들이 포진했다. 그들은 이윤은
운이 좋거나 머리가 좋아 성공적인 기업을 운
영하거나 그런 회사에서 많은 월급을 받는 소
수가 아니라 모든 사람들에게 골고루 돌아가
야 한다고 믿었다. 앞에서 이야기했던 것처럼

"
악한 자는 절대로 용서를
할 수 없다. 용서는 강한
자의 속성이다.
"

마하트마 간디,
독립운동가이자 시민운동 지도자

제2차 세계대전 이전에 소련이 공산화되었고, 중국은 제2차 세계
대전 직후 벌어진 내전이 끝난 후에 공산주의 국가가 되었다.

자본주의 국가들과 공산주의 국가들은 다른 나라들이 자
신들의 진영에 합류하기를 원했다. 그리고 상대 진영이 강력
한 힘을 갖는 것을 원하지 않았다. 미국과 소련이 이끄는 두
진영은 수만 개의 원자 폭탄을 개발했다. 그들은 원자 폭탄
을 우주 공간으로 쏘아 올려 바다를 건널 수 있는 대륙간 탄
도탄으로 적국을 겨냥했다. 제2차 세계대전의 친구가 적이
되고 제2차 세계대전의 적이 친구가 되는 데 오랜 시간이 걸
리지 않았다.

이 시기를 냉전시대라고 부른다. 냉전이라고 부르는 것
은 이 시기에 원자 폭탄을 이용해 격렬하게 싸운 적이 없기
때문이다. 원자 폭탄에 대한 두려움이 사람들을 얼어붙게 했
고, 감히 선제공격에 나서지 못하도록 했다. 이런 생각을
MAD라고 부른다. 이 말은 상호 확증 파괴라는 의미의 영어
머리글자를 따서 만든 것이다. 일부에서는 MAD가 평화를 유
지하는 데 기여했다고 믿고 있다. 어느 진영이 핵전쟁을 시작

하면 반대 진영도 보복 핵공격을 해 모두가 죽을 것임을 양쪽 다 잘 알고 있기 때문이다.

제2차 세계대전에서 패배한 후 독일은 둘로 분단되었다. 동독은 공산주의 국가가 되었고, 서독은 자본주의 국가가 되었다. 동독 안에 있던 독일의 수도 베를린도 분단되었다. 동독은 사람들이 오가는 것을 막기 위해 1961년 8월에 베를린 장벽을 설치했다. 베를린 장벽은 1989년 무너졌고, 다음 해 독일이 통일되었다.

실제로 이것이 어느 정도 평화를 유지한 것도 사실이다. 그러나 냉전 동안에도 한국전쟁과 베트남 전쟁을 포함한 60개가 넘는 소규모 전쟁이 계속되었다. 이런 전쟁들 대부분에서 자본주의 국가들과 공산주의 국가들은 서로 반대편을 지원했다. 그들은 자신들의 동맹국을 (핵무기가 아닌) 재래식 무기로 무장시켰고, 군사 훈련을 제공했으며, 때로는 군대를 직접 파견하기도 했다. 따라서 냉전이 때로는 매우 뜨거운 전쟁으로 바뀌기도 했다.

냉전은 우주 개발 경쟁을 촉발시켰다. 1957년에 소련은 최초로 지구 궤도를 도는 인공위성 스푸트니크를 발사했다. 적들이 우주에서 자신의 나라를 들여다보는 것을 참을 수 없었던 미국은 1960년대 말까지 사람을 달에 보내겠다고 다짐했다. 그리고 해냈다! 닐 암스트롱이 처음으로 달에 발을 디뎠고, 11명이 그 뒤를 따랐다.

이것은 한 인간에게는 작은 발걸음이지만 인류에게는 커다란 도약이다.

닐 암스트롱,
우주 비행사

오늘날에는 새롭고 다양한 우주선들이 미국, 유럽, 중국, 그리고 러시아에서 개발되고 있다. 팰컨 헤비라고 불리는 한 로켓은 민간 기업인 스페이스 X에서 만들었다. 이 회사의 소유주인 일론 머스크는 팰컨 헤비가 곧 사람들을 화성으로 데려갔다 돌아올 수 있게 되기를 바라고 있다. 이 로켓은 지구로 돌아와 발사대에 똑바로 선 채로 착륙하는 것이 가능해 재사용할 수 있다.

냉전은 소련이 15개의 공화국으로 분리된 1991년에 공식적으로 종식되었다. 러시아와 중국이 자본주의 제도 일부를 받아들였다. 그리고 2007년에 27개의 국가들로 이루어진 공동체 유럽연합이 새롭게 만들어졌다. 소련의 일부였던 9개 나라들도 유럽연합에 참여했다.

이제 세계는 제3차 세계대전의 위험이 사라진 것처

닐 암스트롱은 달에 발을 디딘 첫 번째 사람이 되었다. 1969년과 1972년 사이에 12명의 우주 비행사들이 달 위를 걸었고, 그 후에는 아무도 달에 가지 않았다.

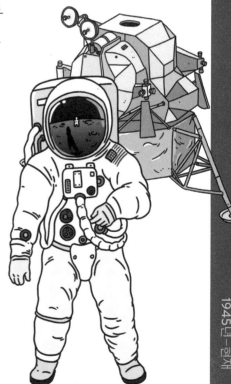

럼 보여 안도의 한숨을 쉴 수 있게 되었다. 그러나 이것이 전 세계에서 벌어지고 있는 작은 전쟁들을 끝내지는 못했다. 이 시기에는 또 다른 전쟁이 시작되고 있었다. 이것은 대규모의 군대가 있어야 하는 전쟁이 아니었다. 전쟁의 목적은 적들에게 상처를 주어 내 말에 귀를 기울이게 하는 것이었다. 이런 전쟁을 테러라고 부른다.

제1차 세계대전이 조국의 자유를 원했던 한 사람에 의해 시작되었던 것을 기억하고 있을 것이다. 캐나다 역사상 가장 잔인했던 대량 학살도 같은 동기를 가지고 있었다. 그것은 1985년에 있었던 비행기 폭파 사건이었다. 에어 인디아 182편이 폭탄이 든 가방을 싣고 캐나다에서 인도로 운항하고 있었다. 폭탄이 터지자 비행기가 산산조각이 나 바다로 추락해 비행기에 타고 있던 모든 사람들이 죽었다.

범인은 인도계 캐나다인 집단의 일원이었다. 그들은 인도의 소수 종교인 시크교의 독립국가를 원하고 있었다. 그들은 인도 정부가 반군이 숨어 있던 사원을 공격하여 1000명의 시크교도를 살해한 것에 격분했다. 대부분이 인도계 캐나다인들이었던 329명의 승객들은 무고한 희생자들이었다. 그들은 테러리스트의 복수와 관심 끌기의 희생자들이었다.

누구나 테러리스트가 될 수 있었다. 1995년에 있었던 오클라호마시티 폭발사고는 168명의 목숨을 앗아갔다. 범인은 미국 정부가 불법무기 수색을 거부한 종교집단을 공격한 것에 화가 난 미국의 백인이었다. 뉴욕에 있던 세계무역 센터의 쌍둥이 빌딩을 파괴하고, 뉴욕, 워싱턴 DC, 그리고 펜실베이니아에서 3000명의 목숨을 앗아간 2001년 9월 11일에 있었던 테러 공격은 알-카에다라고 부르는 이슬람 무장단체의 소행이었다. 그들은 미국이 이슬람 국가들에 공정하지 못하고, 유대인들의 나라인 이스라엘에 지나치게 관대한 것에 화가 났다.

모든 테러리스트가 사람을 죽이는 것은 아니다. 사람들을 놀라게 하는 또 다른 방법이 있었다. 나이지리아에서 보코하람이라고 부르는 테러리스트 단체가 10대 소녀들을 학교에서 납치했다. 이들이 전하려는 메시지는 무엇이었을까? 여성은 학교에 가지 말아야 한다는 것이다. 이들은 여성들은 교육을 받을 것이 아니라 일찍 결혼해야 한다고 믿고 있었다. 그래서 어린 학생들을 납치하여 가족들을 놀라게 하려고 했다.

테러리스트들은 항상 일상생활을 하는 일반인들을 공격한다. 이러한 무고한 희생자들을 추모하기 위해 세계 각국 사람들이 꽃들과 메시지로 장식한 추모 장소를 만들었다. 2014년에 있었던 파키스탄 페샤와르 학교 습격 사건의 희생자들을 추모하기 위해 이 사진과 같은 촛불 철야 집회가 런던에서 열렸다.

테러리스트들의 공격과 지역 분쟁은 곧 끝날 것 같지 않다. 그러나 적어도 현재로서는 수백만 명을 죽이는 거대한 전쟁으로부터는 멀어진 것 같다. 그것만은 다행한 일이다.

평화는 국가나 국제적인 관계와만 관련이 있는 것이 아니다. 이것은 우리가 일상생활에서 서로를 어떻게 대하느냐와도 관련이 있다. UN이 설립되고 3년 후인 1948년 12월 10일 회원국들은 보호받아야 할 개인의 권리를 명시한 30조항으로 이루어진 세계인권선언을 채택했다. 이 선언에서는 무엇보다 모든 종류의 노예제도 폐지를 선언했다. 이 선언은 사람들이 자유롭게 세계 어디에도 갈 수 있도록 허용해야 하며, 개인이 아무런 제약 없이 종교를 선택할 수 있도록 했다. 또한 국가는 시민들이 충분한 식량을 확보할 수 있도록 해야 하며, 의료혜택을 받을 수 있도록 해야 한다고 선언했다.

이 선언은 강제적인 구속력이 있는 것은 아니다. 시민들에게 이 모든 것을 보장하고 있는 나라는 거의 없다. 그러나 각 나라의 법률이 이 선언을 기반으로 하여 제정되기 때문에 이 선언은 매우 중요한 의미가 있다.

미국에서는 1950년대와 1960년대의 인권 운동가들이 남부 지방에서의 아프리카계 미국인들의 처우를 바꾸기 위해 그들의 목숨을 내놓기도 했다. 남북 전쟁 후에도 남부의 법률은 아프리카계 미국인들을 백인들과 분리해 놓고 있었다. 기차나 버스에는 백인들만을 위한 특별한 공간이 마련되어 있었다. 백인 어린이들과 아프리카계 미국인 어린이들은 다른 학교에 다녔다. 어느 학교가 새로운 책과 실내 화장실을 갖추고 있었을지는 쉽게 상상할 수 있을 것이다. 미국 헌법이 누구나 투표할 수 있는 권리를 가지고 있다고 했지만 공정하지 못한 투표 정책이 유지되고 있었다.

1955년에 백인 좌석에 앉을 때부터 로사 파크스는 어떤 일이 벌어질지 알고 있었다. 그녀는 이전에도 버스에서 같은 버스 기사에게 끌려 내려간 적이 있었다. 그녀는 아프리카계 미국인 여성들에게 감옥이 위험한 곳이라는 것도 잘 알고 있었다. 그러나 그녀와 다른 인권 운동가들은 강하게 맞설 때가 왔다고 생각했다. (그 당시 버스에는 카메라가 없었다. 이 사진은 후에 연출한 사진이다.)

로사 파크스는 인권 운동 지도자였다. 1955년 그녀는 버스에서 그녀의 좌석을 백인 남성에게 양보하는 것을 거절했다. 이것이 몽고메리 버스 보이콧이라고 부르는 항의 운동을 시작하도록 했다. 수천 명의 아프리카계 미국인들이 1년이 넘게 도시 버스 승차를 거부했다. 결국 판사가 버스에서는 피부색과 관계없이 누구나 어디에든지 앉을 수 있다고 판결했다.

이 보이콧 운동의 지도자 중 한 사람이 마틴 루서 킹 주니어였다. 그는 후에 인권 운동의

"
나는 나의 아이들이 피부색이 아니라 그들이 가지고 있는 재능에 따라 판단되는 나라에 살고 있을 것이라는 꿈을 가지고 있습니다.
"

마틴 루서 킹 주니어,
목사 그리고 인권 운동가

가장 유명한 인물이 되었다. 잘 조직된 비폭력 인권 운동과 남부법률을 뒤집으려고 했던 판사들의 노력이 결합되어 조금씩 사람들의 생각이 변화되었다.

1964년 미국 의회는 민권법 혹은 공민권법이라고 부르는 일련의 법률을 통과시켰다. 이 법률들은 아프리카계 미국인들의 평등을 보장하고 있다. 50년 이상이 지난 현재 아프리카계 미국인들의 상황은 훨씬 좋아졌지만 완전히 평등하다고 할 수는 없다. 민족에 대한 편견이 아직 남아 있으며, 블랙 라이브즈 매터라고 부르는 새로운 운동이 아프리카계 미국인에 대한 동등한 대우를 촉구하고 있다.

미국의 인권 운동이 정점을 치닫고 있을 때 흑인이 다수인 나라면서도

2012년에 무장하지 않은 10대 아프리카계 미국인 트레이본 마틴을 총으로 쏴 죽인 백인 조지 짐머만이 무죄를 선고받은 후 세 명의 인권 운동가, 알리시아 가자, 패트리스 쿨로어, 오파 토메티가 미국에서 경찰과 다른 사람들의 폭력과 차별로 고통 받는 아프리카계 미국인들에게 관심을 가지도록 하기 위해 블랙 라이브즈 매터 운동을 시작했다.

소수의 백인이 통치하고 있던 남아프리카에서도 인권 운동이 일어났다. 남아프리카 정부는 법으로 사람들을 피부 색깔로 분리했고, 흑인들이 권력을 가지는 것을 금지했다. 이런 인종차별 정책을 아파르트헤이트라고 부른다. 1962년에 반인종차별 운동의 지도자 넬슨 만델라가 종신형에 처해졌다. 그는 27년의 감옥 생활 후에 석방되었다. 인종차별 정책이 폐지된 후 1994년에 첫 번째로 치러진 자유선거에서 만델라는 남아프리카 대통령으로 당선되었다.

대통령이 된 넬슨 만델라는 진실화해위원회를 구성하여 모든 배경을 가진 사람들이 평화롭게 사는 방법을 모색했다. 정부 관리를 비롯한 수많은 사람들이 인종차별 정책의 잘못된 점들을 자신들의 입장에서 일반인들에게 이야기했다. 만델라의 이상은 용서를 바탕으로 한 것이었다. 그는 과거에 일어났던 일들에 대해 보복하려고 하지 않고, 평화로운 미래를 바라보았다.

넬슨 만델라

불평등한 대우를 받는 것은 피부색 때문만이 아니었다. 제2차 세계대전 훨씬 전부터 여성들도 동등한 대우를 받기 위해 투쟁해 왔다. 1893년 전에는 여성들에게 동등한 투표권을 주는 나라가 세계 어디에도 없었다. 뉴질랜드가 최초로 여성에게 동등한 투표권을 주었고, 오스트레일리아, 핀란드, 노르웨이, 덴마크, 그리고 아이슬란드가 그 뒤를 따랐다. 그리고 1918년에는 러시아, 영국, 독일을 포함하여 제1차 세계대전에 관련되었던 많은 유럽 국가들이 뒤따랐다. 1920년에는 미국도 여성에게 투표권을 부여했다. 2015년에 마지막으로

여성들에게 동등한 투표권을 부여한 나라는 사우디아라비아였다.

그러나 다른 생활 영역에서 성 평등을 확보하는 동일노동 동일임금 같은 것은 훨씬 더 어려웠다. 심지어 어떤 나라에서는 소녀들에게 교육을 받거나 결혼 상대자를 선택할 권리를 주지 않고 있다. 그리고 여성들은 전 세계 땅의 20%만 소유하고 있다.

좋은 소식은 투쟁이 계속되고 있고, 점점 더 많은 약자 집단이 그들의 권리를 위해 싸우고 있다는 것이다. 장애를 가진 사람들은 동등한 교육과 취업 기회를 얻기 위해 많은 나라에서 성공적으로 투쟁하고 있다. 그리고 일부 국가에서는 게이와 레즈비언도 차별을 걱정하지 않고 공개적으로 일하고 살아가면서 사랑하는 사람과 결혼할 수 있게 되었다. 평등을 위한 이런 투쟁은 계속되고 있고, 매일 새로운 역사가 쓰이고 있다.

말랄라 유사프자이는 소녀들이 모든 나라에서 좋은 교육을 받을 권리를 쟁취하기 위해 전 세계적인 운동을 시작했다. 12살이었을 때 파키스탄에서 총을 맞기도 했던 그녀는 2014년 노벨 평화상을 받았다.

 평등한 권리를 위한 운동에 큰 도움을 준 도구 중 하나는 컴퓨터이다. IBM은 1981년에 처음으로 개인용 컴퓨터를 세상에 내놓았다. 그 후 컴퓨터, 휴대폰, 그리고 인터넷은 세상을 크게 바꿔 놓았다. 이제는 이들이 없는 세상은 상상할 수 없게 되었다. 우리는 지금 컴퓨터와 스마트폰을 게임, 독서, 쇼핑, 친구 사귀기, 사진을 찍는 데 사용하고 있다. 그런가 하면 메시지 보내기, 글쓰기, 검색, 영화 감상도 하고 있다. 또한 우리는 비슷한 취미를 가지고 있는 사람이나 관심사가 같은 사람들을 찾아내기도 하고, 새로운 소식을 듣기도 하며, 우리를 웃고 울게 만드는 이야기들을 공유하기도 한다. 컴퓨터를 통해 우리는 세상이 어떻게 돌아가고 있는지를 파악하고, 더 나은 세상을 만들기 위해 함께 노력하고 있다.

컴퓨터 과학의 발전은 소화하는 오리 시대에는 아무도 상상할 수도 없었던 로봇의 진화를 가져왔다. 로봇은 오래전부터 공장에서 일하고 있었다. 그리고 인간의 몸 속과 같이 사람들이 갈 수 없는 장소에서 일했다. 인공지능을 가지고 있는 로봇은 병원에 전화해서 진료예약을 할 수도 있고, 몸 속의 암을 발견할 수도 있으며, 범죄자를 잡을 수도 있다. 인공 지능을 가지고 있는 미래 로봇은 살아있는 사람과 비슷해 로봇과 말하고 있는지 아니면 사람과 말하고 있는지 구별하기 어려울 것이다.

우리가 우주 식민지를 개척할 때는 로봇이 더 중요한 역할을 맡게 될 것이다. 사람이 달에 가기 전부터 사람들은 지구 바깥세상을 여행하는 꿈을 꿨다. 오랫동안 기다려 왔지만 이제 곧 새로운 세대 로켓이 우주여행을 가능하게 해 주고, 50년 안에 달과 화성에 도시를 건설하는 것도 가능해질 것이다. 그때가 되면 보통 사람들도 달이나 화성을 방문할 수 있을 것이다.

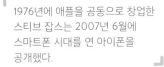

1976년에 애플을 공동으로 창업한 스티브 잡스는 2007년 6월에 스마트폰 시대를 연 아이폰을 공개했다.

모든 것이 아주 빠르게 변하기 때문에 50년이나 500년 후, 또는 5000년 이나 5만 년, 그리고 500만 년 후에 세상이 어떻게 변해 있을지를 상상하는 것은 매우 어렵다. 그때가 되면 인류는 오늘날 우리가 풀지 못하고 있는 문제들을 해결할 수 있는 놀라운 능력을 갖추고 있을 것이다. 만약 과학자들이 태양이 에너지를 만들어내는 방법인 핵융합을 통해 에너지를 생산할 수 있게 된다면 세상은 어떻게 변할까? 핵융합 에너지를 사용할 수 있게 되면 공해 없는 에너지를 싼값에 얼마든지 공급받을 수 있을 것이다. 그렇게 되면 지구 온난화의 속도도 늦출 수 있을 것이다.

인구가 지금처럼 빠르게 증가한다면 어떻게 동물의 서식지를 파괴하지 않고 모든 사람이 먹을 수 있는 식량을 확보할 수 있을까? 아마도 인공 식량이 답이 될 수 있을 것이다. 과학자들은 이미 세포를 이용하여 실험실에서 고기를 만들어 내는 방법을 개발했다. 이것은 미래에는 우리가 동물을 사육하거나 죽이지 않고도 고기를 먹을 수 있다는 것을 뜻한다.

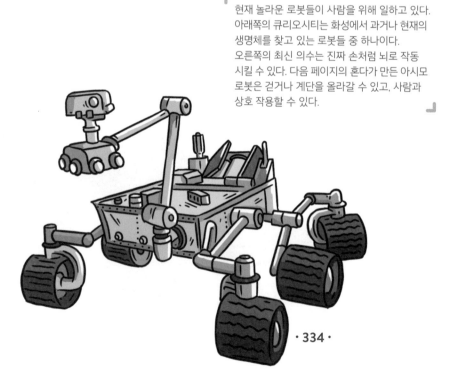

현재 놀라운 로봇들이 사람을 위해 일하고 있다. 아래쪽의 큐리오시티는 화성에서 과거나 현재의 생명체를 찾고 있는 로봇들 중 하나이다. 오른쪽의 최신 의수는 진짜 손처럼 뇌로 작동시킬 수 있다. 다음 페이지의 혼다가 만든 아시모 로봇은 걷거나 계단을 올라갈 수 있고, 사람과 상호 작용할 수 있다.

과학 자체만으로는 평화롭고 풍요로운 세상을 만들 수 없다. 그런 세상을 만들기 위해서는 우리가 어떻게 살 것인지, 그리고 다른 사람들과 세상을 어떻게 대할 것인지를 현명하게 선택해야 한다. 우리가 옳은 결정을 내리는 데 도움이 되는 지혜를 얻을 수 있는 한 가지 방법은 과거를 넓게 바라보는 것이다. 오랜 시간 동안 인류가 걸어온 긴 여행이 조심해야 할 위험 신호를 감지할 수 있도록 도와줄 것이고, 우리를 도와줄 인간과 자연의 힘을 실감할 수 있게 해 줄 것이다.

우리가 관심을 가져야 할 첫 번째 위험 신호는 절대 권력이다. 역사는 절대 권력을 가진 사람이 나라를 망쳐 놓을 수 있다는 것을 수없이 보여주었다. 통치자는 더 많은 권력을 가지기 위해 전쟁을 일으킬 수도 있다. 1933년 독일인들이 아돌프 히틀러를 선출했을 때 그랬던 것처럼 종종 사람들은 강력한 통치자에게 더 많은 권력을 부여하면서도 그것이 얼마나 위험한 일인지를 인식하지 못한다.

그리고 부자와 가난한 사람 사이의 차이를 눈여겨보아야 한다. 우리 역사 이야기에는 항상 아주 많은 것을 가진 사람들과 아무것도 가지지 못한 사람들이 등장했다. 만사 무사의 금이나 투탕카멘왕이 사후의 세계로 가져간 보물들을 생각해 보자.

그리고 고대 그리스에서 남아메리카에 이르기까지 전 세계에 존재했던 수많은 노예들을 생각해 보자. 흑사병의 고통 속에서 비참한 생활을 했던 유럽의 농노들과 자신들의 부만을 추구했던 침략자들에게 자유와 생명을 빼앗겼던 아메리카, 아프리카, 오스트레일리아의 원주민들을 생각해 보자.

때로는 가진 자와 가지지 못한 자 사이의 차이가 너무 벌어져서 보통 사람들이 견딜 수 없을 때도 있다. 그러면 분노가 쉽게 폭력으로 변한다. 프랑스, 아이티, 그리고 러시아 혁명에서 그런 일들이 실제로 일어났다. 현재 세계에서 가장 부유한 소수가 지구 전체의 절반이 넘는 재산을 소유하고 있다. 이것으로 인해 전쟁이 나는 것은 아닐까?

그러나 좋은 소식도 있다. 인류의 역사를 통해 배울 수 있는 가장 큰 교훈이 많은 사람들에게 안도감을 줄 것이다. 자연은 발전하는 것이 아니라 조건에 따라 변화하고 적응한다. 캄브리아기에 삼엽충의 눈이 진화하자 다른 생명체들은 이에 적응하거나 죽었다. 인류도 끊임없이 새로운 환경에 적응해 왔다. 인류가 빙하기에도 살아남아 번영할 수 있었던 것은 빙하가 전진하고 후퇴함에 따라 살아가는 장소와 생활 방식을 바꿀 수 있었고, 새로운 환경에 적응할 수 있었기 때문이었다.

실제로 인간은 최고의 적응능력을 가지고 있다. 우리는 세상을 살아가기 더 좋은 장소로 만들기 위해 살아가는 방법을 바꿔 왔고 다양한 종류의 기계를 만들어냈다. 우리가 미래에 대해 희망을 품을 수 있는 것은 지금까지 인류가 앞날이 암울해 보이는 어려운 환경에서도 잘 적응해 왔기 때문이다.

우주 비행사가 달에 갔을 때 그들은 처음으로 달의 지평선에 걸려 있는 지구를 보았다. 검은 공간으로 둘러싸여 있는 연약한 푸른 보석 같은 지구의 모습은 새로운 시대의 시작을 알리는 것이었다. 미래에는 우리의 귀중한 지구가 어떤 세상이 될까? 그것은 우리 모두에게 달려 있다.

이제 마지막으로 한발 물러서서 지구의 놀라운 역사를 조망해 보자. 시계가 자정을 알리고 있다. 다음 순간에 무슨 일이 일어날지 알 수 없지만 한 가지 확실한 것은 우리 앞에 있는 1000분의 1초가 우리가 만들 수 있는 어떤 것보다도 귀중하다는 것이다.

에필로그

나는 이 책에 모든 것을 담고 싶었다. 그렇게 하려고 노력했다. 그러나 우리는 그것이 실제로는 가능하지 않다는 것을 잘 알고 있다. 그렇게 하기에는 해야 할 이야기가 너무 많다. 대신 나는 자연과 인류 역사의 흐름을 전체적으로 파악하고, 핵심적인 사건들을 연결해 보려고 노력했다.

그러나 나는 많은 것들을 남겨 놓아야 했다! 나는 뉴질랜드의 마오리족, 아프리카 남부에 있는 칼라하리 사막의 산족, 유럽 북부의 사미족과 같은 여러 가지 다른 문화들도 포함시키고 싶었다. 나는 1850년대에 감자 기근으로 조국을 떠난 아일랜드인들에서부터 오늘날 잔인한 내전을 피해 조국을 떠난 시리아인들까지 다양한 이주민들의 이야기도 다루고 싶었다.

그리고 나는 T. E. 로렌스, 아룬다티 고스와 같은 용감한 이주자들과, 남다른 생각을 가졌던 정치 지도자 미하일 고르바초프와 같은 사람들의 이야기를 할 공간이 있기를 바랐다. 세상을 바꿔 놓은 수많은 놀라운 발명들과 인류, 동물, 건물, 그리고 전체 생태계를 구한 영웅들, 세상을 풍요롭게 만든 예술가들, 작가들, 음악가들도 있었다. 책을 다시 써야 할지도 모르겠다!

따라서 내게 생각이 있다. 나는 이 책에서 하지 못한 이야기를 다룬 또 다른 책을 쓸 수 있었으면 좋겠다. 《완전하게 그 외의 역사》라는 제목의 책은 어떨까? 그 책은 이 책에서처럼 전체적인 역사의 흐름을 다루겠지만 전혀 다른 방법으로 다룰 것이다. 아직 자세한 내용을 이야기할 수는 없지만 독자들의 의견을 듣고 싶다. 독자들이 다음 책에 어떤 내용이 포함되기를 원하고 있는지 알면 큰 도움이 될 것이다. 나는 특히 많이 알려지지 않는 사람들이나 역

사에서 잊힌 영웅들과 악한들, 지구와 생명체, 그리고 사람들에게 큰 충격을
준 작은 사건들을 포함시키고 싶다. 따라서 당신의 의견을 보내주면 그것들
을 포함시키기 위해 최선을 다할 것이다.
www.whatonearthbooks.com에 접속하면 나와 직접 얘기할 수 있을 것이다.
당신의 연락을 기다리고 있다!

크리스토퍼 로이드

1886년에 프랑스가 미국에 선물로 보낸 뉴욕
항구에 서 있는 자유의 여신상은 원래 노예제도가
끝난 것을 축하하기 위한 것이었지만 1800년대 말
부터 1900년대 초에 미국으로 온 이민자들에게는
미국으로의 이민을 환영한다는 상징이 되었다.

감사의 글

많은 사람들의 헌신적인 도움이 없었다면 이 책은 세상에 나오지 못했을 것이다. 나는 특히 리처드 아트킨슨, 나탈리 벨롯, 존 고돈-라이드, 스티브 카펜터, 그리고 마크 스킵워스에게 깊은 감사를 드린다.

또한 이 책이 나오는 데 필요한 각자의 역할에 최선을 다한 What on Earth Books의 편집부 직원들 모두에게도 깊은 감사를 드린다.

프로젝트의 매니저였던 알리 글로숍은 여러 달 동안 이 책과 함께 숨 쉬며 살았다. 그녀의 전문적인 감각과 뛰어난 직업 정신이 없었다면 이 책은 나오지 못했을 것이다.

디자이너인 아순카오 삼파요는 이 책의 모든 페이지가 에너지로 넘치도록 세세한 것까지 꼼꼼히 챙겼다.

10년 이상을 함께한 나의 가장 가까운 친구인 예술 감독 앤디 포쇼는 이 책의 오른팔을 담당하며 삽화를 책임져 주었다. 그가 없었더라면 아무것도 못했을 것이다.

출판인이었던 낸시 페레스턴은 빅뱅으로부터 시작해서 현재에 이르는 모든 이야기를 검토하고, 조언해 주었으며, 원고를 편집하여 애벌레에서 아름다운 나비로 탈바꿈시켰다.

나는 또한 놀라운 표지를 제작한 저스틴 풀터와 사진 편집과 사실 확인, 그리고 용어 해설, 원고 검토를 해준 패트릭 스킵워스, 캐더린 베레톤, 브렌다 스톤, 미쉘 해리스, 펠리시티 페이지, 에밀리 크리거, 신티아 울프, 저스틴 테일러, 그리고 비키 로빈슨에게 깊은 감사를 드린다. 이 모든 사람들의 도움이 없었다면 이 책은 형편없는 책이 되었을 것이다. 그러나 이 책에 남아 있는 오류의 책임은 전적으로 나에게 있다.

마케팅 전문가인 젠 헤들리와 루시 알렌은 이 책이 독자들에게 전달될 수 있도록 놀라운 창의력을 발휘하여 지금 이 순간에도 열심히 뛰고 있다. 독자가 없다면 책을 만들 이유가 없기에, 이 책을 보고 있는 당신에게도 깊이 감사드린다.

우리 자동차가 굴러가도록 하고, 모든 것이 순조롭게 돌아가도록 해준 믿음직한 헬렌 존스에게 고맙다는 인사를 드린다. 그동안 고마웠다!

What on Earth Books에서 밥 워세스터가 보여준 엄청난 열정과 지원이 없었다면 이 책(그리고 앞으로 나올 다른 책)은 나오지 못했을 것이다. 고맙다.

나를 계속 지원해 주고 내가 하는 일에 오랫동안 끊임없이 관심을 보여준 나의 부모님인 안구스와 완다 로이드에게 많은 빚을 졌다.

나는 이 책을 나의 귀여운 딸들에게 바친다. 몇 년 전 마틸다가 학교를 지루해 하지 않았다면, 마틸다, 마틸다의 동생 베리티, 마틸다와 베리티의 사랑스러운 엄마 버지니아, 그리고 내가 5개월 동안 즐거운 유럽 캠핑 여행을 떠나지 않았을 것이다. 그리고 이 책의 아이디어를 떠올리게 한 야외 설거지 또한 없었을 것이다!

우리 가족 모두에게 유익했던 캠핑 여행은 버지니아 덕분에 가능했다. 그는 가장 놀라운 엄마였을 뿐만 아니라 가장 많은 지원을 해준 누구나 꿈꾸는 애정 넘치는 아내였다. 당신에게는 어떤 감사의 인사도 충분하지 않을 것이다.

참고문헌

이 책의 내용 연구에 대한 저자의 기록

나는 언론인으로 출발했다. 나의 직업적 배경에 내가 전에 썼던 역사책을 위한 연구가 더해져 이 책 내용에 대한 연구를 시작할 수 있었다. 《그야말로 모든 역사》를 시작했을 때는 이 책을 2008년에 내가 썼던 어른들을 위한 세계사 《지구 위의 모든 역사》의 어린이 버전으로 만들려고 생각했었다.

그러나 내가 어른들을 위한 책을 쓴 후 지구에서 일어난 일들을 조사하기 시작하자, 지난 10년 동안에 내 주변의 세상이—심지어는 역사마저도—많이 변했다는 것을 알게 되었다. 물리학, 생물학, 고생물학, 고고학 분야에서 흥미로운 발견이 있었고, 내가 하고 싶었던 이야기를 바꿔 놓은 사건도 있었다. 이런 것들은 새롭게 추가할 내용 이상의 의미가 있었으며, 과거, 현재, 그리고 미래에 대한 관점을 크게 바꿔 놓았다. 2008년에 강조했던 많은 내용들이 2018년에는 그다지 중요하지 않게 되었다.

따라서 편집자의 도움을 받아 나는 다시 과거로 뛰어들었다. 나는 최근에 출판된 책들과 과학 논문, 신문과 잡지의 기사들을 읽고, 새로운 이야기를 선택했으며, 새로운 관점을 추가했다. 그리고 나는 세상을 이해하기 위한 나의 노력에 따라다니는 불확실성에 대해 이야기하는 가장 좋은 방법을 찾아내기 위해 씨름했다. 나는 이 모든 것들이 청소년 독자들과 성인 독자들이 접근 가능하고, 재미있고, 정확하고, 균형 잡힌 방법으로 이 책 안에서 실현되었기를 바란다. 따라서 《그야말로 모든 역사》는 청소년들만을 위한 책이 아니게 되었다. 이 책은 전체적으로 새로운 책이다. 이것이 이 책이 만들어진 과정이었다. 한 길로 시작했지만 처음에는 생각하지 못했던 다른 방향으로 나가게 된 것이다. 이 책이 재미있는 것은 이 때문이다. 살아오면서 내가 발견한 무엇보다도 흥미로운 것은 다음 모퉁이에 무엇이 기다리고 있는지 보는 것이다. 모퉁이를 돌 때마다 고맙다는 생각이 든다.

이 책을 쓰는 동안 참고한 자료들의 목록은 다음과 같다. 관심이 있다면 인용한 내용의 원본을 찾아보기 바란다.

참고자료

p.14 Parsons, Aaron. 11 October 2016. 'After our universe's cosmic dawn, what happened to all its original hydrogen?' *The Conversation* (theconversation.com); **p.17** Wolpert, Stuart. 28 January 2017. 'Moon was produced by a head-on collision between Earth and a forming planet' *UCLA Newsroom* (newsroom.ucla.edu); **p.24** Walcott, Charles D. 1916. 'Evidences of Primitive Life' *Annual Report of the Board of Regents of the Smithsonian Institution 1915*: 246 (Government

Printing Office, Washington, DC); **p.38** Pogue, David. 23 October 2008. 'An Interview with E.O. Wilson, the Father of the Encyclopedia of Life' *The New York Times* (nytimes.com); **p.42** Tudge, Colin. 2006. *The Variety of Life*: 571 (Oxford University Press, Oxford, UK); **p.44** Preston, Richard. 3 December 2012. 'Flight of the Dragonflies' *New Yorker* (newyorker.com); **p.47** Sander, P. Martin. 17 August 2012. 'Reproduction in Early Amniotes' *Science* Vol. 337, Issue 6096: 806 (AAAS, Washington, DC); **p.56** Horner, Jack interviewed by Stahl, Lesley. 12 November 2009. 'Scientists Dino Findings Making Waves' *60 Minutes* (cbsnews.com); **p.64** Rohrseitz, Kristin and Tautz, Jürgen. 1999. 'Honey bee dance communication: waggle run direction coded in antennal contact?' *Journal of Comparative Physiology A* 184: 463 (Springer-Verlag, Berlin and Heidelberg, Germany); **p.70** Smith et al. 26 November 2010. 'The Evolution of Maximum Body Size of Terrestrial Mammals' *Science* Vol. 330, Issue 6008: 1218 (AAAS, Washington, DC); **p.79** Wilford, John N. 11 August 2010. 'Lucy's Kin Carved Up a Meaty Meal, Scientists Say' *New York Times* (nytimes.com); **p.82** Cam, Deniz. 30 December, 2017. 'How Cooking Made Us Smarter: A Q&A With Suzana Herculano-Houzel' *BrainWorld* (brainworldmagazine.com); **p.98** Huxley, Thomas H. 1894. 'Biogenesis and Abiogenesis' *Collected Essays* Vol. VIII: 244 (Macmillan, London); **p.110** Layard, Austen. 1853. *Discoveries among the ruins of Nineveh and Babylon: with travels in Armenia, Kurdistan, and the desert*: 204 (G. P Putnam & Co., New York); **p.112** Kramer, Samuel N. 1963. *The Sumerians: Their History, Culture and Character*: 4 (University of Chicago Press, Chicago, USA); **p.122** Carter, Howard. *Howard Carter's Diary and Journal 1922*: 5 November 1922. Transcript retrieved from Griffith Institute (griffith.ox.ac.uk); **p.128** Hughes, Bettany. 26 January 2014. 'How women's wisdom was lost'. *The Guardian* (theguardian.com); **p.139** Lam, Wengcheong. Winter 2014. 'Everything Old is New Again' *Journal of Anthropological Research* vol. 70, no. 4: 511 (University of Chicago Press, Chicago, USA); **p.141** Eno, Robert (translator). *Confucian Analects* 15.24 (Indiana University, Bloomington, IL, USA. (indiana.edu); **p.143** Muller, F.M. (trans.). 1990. *Hymns of the Atharva-Veda* VI 142: 141. (Atlantic Publishers & Distributors, New Delhi, India); **p.158** Herodotus. 1920. *The Histories* 1.74.2. Trans. Godley, A. D. (Harvard University Press, Cambridge, MA, USA); **p.165** Pritchard, J. B. (ed.). 1969. *Ancient Near Eastern Texts Relating to the Old Testament*: 316. (Princeton University Press, Princeton, NJ, USA); **p.170** Vergano, Dan. 25 February 2014. 'Gladiator School Discovery Reveals Hard Lives of Ancient Warriors' in *National Geographic* (nationalgeographic.com); **p.172** New Testament. John 13:34, King James version; **p.184** Recinos, Adrián. 1950. *Popol Vuh: The Sacred Book of the Ancient Quiché Maya*: 83. Trans. Goetz, D and Sylvanus G. M (University of Oklahoma Press, Norman, OK, USA); **p.193** Bey, Lee. 17 August 2016. 'Lost cities #8: mystery of Cahokia – why did North America's largest city vanish?' *The Guardian* (theguardian.com); **p.202** The Koran 16:97 (*The Study Quran: A New Translation and Commentary* 2015 edition); **p.216** Fitzgerald, C. P. 1954. *China: A Short Cultural History*: 382 (The Cresset Library, London); **p.221** Walsh, Bryan. 10 March 2014. 'How Climate Change Drove the Rise of Genghis Khan' *Time* (time.com); **p.238** Davies, G. R. C. 28 July 2014. 'English Translation of Magna Carta' *British Library* (bl.uk); **p.244** Cross, Robin. 7 June 2012. *50 Events You Really Need to Know: History of War*: 60 (Quercus, London, UK); **p.256** Zamora, Margarita. 1993. *Reading Columbus*. Berkeley: University of California Press: 192 (ark.cdlib.org); **p.269** Bradford, William. 1912. *History of Plymouth Plantation 1620–1647* Vol. I: 60 (Houghton Mifflin Company, Boston, MA, USA); **p.277** Jefferson, Thomas et al. 4 July 1776. 'Declaration of Independence: A Transcription'. Transcript retrieved from National Archives (archives.gov); **p.286** Backhouse, E. and Bland, J. O. P. 1914. *Annals & Memoirs of the Court of Peking*: 326 (Houghton Mifflin Company, Boston and New York); **p.288** Bell, Alexander Graham. 'March 10th 1876' from Lab Notebook: 40. Transcript retrieved from Library of Congress (lcweb2.loc.gov); **p.301** Lincoln, Abraham. 19 November 1863. 'The Gettysburg Address'. Transcript retrieved from Cornell University (library.cornell.edu); **p.313** Rosen, Rebecca J. 23 November 2011. "'I've Created a Monster!' On the Regrets of Inventors". *The Atlantic* (theatlantic.com); **p.323** Gandhi, Mahatma.

1969. *All Men Are Brothers*: 171 (United Nations Educational, Scientific and Cultural Organization, Paris); **p.325** Armstrong, Neil. 21 July 1969. Transcript ed. Jones, E. M. and Glover, K. Retrieved from NASA (hq.nasa.gov); **p.329** King, Martin Luther, Jr. 28 August 1963. Transcript retrieved from the Avalon Project, Yale Law School (avalon.law.edu)

추천도서

어린이를 위한 책

Bryson, Bill. 2009. *A Really Short History of Nearly Everything.* (Delacorte: New York)
Deary, Terry and Brown, Martin. *Horrible Histories* series. Scholastic (New York and London)
Lloyd, Christopher. *The Big History Timeline Wallbook: Unfold the History of the Universe – From the Big Bang to the Present Day.* (What on Earth Books: Tonbridge, UK)
2013. *History Year by Year.* (DK: London and New York)
2015. *When on Earth?: History as You've Never Seen It Before* (DK: London and New York)
2016. *Everything You Need to Ace World History.* (Workman: New York)

청소년과 성인을 위한 책

Bryson, Bill. 2003. *A Short History of Nearly Everything.* (Broadway Books: New York)
Gaarder, Jostein (tr. Moller, Paulette). 1994. *Sophie's World: A Novel About the History of Philosophy* (Farrar, Straus and Giroux: New York)
Gombrich, E. H. (tr. Mustill, Caroline) 2005. *A Little History of the World.* (Yale University Press: New Haven, CT, USA)
MacGregor, Neil. 1996. *A History of the World in 100 Objects.* (Viking: New York)
O'Brien, Patrick, ed. 2010. *Atlas of World History*, 2nd edition. (Oxford University Press: New York)

이미지 저작권

p.12–13 Mark Garlick/Science Photo Library; **p.19** Department of Biodiversity, Conservation and Attractions Western Australia; **p.23** Photo by Martin R. Smith/CC0 1.0; **p.28** istock/fusaromike; **p.35** Richard Bizley/Science Photo Library; **p.36** istock/olikim; **p.41** Photo by Windchu/CC BY 4.0; **p.48** istock/AdamMajor; **p.57** istock/JonathanLesage; **p.58** Martin Shields/Alamy; **p.64–65** NRP/CC BY 4.0; **p.68** Mark Garlick/Science Photo Library; **p.75** istock.com/pum_eva; **p.76–77** istock/javarman3; **p.78** Sabena Jane Blackbird/Alamy; **p.78** istock.com/leonello; **p.80** Didier Descouens/CC BY-SA 4.0; **p.86** P.Saura; **p.86** insert Breuil et al. (1913); **p.91** Luka Mjeda, Zagreb; **p.97** The Natural History Museum/Alamy; **p.103** The Metropolitan Museum of Art, New York/Anonymous Gift, 2013; **p.106** World History Archive/Alamy; **p.109** The Metropolitan Museum of Art, New York/Gift of Mr. and Mrs. J. J. Klejman, 1966; **p.110** New York Public Library; **p.111** De Agostini Picture Library/G. Dagli Orti/Bridgeman Images; **p.114–115** istock/gvictoria; **p.116** The Metropolitan Museum of Art, New York/Rogers Fund, 1930; **p.117–118** The Metropolitan Museum of Art, New York/Rogers Fund, 1925; **p.123** Granger Historical Picture Archive/Alamy; **p.124t** Gryffindor, robertharding/Alamy; **p.126–127** Julia W/CC BY-SA 3.0; **p.134** Immanuel Giel/CC-PD; **p.136** CC0 1.0 Daderot; **p.137** CC0 1.0 British Library; **p.137** The Metropolitan Museum of Art, New York/Bequest of William S. Lieberman, 2005; **p.142** Private Collection; **p.146** The Metropolitan Museum of Art, New York/Gift of Mr. and Mrs. A. Richard Benedek, 1981; **p.151** istock/Hung_Chung_Chih; **p.155r** The Metropolitan Museum of Art, New York/Rogers Fund,

용어해설

가축화 Domestication
야생 동물을 인간에게 유용한 종으로 개량하는 과정

가톨릭 교회 Catholicism
교황을 수장으로 하는 기독교의 한 교파

개신교 Protestant
교황의 권위를 인정하지 않는 기독교 분파

갤리온 Galleon
1400년대와 1500년대에 주로 군사용으로 개발된 대형 범선

고고학자 Archaeologist
인류가 남긴 도구나 고대의 흔적을 연구하는 사람

고생물학자 Paleontologist
지구에 살았던 고대 생명체들을 연구하는 사람

곤충 Insects
딱정벌레와 같이 6개의 다리와 세 부분으로 이루어진 몸통을 가진 절지동물로, 주로 날개가 있음

곤충학자 Entolomogist
지구상에 종의 수와 개체수가 가장 많은 곤충들을 연구하는 사람

공산주의 Communism
공장과 같은 생산시설을 모든 사람이 공유하고, 부를 분배하는 사회 체제

과학작가 Science writer
과학을 해설하는 내용이나 과학과 관련된 인물들의 이야기를 쓰는 사람

관다발 식물 Vascular plant
물과 양분을 옮기는 관다발을 가지고 있는 식물

국제연합 UN, United Nations
제2차 세계대전이 끝난 후 국가 간의 대화와 평화, 그리고 인권 증진을 위해 설립된 국제기구

기독교 Christianity
나사렛 예수의 가르침을 따르는 종교

기후 변화 Climate change
시간에 따른 지구 환경의 변화

꽃가루 Pollen
꽃이 만들어내는 생식 세포로, 씨앗을 만드는 역할을 함

꿈의 시대 Dreamtime
원주민들이 믿었던 영웅들이 우주를 창조하던 전설적인 시대

나치주의 Nazism
1920년대 아돌프 히틀러가 주장한 독일의 정치사상

내전 Civil war
한 사회 내부의 서로 다른 그룹들 사이의 전쟁

네크로폴리스 Necropolis
고대 그리스에 있었던 '죽은 사람들의 도시'라는 뜻의 대형 공동묘지

뉴런 Neurons
대부분의 동물에서 신호를 전달하는 신경체계를 이루고 있는 세포

독재자 Dictator
국민들의 동의 없이 절대 권력을 행사하는 통치자

동방 정교회 Orthodox Christianity
러시아, 동유럽, 그리고 그리스에 주로 분포하고 있는 기독교의 한 분파

로봇 Robot
인간이나 다른 동물과 비슷하게 작동하는 기계

머스킷 Musket
소총이 개발되기 전에 병사들이 사용하던 장총

메소아메리카 Mesoamerica
고대 문명이 발전했던 멕시코와 중앙아메리카 지역

메소포타미아 Mesopotamia
강력한 고대 제국이 등장했던 중동 지역

메카 순례 Hajj
모든 이슬람교도가 꼭 해야 하는 신성한 도시 메카의 순례

멸종 Extinction
한 종에 속하는 모든 개체가 죽어 없어지는 사건

물고기 Fish
상어나 금붕어와 같이 물에 사는 척추동물

물리학자 Physicist
물질, 에너지, 그리고 힘들 사이의 관계를 연구하는 사람

미라 Mummy
의도적이거나 우연히 사람이나 동물의 죽은 몸이 오래 보존된 것

민주주의 Democracy
통치자가 아니라 국민이 권력을 가지고 있는 정치 제도로, 대개 투표로 지도자를 선출함

바이킹 Vikings
800년부터 먼 나라를 탐험하고 정복했던 북유럽 사람들

발명가 Inventor
새로운 물건이나 기술을 만들어 내는 사람

버섯 Fungi
한 때 살아있었거나 살아있는 동식물에 기생하여 사는 생명체로, 포자로 번식함

봉건제 Feudalism
땅을 경작하는 대가로 군대에 복무하던 중세의 사회 제도

불교 Buddhism
부처라고도 불리는 고타마 싯다르타의 가르침을 따르는 종교

비옥한 초승달 Fertile Crescent
1만 년 전에 농경이 시작된 중동과 이집트 지역

빙하 Glacier
일 년 내내 녹지 않는 얼음과 눈으로 이루어진 거대한 덩어리

산업 혁명 Industrial Revolution
1700년대와 1800년대에 유럽에서 산업이 빠르게 발전한 사건

삼엽충 Trilobites
세 부분으로 이루어진 몸으로 고생대 바다에 살았던 절지동물

상형문자 Hieroglyphs
그림을 이용하여 단어나 소리를 나타내는 문자

생물학자 Biologist
생명체의 기원과 기능을 연구하는 사람

설형문자 Cuneiform
기원전 3000년대에 메소포타미아 지방에서 사용하던 문자

세계화 Globalisation
무역과 산업으로 세계를 연결하는 체계

수각류 Theropods
두 다리로 걷고 주로 깃털을 가지고 있었던 육식 공룡

시아노박테리아 Cyanobacteria
광합성 작용으로 에너지를 생산하는 단세포로 이루어진 생명체

식민지(생물학) Colony (biology)
한 종 안에 함께 살면서 서로 도와주는 개별적인 생명체 집단

식민지(역사, 정치) Colony (history, politics)
다른 나라에 설치한 정착지

신경학자 Neuroscientist
뇌를 비롯한 신경조직을 연구하는 사람

신세계 New World
1400년대까지 유럽, 아프리카, 아시아에 알려지지 않았던 아메리카

실크로드 Silk Road
중국과 서유럽이 주로 비단을 사고 파는 데 사용하던 무역로

십자군전쟁 Crusades
중세 유럽 기독교 군대가 이슬람교에 대항하여 벌인 전쟁

아시리아학자 Assyriologist
고대 아시리아와 주변 지역의 역사를 연구하는 사람

양서류 Amphibians
개구리나 두꺼비와 같이 물에서도 살고 육지에서도 사는 동물

역사학자 Historian
문명의 시작부터 현재까지의 역사를 연구하는 사람

연륜연대학자 Dendrochronologist
나무의 나이테를 이용하여 과거 지구의 대기 상태를 연구하는 사람

영장류 Primates
원숭이, 유인원, 사람을 포함하는 큰 뇌를 가지고 있는 동물

오스트레일리아 원주민
Aboriginal Australians
약 4만 년 전에 오스트레일리아에 도착한 원주민들

올림포스 신들 Olympians
고대 그리스인들이 올림포스산에 살고 있다고 믿었던 신들

왕조 Dynasty
한 혈통의 왕들이 나라를 다스리던 시기, 또는 왕들

용각류 Sauropods
긴 목을 가지고 있던 초식 공룡으로, 가장 큰 공룡이 여기에 속함

우주 비행사 Astronaut
우주를 여행하는 사람

우주 화학자 Cosmochemist
운석이나 소행성과 같은 외계에서 온 물체를 이용하여 우주의 화학적 구성 성분을 연구하는 사람

원자 Atom
양성자, 중성자, 그리고 전자로 이루어진 특정한 물질의 가장 작은 단위

유교 Confucianism
고대 중국의 철학자 공자의 가르침을 따르는 종교

유대교 Judaism
최초로 유일신을 신봉한 유대 성경을 기본으로 하는 종교

유목민 Nomad
가축을 데리고 풀을 따라 이동하며 생활하는 사람들

유일신 사상 Monotheism
하나의 신을 믿는 사상

윤회 Reincarnation
죽은 후에 다른 사람이나 심지어는 동물로 다시 태어난다는 믿음

이슬람교 Islam
선지자 무함마드의 가르침을 따르는 종교

이슬람교도 Muslim
이슬람교 신자

이슬람의 다섯 기둥 Five Pillars of Islam
수니파 이슬람교도들이 지켜야 할 다섯 가지 사항

이주 Migration
사람이나 동물이 대규모로 한 장소에서 다른 장소로 이동하는 것

이집트 학자 Egyptologist
고대 이집트의 역사를 연구하는 사람

인권 Human rights
모든 인간이 가지고 있는 종교의 자유, 교육받을 권리와 같은 기본적인 권리

인권 운동 지도자 Civil rights leader
사회의 평등을 증진시키기 위해 노력하는 사람들의 지도자

인류학자 Anthropologist
과거와 현재에 인류가 어떻게 살았고, 사회 안에서 어떻게 행동했는지를 연구하는 사람

인종차별 정책 Apartheid
1948년부터 1994년까지 남아프리카에서 실시했던 피부색으로 사람을 차별하던 정책

자동화 Automaton
같은 일을 반복하도록 만든 기계

자본주의 Capitalism
정부가 아니라 개인이나 회사가 땅이나 재산을 소유하고, 개인이 이익을 위해 경쟁하는 사회 체제

전기 Electricity
전자기력의 원인이 되는 것

전신 Telegraph
전기 신호로 바꾼 메시지를 전선을 이용하여 빠르게 주고받던 통신체계

절지동물 Arthropods
딱정벌레나 게와 같이 단단한 외골격은 가지고 있으나 척추는 가지고 있지 않은 동물

정복자 Conquistadors
1500년대 신세계를 정복한 스페인 탐험가들

조류 Algae
식물의 조상이며, 광합성을 이용해 에너지를 만드는 생명체

중력 Gravity
질량 사이에 항상 인력으로 작용하는 우주의 기본적인 힘

지구 온난화 Global warming
오염의 영향으로 지구의 평균 온도가 지속적으로 상승하는 것

진핵세포 Eukaryotes
막으로 둘러싸인 핵을 가지고 있는 세포

천문학자 Astronomer
별과 같은 천체나 감마선 폭발과 같은 현상을 연구하는 사람

천연두 Smallpox
발열과 수포를 동반하는 전염성이 강한 질병

천체물리학자 Astrophysicist
별의 붕괴에서부터 혜성의 속도 변화에 이르기까지 우주를 이루고 있는 물질과 에너지 그리고 힘들을 연구하는 사람

철학 Philosophy
인간의 경험이나 우리가 세상을 생각하는 방법에 대한 기본적인 의문을 연구하는 학문

탐험가 Explorer
사람들에게 알려지지 않은 새로운 세상을 탐험하는 사람

테러리즘 Terrorism
폭력적인 방법을 동원하여 공포를 유발하거나 관심을 끌려고 하는 전략

토착민 Indigenous people
어떤 지방에 원래부터 살고 있던 사람들을 새로 온 사람들과 구별할 때 사용하는 말

파충류 Reptiles
도마뱀이나 뱀처럼 알을 낳고 비늘을 가지고 있는 동물

판 구조론 Plate tectonics
지각을 구성하고 있는 지각판의 운동을 설명하는 이론

판게아 Pangaea
2억5000만 년 전에서 1억5000만 년 전까지 존재했던 지구의 모든 대륙들이 모인 초대륙

판테온 Pantheon
한 국가나 민족이 숭배하던 특정한 모든 신이나 여신들

포유류 Mammals
척추를 가지고 있으며 새끼를 낳아 젖으로 키우는 동물

핵(물리학) Nuclear (physics)
양성자와 중성자로 구성된 원자 중심에 있는 알갱이

헌법 Constitution
특정한 국가의 체제와 법률의 기초가 되는 근본 규범

혁명 Revolutionary
기존의 체제를 급격하게 바꾸는 것

홀로코스트 Holocaust
제2차 세계대전 동안에 나치가 600만 명의 유대인을 포함하여 1100명을 학살한 사건

화석 Fossil
오래전에 살았던 동식물이나 흔적이 석화되어 남아 있는 것

환류 Gyre
수천 킬로미터 크기로 소용돌이치는 해류

황금시대 Golden Age
기술과 예술을 비롯한 다양한 분야가 크게 발전한 역사의 한 시기

힌두교 Hinduism
인도에서 시작된 다양한 신들을 믿는 종교

DNA
세포핵에 들어 있는 유전 정보를 포함하고 있는 분자

E=mc²
질량이 에너지로 변환될 때 에너지의 양을 계산하는 물리학 방정식

찾아보기

ㄱ

가나안 161, 162, 164, 165, 168
간디, 마하트마 322, 323
갈릴레이, 갈릴레오 214, 273
개신교 266, 263
게르만인 227
곤드와나 45
공산주의 306, 323, 324
공자 140-142, 205, 300
관다발 식물 34, 36
구텐베르크, 요하네스 265
국제연합/UN 322, 325, 328
그리핀플라이 43-45, 47
기독교/기독교도/기독교인 173-5,
    201, 203, 209, 228, 235, 236,
    238, 243-247, 250, 258, 266
기하학 168
길가메시 111, 149
꿈의 시대 195

ㄴ

나스카 189, 191
나일강 113-116, 163
나치 308-310, 312
나투핀인 99-102, 161
남북 전쟁 302, 328
냉전 323-325
네안데르탈인/호모 네안데르탈렌
    시스 84-7, 90-92
넬슨 만델라 331
노르테 치코 125, 126, 128, 178, 180
노예무역 258, 280
누비아 116, 117, 137

눈덩이 지구 22, 74
뉴턴, 아이작 274, 275
니네베 111
닐 암스트롱 325

ㄷ

다가마, 바스쿠 258, 262
다빈치, 레오나르도 172, 212
단두대 278
대상 여행 201
대헌장 238-239
데본기 26, 27, 29, 30
데카르트, 르네 274
독립 선언(미국) 277, 301
둠즈데이 북 233, 234
디메트로돈 47, 65
디아스, 바르톨로뮤 254, 262

ㄹ

라이다 187
라이트, 오빌 291
라이트, 윌버 291
랑고바르드 227, 228
레닌, 블라디미르 306
로라시아 45
로제타석 107
루스벨트, 프랭클린 D. 311-313
루시 78, 79
루터, 마르틴 264-266
링컨, 에이브러햄 301, 302

ㅁ

마르크스, 카를 306, 323

마야 184-188, 192, 193, 195, 211,
    260
마젤란, 페르디난드 264
만리장성 148, 149, 286
말린체 259, 260
메르넵타 162
메흐메드 2세 244, 245
모헨조-다로 123
목테수마 2세 188, 260, 261, 263
몽골 219-223, 242, 255, 286, 305
무사, 만사 210, 211, 335
무함마드 201-203, 207, 208, 235
미라 94, 118-120, 122, 125
미켈란젤로 212
민주주의 155-157, 160

ㅂ

바그다드 207, 208, 210-212, 238,
    243
바다전갈 31, 39
바빌론/바빌로니아/바빌로니아인
    109, 112, 164, 165, 167, 168,
    197
바이외 태피스트리 232
바이킹 229-233, 247, 256, 305
백악기 26, 54, 60
버제스 셰일 23-25
베다 143
베르사유 조약 308
베트남전쟁 324
벨, 알렉산더 그레이엄 288
보나파르트, 나폴레옹 279, 280
보스턴 차 사건 277
보캉송, 자크 드 272, 278

보코하람 327
봉건제 229, 233, 242
부처 142, 146, 147, 159, 171, 215, 218
불교 144, 146-148, 205, 215
붉은 에이리크 230, 231
브라마굽타 212
브루넬, 이점바드 킹덤 284
블랙 라이브즈 매터 330
비단 133-136, 196, 197, 204, 207, 218, 298, 300
비스마르크, 오토 폰 303
비옥한 초승달 99, 101, 169
비잔틴 제국 175, 226, 235, 244, 245
빅뱅 12-14

ㅅ

사라고사 조약 257
사자의 서 121
사하라 115, 209, 251-253
산업 혁명 281
삼엽충 25, 42
샤를마뉴 228-229
서고트족 227
석탄기 26, 43, 44, 47
셀림 1세 245
셀주크 235
소철 42
소크라테스 159
소행성 18, 67, 69
수메르/수메르인 108, 109, 111, 112, 120, 123-125, 128, 132, 149, 181
술레이만 245, 247
스톤헨지 116, 126, 192
스트로마톨라이트 18, 19
스파르타 157, 160, 161
스파르타쿠스 169

시베리아 트랩 49
시아노박테리아 18, 19, 26
실루리아기 26, 27, 30
실크로드 135, 241
십자군 235-238
싯다르타, 고타마 142-145

ㅇ

아길라, 제로니모 드 259, 260
아노말로카리스 24
아르키메데스 168
아리스토텔레스 166, 207
아시리아 109, 111
아이스맨 외치 94
아인슈타인, 알베르트 293, 312-313
아스테카 184, 188, 189, 259-261, 263, 264
아크라이트, 리처드 281
아타우알파 263
아테네 154-157, 160, 161, 165
아파르트헤이트 331
아프리카계 미국인 302, 303, 328-330
암모나이트 29, 67
알라 201-202
알렉산더 대왕 165, 166-169
알파벳 161, 162, 168
알-하이삼, 이븐 213, 214
양서류 40, 41, 45-47
양쯔강 132, 217
에디슨, 토머스 287, 289
에라토스테네스 168
에오세 26, 69, 70
열대 우림 320, 321
영장류 70
예루살렘 164, 165, 171-173, 235-238
예리코 102, 103
오스만 제국 244, 245

오파비니아 25
옥수수 178, 179, 185, 196, 197, 267, 268
올리브 154, 157, 160, 196
올림픽 155, 159, 160, 181, 183
올메카/올메카인 180-184
울라마 183, 192
원자 14, 293
원자 폭탄 68, 312, 313, 323
월컷, 찰스 둘리틀 23-24
위왁시아 23, 30
윌버포스, 윌리엄 280
유대교 143, 164, 172, 173, 235
유사프자이, 말랄라 332
유성 생식 60, 61
유인원 70, 71, 79, 83, 85
유프라테스강 109, 111
이븐 시나 213, 214
이산화탄소 19, 47, 49, 137, 320
이슬람/이슬람교/이슬람교도 201-203, 206, 207, 209, 210, 235-237, 250, 256
인더스 문명 123, 124, 133, 135, 143
일식 126, 158, 159
잉카 191, 192, 196, 259, 263, 264

ㅈ

자본주의 322-325
잡스, 스티브 333
절지동물 39
정화 285
제자백가 140, 142, 145, 149, 205
제퍼슨, 토머스 277
제1차 세계대전 291, 305, 306, 308, 309, 311, 326, 331
제2차 세계대전 291, 309-311, 313, 316, 322-324, 331
종교 개혁 264

쥐라기 54
지각판 21, 22, 74, 226
지구 온난화 96, 321, 334
진시황 148-150, 204
진핵생물 20, 26

ㅊ

척추동물 30
초대륙 45, 49, 226
출애굽기 163
칭기즈 칸 220-223

ㅋ

카르티에, 자크 264
카스트 143, 144, 146
칼루사족 194
캄브리아기 24-30
캐벗, 존 264
코란 202, 207
코르도바 208-210
코르테스, 에르난 188, 259-263
코페르니쿠스, 니콜라우스 273
콜럼버스, 크리스토퍼 231, 254-257, 262, 278, 285
콜로세움 170, 171
쿠빌라이 칸 223, 255
키푸 126, 127, 191
클레오파트라 108, 122, 123
킹, 마틴 루서 329

ㅌ

타이노족 194

태양계 12, 15, 18, 20
태평양 거대 쓰레기 지대 318, 319
테노치티틀란 188, 260, 261, 263
테러/테러리스트 326, 327
테이아 16, 17
토르데시야스 조약 257
투탕카멘 117, 121, 122
트라이아스기 26, 53, 54
트로이 전쟁 157
트로츠키, 레온 306
틱타알릭 39, 40
팀북투 210, 211

ㅍ

파라오 108, 114-118, 120-123, 128, 132, 162, 163, 182, 191
파크스, 로사 328, 329
파툭셋 268
판게아 26, 45, 49
패러데이, 마이클 287
페니키아 161, 162, 168, 181
페르시아 제국 164-167, 181, 203, 235
페름기 대멸종 31, 47, 52, 65
포드, 헨리 291
포유류 30, 52, 65, 66, 69, 70, 93, 95
포폴 부 184, 185
폴로, 마르코 255
프랑스 혁명 278
플라스틱 316, 318, 320
플래커덤 30, 31, 39,
피라미드 114, 115, 117, 120, 121, 124, 125, 184, 187, 188, 192

피보나치 211, 212
피사로, 프란시스코 259, 263

ㅎ

할루키게니아 25
해파리 28, 29, 39
호메로스 156-158
호모 사피엔스 84, 85, 87, 90-92
호모 에렉투스 80, 81, 83, 84, 90
호모 플로레시엔시스 84, 85
호모 하빌리스 79-81
호모 하이델베르겐시스 84, 85, 90
호호캄족 193
홀로코스트 310
화석 23-25, 27, 29, 34, 36, 37, 40, 44, 53, 54, 56-60, 64, 70, 71, 83, 84, 99
황허강 132, 133
휘트니, 엘리 282
흑사병 240-243
히틀러, 아돌프 308-312, 335
힌두교 143-145

기타

7년 전쟁 276
DNA 20, 60-62, 71, 90, 91

 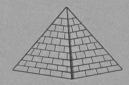